Alegre Sabedoria

Abraçando mudanças
e encontrando liberdade

YONGEY MINGYUR RINPOCHE
com *ERIC SWANSON*

Alegre Sabedoria

Abraçando mudanças
e encontrando liberdade

Copyright © 2009 Yongey Mingyur Rinpoche
Copyright desta edição © 2016 Editora Lúcida Letra
Título original: Joyful Wisdom: Embracing Change and Finding Freedom
(publicado originalmente por Harmony Books)

Coordenação editorial: Vítor Barreto
Tradução: Paula Rozin
Projeto gráfico de capa: Guilherme Pimentel | Studio Creamcrackers
Projeto gráfio de miolo: Bibi | Studio Creamcrackers
Revisão técnica: Equipe Tergar Brasil
(Luis Fernando Machado e Gabriel Falcão)
Copidesque: Édio Pullig
Revisão: Lia Beltrão, Thaís de Carvalho

1ª edição: 1ª tiragem (06/2016), 2ª tiragem (08/2016), 3ª tiragem (06/2019)

Impresso no Brasil

Dados Internacionais de Catalogação na Publicação (CIP)

Y78a   Yongey Mingyur, Rinpoche, 1976-.
            Alegre sabedoria: abraçando mudanças e encontrando liberdade / Yongey Mingyur Rinpoche com Eric Swanson. – Teresópolis, RJ : Lúcida Letra, 2016.
            280 p. ; 23 cm.

            Inclui bibliografia e glossário.
Tradução de: Joyful wisdom: embracing change and finding freedom.
            ISBN 978-85-66864-28-1

1. Vida espiritual - Budismo. 2. Budismo - Doutrinas. I. Swanson, Eric. II. Título.

CDU 294.3
CDD 294.3444

Índice para catálogo sistemático:
1. Vida espiritual : Budismo   294.3
(Bibliotecária responsável: Sabrina Leal Araujo – CRB 10/1507)

Introdução, 8

Parte Um: princípios

1. Luz dentro do túnel, 14
2. O problema é a solução, 40
3. O poder da perspectiva, 67
4. O ponto de mutação, 88
5. Ruptura, 105

Parte Dois: experiência

6. Ferramentas de transformação, 126
7. Atenção, 144
8. Insight, 168
9. Empatia, 181

Parte Três: aplicação

10. A vida no caminho, 202
11. Tornando pessoal, 220
12. Alegre sabedoria, 261

Glossário, 268
Bibliografia, 274
Agradecimentos, 276

Introdução

Em meio à dificuldade encontra-se a oportunidade.
Albert Einstein

Em recente turnê de ensinamentos pela América do Norte, um aluno me contou que um influente filósofo do século XX havia chamado a era em que vivemos de "a era da ansiedade".

"Por quê?", perguntei.

Ele me explicou que, segundo esse filósofo, as duas guerras mundiais sanguinárias tinham deixado uma espécie de cicatriz emocional na mente das pessoas. Nunca antes houve tantas pessoas mortas em guerra – ou pior, o elevado número de mortes resultou diretamente dos avanços industriais e tecnológicos que tinham a intenção de tornar a vida humana mais civilizada e confortável.

Para ele, desde essas terríveis guerras, quase todos os avanços que fizemos em termos de conforto ou conveniência material, tem tido um lado sombrio. As mesmas descobertas importantes que nos proporcionaram telefones celulares, leitores de código de barras em supermercados, caixas eletrônicos e computadores pessoais são a base para a criação de armas que podem dizimar populações inteiras e talvez destruir o planeta que chamamos de lar. E-mail, internet e outras tecnologias de informática que deveriam tornar a nossa vida mais fácil, com frequência nos oprimem com excesso de informação e inúmeras possibilidades, todas supostamente urgentes, demandando nossa atenção.

Ele disse ainda que o noticiário que ouvimos – online, em revistas e jornais, ou na televisão – são majoritariamente desagradáveis: cheios de crises, imagens violentas e previsões do pior que está por vir. Perguntei-lhe por que razão esses relatos concentram-se com tanta frequência em violência, crimes e terrorismo, ao invés de falarem das boas ações que as pessoas realizaram ou dos sucessos que alcançaram.

"Notícia ruim vende!", respondeu ele.

Não entendi a frase e perguntei o que isso queria dizer.

Ele então me explicou que "desastres chamam a atenção das pessoas. Elas se sentem atraídas por notícias ruins porque assim confirmam seus piores temores de que a vida é imprevisível e assustadora. Estamos sempre na expectativa de uma próxima tragédia para que possamos talvez nos defender – seja uma quebra da bolsa de valores, um atentado suicida, um maremoto, ou um terremoto. Pensamos 'Arrá! Eu tinha razão de estar assustado... Agora, deixe-me pensar no que posso fazer para me proteger'".

Enquanto o ouvia, compreendi que o clima emocional que ele estava descrevendo não era exclusivo da era moderna. Da perspectiva budista de 2.500 anos atrás, cada capítulo da história humana poderia ser descrito como uma "era de ansiedade". A ansiedade que sentimos hoje faz parte da condição humana há séculos. Em geral, reagimos a esse desconforto básico e às emoções perturbadoras que surgem a partir dele de duas maneiras distintas. Tentamos fugir ou sucumbimos a elas. E, com frequência, cada uma destas emoções acaba criando mais complicações e problemas em nossas vidas.

O budismo oferece uma terceira opção. Podemos olhar diretamente para as emoções perturbadoras e outros problemas que enfrentamos em nossas vidas como trampolins para a liberdade. Em vez de rejeitá-los ou entregarmo-nos a eles, podemos fazer amizade e trabalhar com eles para chegar a uma experiência autêntica e duradoura da nossa sabedoria, confiança, clareza e alegria inerentes.

Muitas pessoas perguntam: "Como eu faço para implementar essa abordagem? Como posso levar a minha vida para este caminho?" De muitas maneiras, este livro é uma resposta a essas perguntas: um guia prático para aplicarmos os insights e as práticas do budismo aos desafios da vida cotidiana.

Ele também pode ser relevante para pessoas que no momento não estejam passando por nenhum problema ou dificuldade, cujas vidas caminham de modo feliz e satisfeito. Para esses indivíduos afortunados, este livro serve como uma investigação, a partir da perspectiva budista, das condições básicas da vida humana, e pode ser muito útil, simplesmente por ser um meio de descobrir e cultivar um potencial do qual eles talvez não estejam sequer conscientes.

Em alguns aspectos, seria mais fácil organizar as ideias e métodos discutidos nas páginas seguintes como um manual de instrução simples – como um folheto que você ganha quando compra um telefone celular, por exemplo. "Passo Um: Verifique se o pacote inclui os seguintes itens...; Passo Dois: Remova a tampa da bateria na parte de trás do telefone; Passo Três: Insira a bateria." Mas eu fui treinado em um estilo muito tradicional, e desde tenra idade me foi ensinado insistentemente que um entendimento básico dos princípios – o que poderíamos chamar de visão – era essencial para se extrair algum benefício verdadeiro da prática. Temos que entender a nossa situação básica a fim de poder trabalhar com ela. Caso contrário, nossa prática não chega a lugar algum; ficaremos apenas nos debatendo cegamente sem qualquer sentido de direção e propósito.

Por essa razão, pareceu-me que a melhor abordagem seria organizar o material deste livro em três partes, seguindo o padrão clássico dos textos budistas. A *Parte Um* investiga nossa situação básica: a natureza e as causas das várias formas de desconforto que condicionam a nossa vida, e seu potencial de nos guiar para um profundo reconhecimento da nossa própria natureza. A *Parte Dois* oferece um guia passo a passo das três práticas básicas de meditação que têm o objetivo de acalmar nossa mente, abrir nosso coração e cultivar sabedoria. A *Parte Três* dedica-se a aplicar o entendimento adquirido na *Parte Um*, juntamente com os métodos descritos na *Parte Dois*, aos problemas emocionais, físicos e pessoais mais comuns a todos nós.

Embora minhas próprias lutas iniciais possam contribuir, mesmo que em pequena escala, aos temas explorados nas páginas seguintes, uma parte muito maior dos insights veio de meus professores e amigos. Porém, tenho uma dívida especial de gratidão com as pessoas que conheci pelo mundo nos últimos doze anos de ensinamento e que me falaram tão abertamente sobre suas vidas. Suas histórias ampliaram

Parte Um:
PRINCÍPIOS

> Nossa vida é moldada pela mente;
> nós nos tornamos aquilo que pensamos.
>
> *The Dhammapada*
> traduzido para o inglês por Eknath Easwaran

1. Luz dentro do túnel

meu entendimento das complexidades da vida emocional e aprofundaram minha apreciação pelas ferramentas que aprendi como budista.

Há muitos anos eu me vi amarrado dentro de um tubo de ressonância magnética funcional (*fMRI*), um tipo de digitalizador do cérebro que, para mim, parecia um caixão branco e redondo. Fiquei deitado sobre uma maca de exame que deslizava como uma língua dentro de um cilindro oco que, segundo me disseram, continha o equipamento para o escaneamento. Meus braços, pernas e cabeça foram imobilizados de modo que era quase impossível me mexer, e um protetor de mordidas foi inserido na minha boca para impedir que os maxilares se movessem. Toda a preparação – ser amarrado na maca e assim por diante – foi realmente interessante, uma vez que os técnicos explicavam educadamente o que estavam fazendo e por quê. Até a sensação de ser inserido na máquina foi de alguma forma tranquila, embora pudesse ver que alguém com uma imaginação muito ativa poderia se sentir como se estivesse sendo engolido.

Dentro da máquina, porém, começou a ficar bastante quente. Como estava amarrado, não conseguia limpar as gotas de suor que escorriam no meu rosto. Coçar, então, estava fora de questão – e é incrível como a coceira aumenta no corpo quando não há a menor possibilidade de se coçar! A máquina também fazia um zumbido alto como uma sirene.

Dadas essas condições, suspeitei que passar uma hora ou mais dentro de um scanner de ressonância magnética não era algo de que muitas pessoas gostariam. No entanto, eu me voluntariei juntamente com muitos outros monges. Ao todo, quinze concordaram em submeter-se a essa desconfortável experiência para fazer parte de um estudo neurocientífico conduzido pelos professores Antoine Lutz e Richard Davidson no *Waisman Laboratory for Brain Imaging and Behavior*, em Madison, Wisconsin, Estados Unidos. O objetivo do estudo era examinar os efeitos que a prática de meditação de longo prazo produz no cérebro. "Longo prazo" nesse caso queria dizer algo entre 10 mil e 50 mil horas de prática acumuladas. Para os voluntários mais jovens, essas horas foram acumuladas provavelmente durante quinze anos, enquanto que para os praticantes mais velhos essas horas se somavam em mais de quarenta anos.

No meu entendimento, um scanner de ressonância magnética funcional é um pouco diferente de uma ressonância comum, usando ondas magnéticas e ondas de rádio para, com a ajuda de computadores, produzirem uma imagem estática detalhada dos órgãos internos e da estruturas do corpo. A ressonância funcional oferece registro das mudanças que vão ocorrendo de momento a momento durante a atividade ou o funcionamento do cérebro. A diferença entre uma imagem de ressonância comum e uma de ressonância funcional é semelhante à diferença entre uma fotografia e um vídeo. Usando a tecnologia do scanner funcional, os neurocientistas podem controlar alterações em várias áreas do cérebro enquanto solicitam algumas tarefas aos examinados – por exemplo, ouvir sons, assistir a vídeos ou realizar algum tipo de atividade mental. Uma vez que os sinais do scanner são processados pelo computador, o resultado final é como um filme do cérebro em funcionamento.

As tarefas que nos foram propostas envolviam a alternância entre certas práticas de meditação e deixar a mente repousar em um estado neutro: três minutos de meditação, seguidos de três minutos de repouso. Durante os períodos de meditação, foram-nos apresentados diferentes sons que poderiam, sob quaisquer parâmetros, ser descritos como bem desagradáveis – por exemplo, uma mulher gritando e um bebê chorando. Um dos objetivos do experimento era determinar que efeitos esses sons desagradáveis produziriam no cérebro dos meditadores experientes. Será que interromperiam o fluxo da atenção concentrada? Ativariam as áreas do cérebro associadas à irritação ou à raiva? Ou não produziriam efeito?

De fato, a equipe de pesquisa descobriu que, quando esses sons perturbadores eram introduzidos, a atividade em áreas do cérebro associadas a amor maternal, empatia e outros estados mentais positivos, na verdade, aumentava. O desagradável tinha acionado um profundo estado de calma, clareza e compaixão.[1] O desconforto produziu um profundo estado de calma, clareza e compaixão.

Essa descoberta capta em poucas palavras um dos principais benefícios da prática da meditação budista: a oportunidade de usar situações difíceis – e as emoções perturbadoras que normalmente as acompanham – para desbloquear o poder e o potencial da mente humana.

Muitas pessoas nunca descobrem essa capacidade transformadora ou a amplitude de liberdade interior que ela permite. Simplesmente lidam com os desafios internos e externos que se apresentam no cotidiano, deixando pouco tempo para a reflexão – para dar o que poderia ser chamado de um "passo para trás na mente", a fim de avaliar sua resposta habitual aos acontecimentos do dia a dia e considerar que talvez haja outras opções. Ao longo do tempo, uma sensação sufocante de inevitabilidade se estabelece: *"é esse meu jeito de ser", "é assim que a vida funciona", "não há nada que eu possa fazer para mudar isso"*. Na maioria dos casos, as pessoas nem sequer estão conscientes dessa maneira de ver a si mesmas e ao mundo que as rodeia. Tal atitude básica de desesperança assenta-se como uma camada de lodo no fundo de um rio. Está lá presente, porém, de modo imperceptível.

A desesperança básica pode afetar qualquer pessoa. No Nepal, onde cresci, os confortos materiais eram poucos e distantes. Não tínhamos eletricidade, telefone, sistemas de aquecimento ou de ar-condicionado, tampouco água corrente. Todo dia alguém tinha que descer um morro grande até o rio para pegar água em um jarro, levá-lo de volta para cima, esvaziar o jarro numa cisterna e depois descer e enchê-lo novamente. Era necessário fazer umas dez viagens para coletar água sufi-

---

[1] Ver Lutz, A., Brefczynski-Lewis, J., Johnstone, T., Davidson, R.J. (2008) *Regulation of the Neural Circuitry of Emotion by Compassion Meditation: Effects of Meditative Expertise*, PLoS ONE 3(3): e 1897.

ciente para um único dia. Muitos nepaleses não têm comida bastante para alimentar suas famílias. Mesmo que os asiáticos sejam tradicionalmente tímidos quando se trata de discutir seus sentimentos, a ansiedade e o desespero eram evidentes em seus rostos e na forma como se comportavam na luta diária pela sobrevivência.

Quando fiz a minha primeira viagem de ensino ao Ocidente, em 1998, eu ingenuamente supus que, com todas as conveniências modernas que lhes são disponíveis, as pessoas seriam muito mais confiantes e satisfeitas com suas vidas. Em vez disso, descobri que havia tanto sofrimento quanto eu via em casa, apesar de ter diferentes formas e surgir de diversas fontes. Isso me pareceu um fenômeno muito curioso. Eu perguntei aos meus anfitriões: "Por quê? Tudo é tão grande aqui. Vocês têm casas confortáveis, bons carros e bons empregos. Por que há tanta infelicidade?" Não posso afirmar que os ocidentais são mais abertos a falar sobre seus problemas ou que as pessoas com quem conversei estavam apenas sendo educadas, mas logo recebi mais respostas do que esperava.

Em pouco tempo aprendi que os engarrafamentos, as ruas lotadas, os prazos apertados de trabalho, as contas para pagar e as longas filas nos bancos, correios, aeroportos e supermercados eram as causas mais comuns de tensão, irritação, ansiedade e raiva. Problemas de relacionamento em casa ou no trabalho eram causas frequentes de distúrbios emocionais. A vida de muitas pessoas estava tão abarrotada de atividades que chegar ao fim de um longo dia era suficiente para fazê-los desejar que o mundo e todas as pessoas dentro dele pudessem *desaparecer* por um tempo. E quando conseguiam chegar ao fim do dia, colocar os pés para cima e começar a relaxar, o telefone tocava ou o cachorro do vizinho começava a latir e, instantaneamente, quebrava-se qualquer sensação de contentamento que pudessem ter gerado.

Ouvindo essas explicações, pouco a pouco percebi que o tempo e o esforço que as pessoas empregam para acumular e manter a riqueza material, ou "riqueza exterior", trazem muito pouca oportunidade de cultivar a "riqueza interior" – qualidades como compaixão, paciência, generosidade e equanimidade. Esse desequilíbrio deixa as pessoas particularmente vulneráveis ao enfrentar questões difíceis como divórcio, doenças graves e dores físicas ou emocionais crônicas. Em minhas viagens pelo mundo nos últimos dez anos ministrando cursos de meditação e filosofia budista, conheci pessoas que sentiam-se completamente perdidas quando se tratava de lidar com os desafios que a vida lhes apresentava. Alguns, tendo perdido seus empregos, eram consumidos pelo medo de ficar pobres, perder suas casas e nunca serem capazes de se recuperar. Outros lutavam contra o vício ou o fardo de ter que lidar com crianças ou outro membro da família sofrendo de problemas emocionais ou comportamentais graves. Um número surpreendente de pessoas sentia-se incapacitado devido à depressão, raiva contra si mesmo e uma angustiante baixa autoestima.

Muitas dessas pessoas já tentaram uma série de abordagens para romper com esses padrões emocionais debilitantes ou encontrar maneiras de lidar com situações estressantes. Sentem-se atraídas pelo budismo porque já leram ou ouviram falar que o budismo oferece um método novo para superar a dor e obter um pouco de paz e bem-estar. E, muitas vezes, sentem-se chocadas ao entender que os ensinamentos e práticas estabelecidas pelo Buda há 2.500 anos não envolvem, de maneira alguma, o querer se ver livre de problemas ou do sentimento de solidão, desconforto ou medo, que assombram nossa vida diária. Pelo contrário, o Buda ensinou que só podemos encontrar nossa liberdade se abraçarmos as condições que nos perturbam.

Posso entender o desespero que algumas pessoas sentem quando assimilam essa mensagem. Minha própria infância e início da adolescência foram tão profundamente marcados pela ansiedade e pelo medo que tudo o que eu conseguia pensar era em fugir.

CORRENDO NO MESMO LUGAR

Na mesma medida em que permitimos que um desejo (ou qualquer outra emoção) se expresse, descobrimos o quanto existe que deseja ser expresso.

Kalu Rinpoche, Gently Whispered,
compilado e editado por Elizabeth Selandia

Sendo uma criança muito sensível, eu estava à mercê das minhas emoções. Meus humores oscilavam dramaticamente em resposta a situações externas. Se alguém sorrisse ou dissesse algo de bom para mim, eu ficava feliz por dias. Por outro lado, diante do menor problema – se, por exemplo, tivesse ido mal numa prova, ou se alguém me repreendesse – eu queria desaparecer. Eu me sentia nervoso na presença de estranhos: começava a tremer, minha garganta se fechava e eu ficava tonto.

As situações desagradáveis excediam em número as agradáveis, e durante a maior parte da minha infância o único alívio que conseguia encontrar era fugir para as colinas ao redor da minha casa e ficar sentado em uma das muitas cavernas. Essas cavernas eram lugares muito especiais onde gerações de praticantes budistas haviam se sentado por longos períodos em retiros de meditação. Era como se eu pudesse sentir a presença e a sensação de calma mental que tinham alcançado. Eu imitava a postura que eu tinha visto meu pai – Tulku Urgyen Rinpoche, um grande mestre em meditação – e seus alunos adotarem, e fazia de conta que meditava. Eu ainda não tinha tido nenhum treinamento formal, mas só de ficar lá sentado, sentindo a presença daqueles mestres mais velhos, uma sensação de quietude crescia dentro de mim. O tempo parecia parar. Depois, naturalmente eu descia das cavernas e minha avó me censurava por ter desaparecido. Toda a calma que eu tinha começado a sentir evaporava-se de imediato.

Tudo melhorou em torno dos nove anos de idade, quando comecei o treinamento formal com meu pai. Mas – e isso é um pouco embaraçoso de admitir para alguém que viaja ao redor do mundo ensinando meditação – ainda que eu gostasse da *ideia* da meditação e da promessa que ela representava, eu realmente não gostava da prática. Sentia coceiras, minhas costas doíam, minhas pernas ficavam dormentes. Eram tantos os pensamentos que zumbiam na minha mente que eu achava impossível me concentrar. E me distraía pensando: "O que aconteceria se houvesse um terremoto ou uma tempestade?" Eu tinha muito medo das tempestades fortíssimas, cheias de relâmpagos e trovões ensurdecedores, que varriam a região. Verdade seja dita, eu era o próprio modelo do praticante sincero que nunca praticava.

Um bom professor de meditação – e meu pai era um dos melhores – em geral faz perguntas a seus alunos sobre suas experiências com a prática. Essa é uma das maneiras de um mestre aferir o desenvolvimento do aluno. É muito difícil esconder a verdade de um professor especializado na leitura de sinais de progresso, mais difícil ainda quando esse professor é seu próprio pai. Então, mesmo que eu acreditasse que iria decepcioná-lo, realmente não tinha escolha a não ser dizer-lhe a verdade. E como se provou, ser honesto foi a melhor escolha que eu poderia ter feito.

Normalmente os professores experientes já passaram pelas etapas mais difíceis da prática. É muito raro alguém alcançar estabilidade perfeita na primeira vez em que medita. Mesmo esses raros indivíduos aprenderam com seus próprios professores e com textos escritos por mestres do passado os vários tipos de problemas que as pessoas enfrentam. E, é claro, alguém que ensinou centenas de alunos ao longo de muitos anos com certeza já ouviu falar sobre todo tipo possível de reclamação, frustração e mal-entendidos que surgem ao longo do treinamento. A profundidade e amplitude do conhecimento que esse professor acumula tornam mais fácil determinar qual seria o remédio para um problema específico e ter uma compreensão intuitiva mais exata de como apresentá-lo.

Sou eternamente grato pela maneira amável como meu pai respondeu à minha confissão de que eu estava tão irremediavelmente preso a distrações que não conseguia seguir nem mesmo as instruções mais simples de meditação, tal como focar em um objeto visual. Em primeiro lugar, ele me disse para não me preocupar, que as distrações são normais, em especial no início. Quando as pessoas começam a praticar meditação, todos os tipos de pensamento surgem em suas mentes, como galhos arrastados por um rio volumoso. Os "galhos" podem ser sensações físicas, emoções, memórias, planos, até mesmo pensamentos como "Eu não consigo meditar". Assim, era natural ser levado por esses pensamentos, ser pego, por exemplo, me perguntando: *"Por que eu não consigo meditar?", "O que há de errado comigo?", "Todo mundo na sala parece ser capaz de seguir as instruções, por que é tão difícil para mim?".* Em seguida, ele explicou que o que estava passando pela minha mente, em todo e qualquer momento, era *exatamente* a coisa certa para me concentrar, porque esse era, de qualquer modo, o lugar para onde a minha atenção tinha ido.

É o ato de prestar atenção, explicou meu pai, que gradualmente diminui a correnteza do rio, de um modo que me permitiria experimentar um pouco de espaço entre aquilo que eu estava olhando e a simples consciência de olhar. Com a prática, esse espaço aumentaria mais e mais. Aos poucos, eu pararia de me identificar com os pensamentos, emoções e sensações que estava sentindo e começaria a me identificar com a consciência pura da experiência.

Eu não posso dizer que a minha vida foi de imediato transformada por essas instruções, mas encontrei grande conforto nelas. Eu não tinha que fugir das distrações ou deixá-las fugirem comigo. Eu poderia, por assim dizer, "correr no mesmo lugar", usando o que quer que surgisse – pensamentos, sentimentos, sensações – como uma oportunidade de me familiarizar com a minha mente.

FAZENDO AMIGOS

> *Devemos estar dispostos a ser pessoas completamente comuns, o que significa aceitar-nos como somos.*
>
> Chögyam Trungpa Rinpoche, *O mito da liberdade*.

A palavra tibetana para a meditação é *gom*, que, em uma tradução aproximada, significa "familiarizar-se com". Seguindo essa definição, a meditação na tradição budista talvez possa ser mais bem entendida como o processo de conhecer sua mente. Ela é de fato muito simples, tanto quanto conhecer alguém em uma festa. As apresentações são feitas, como "Olá, meu nome é...", e então você tenta encontrar um ponto de interesse comum: "Por que você está aqui? Quem te convidou?" Durante todo o tempo, no entanto, você está olhando para a outra pessoa, pensando sobre a cor do seu cabelo, o formato do seu rosto, se ela é alta ou baixa, e assim por diante.

Meditar, conhecer sua mente, no início é como ser apresentado a uma pessoa desconhecida. À primeira vista, isso pode soar um pouco estranho, já que a maioria de nós tende a sentir que já sabe o que está acontecendo na mente. Em geral, porém, estamos tão acostumados com o fluxo de pensamentos, emoções e sensações que poucas vezes paramos para olhar para eles individualmente – cumprimentar cada um com a mesma abertura que ofereceríamos a um desconhecido. Na maioria das vezes, nossas experiências passam por nossa consciência mais ou menos como agregados mentais, emocionais e sensoriais – uma coleção de detalhes que aparecem como um todo independente e único.

Para usar um exemplo muito simples, suponha que você está dirigindo para o trabalho e, de repente, se depara com um engarrafamento. Embora sua mente registre o evento como "engarrafamento", na verdade, uma porção de coisas está ocorrendo. Você diminui a pressão do pé no acelerador e aumenta a pressão no freio. Você observa os carros à sua frente, os detrás e os dos lados desacelerarem e pararem. Os nervos das suas mãos registram a sensação de segurar o volante, enquanto os nervos das suas costas e pernas registram o contato com o banco. Talvez o barulho das buzinas dos carros penetre pela sua janela. Ao mesmo tempo, você pode estar pensando: "Ah, não, vou me atrasar para minha reunião desta manhã", e num piscar de olhos começa a passar por uma espécie de "roteiro" mental associado ao atraso. Seu chefe pode ficar com raiva; você pode perder informações importantes; ou talvez você tivesse que fazer uma apresentação para seus colegas de trabalho. Em seguida, seu coração começa a bater um pouco mais rápido e talvez você comece a suar. Você pode se perceber irritado com os motoristas à frente e, frustrado, começa a tocar a buzina do carro. No entanto, apesar de tantos processos físicos, mentais e emocionais ocorrerem simultaneamente, para a mente consciente, todos eles parecem ser uma experiência única e coesa.

De acordo com os cientistas cognitivos com quem conversei, essa tendência de juntar muitas vertentes distintas de experiência em um único pacote representa o funcionamento normal da mente humana. Nosso cérebro processa a todo momento múltiplos fluxos de informações pelos nossos órgãos dos sentidos, avaliando-os em confronto com experiências passadas e preparando o organismo para responder de determinadas maneiras, por exemplo, liberando adrenalina na corrente sanguínea para aumentar a nossa consciência em situações potencialmente perigosas. Ao mesmo tempo, as áreas do cérebro associadas à memória e ao planejamento começam a produzir pensamentos: "Por quantos metros será que esse congestionamento se alonga? Devo pegar meu celular e ligar para alguém? Talvez eu devesse esperar um pouco. Eu acho que há uma saída não muito longe daqui. Eu poderia pegar esse acesso e fazer um caminho diferente. Ih, aquele carro ali está tentando cortar pelo acostamento!" Além disso, as áreas associadas à razão, memória e planejamento estão intimamente ligadas com as áreas que geram reações emocionais, e quaisquer pensamentos que surgirem serão normalmente tingidos por algum tipo de sentimento –

o que, no caso de um engarrafamento, ou no caso da minha reação às tempestades, é geralmente desagradável.

Na maioria dos casos, esses processos ocorrem espontaneamente, além da esfera da consciência comum. Na verdade, menos de 1% da informação que o nosso cérebro recebe através dos órgãos dos sentidos chega à nossa consciência. O cérebro compete pelos recursos limitados da atenção, peneirando o que julga desnecessário e trazendo para dentro o que parece ser importante. Em geral, essa é uma organização bastante útil. Se estivéssemos extremamente conscientes de todas as fases do processo envolvido em uma atividade tão simples como caminhar de uma sala para outra, seríamos tão dominados pelos detalhes de levantar um pé e pôr o outro no chão, pelas pequenas mudanças no ar à nossa volta, pela cor das paredes, os níveis de som, e assim por diante, que provavelmente não iríamos muito longe. E se conseguíssemos chegar à sala ao lado, nem sequer nos lembraríamos do que iríamos fazer ao chegar lá!

A desvantagem dessa organização, no entanto, reside no fato de que vamos acabar confundindo com o todo uma fração muito pequena da nossa experiência que ocorre de momento a momento. Isso pode causar problemas ao nos depararmos com uma situação desconfortável ou uma emoção forte. Nossa atenção se fixa sobre o aspecto mais intenso do que estamos enfrentando – a dor física, o medo de chegar atrasado, o constrangimento de falhar num exame, a dor de perder um amigo. Em geral, nossa mente gira em uma de duas direções quando confrontada com tais situações: tentamos escapar ou nos sentimos pressionados. Nossa experiência parece ser nossa inimiga ou, no caso de assumir o controle dos nossos pensamentos e manipular nossas reações, parece um "chefe". Mesmo se conseguimos temporariamente fugir daquilo que está nos incomodando – ligando a TV, lendo um livro ou navegando na internet –, o problema desaparece por pouco tempo, mas secretamente ganha mais poder, porque agora se misturou com o medo de enfrentá-lo de novo quando vier à tona.

O conselho que meu pai me deu quando lhe disse do problema que eu estava tendo ao praticar meditação, ofereceu-me um meio-termo entre esses dois extremos. Em vez de tentar bloquear distrações ou ceder a elas, eu poderia recebê-las como amigos: "Oi, medo! Oi, coceira! Como vai você? Por que não fica aqui por algum tempo para que possamos nos conhecer?"

Essa prática de gentilmente dar boas-vindas aos pensamentos, emoções e sensações é com frequência chamada de *atenção plena* (*mindfulness*, em inglês) – uma tradução aproximada do termo tibetano *drenpa*, "tornar-se consciente". Estamos nos conscientizando é de todos os processos sutis da mente e do corpo que normalmente nos escapam porque estamos focados no "quadro geral", no aspecto dominante da experiência que sequestra nossa atenção, pressionando-nos ou estimulando um desejo de fugir. Ao adotar uma abordagem consciente, pouco a pouco, o quadro geral se quebra em peças menores e mais manejáveis, que entram e saem da consciência com uma rapidez incrível.

É um pouco surpreendente descobrir como a mente torna-se tímida quando nos oferecemos para fazer amizade com ela. Pensamentos e sentimentos que pareciam tão poderosos e sólidos desaparecem tão logo surgem, como nuvens de fumaça sopradas por um vento forte. Como muitas pessoas que começam a praticar a atenção plena, descobri que era muito difícil observar sequer um décimo do que estava passando pela minha mente. Aos poucos, porém, a velocidade das impressões começou a diminuir, muito naturalmente, por conta própria; e quando isso aconteceu, cheguei a várias conclusões.

Em primeiro lugar, comecei a ver que a sensação de solidez e permanência que eu atribuía às emoções perturbadoras e às sensações de distração era, na verdade, uma ilusão. Uma pequenina fração de uma pontada de medo foi substituída pelo início de uma coceira, que durou apenas um instante, antes que a visão de um pássaro fora da janela chamasse minha atenção; depois, alguém tossiu e uma pergunta surgiu:

"O que será que teremos de almoço?" Um segundo depois, o medo voltou, a coceira ficou mais forte, ou a pessoa sentada à minha frente no salão de meditação mudou de posição. Observar essas impressões indo e vindo tornou-se quase um jogo, que, conforme foi evoluindo, me fez sentir mais calmo e confiante. Sem conscientemente querer, eu me vi com menos medo dos meus pensamentos e sentimentos, menos perturbado pelas distrações. Em vez de se apresentar como uma desconhecida cruel e controladora, minha mente estava evoluindo. Se ainda não era exatamente uma amiga, pelo menos tornara-se uma companhia interessante.

É claro que eu ainda podia me deixar levar pelos pensamentos e sonhos, ou alternar entre estados de inquietação e embotamento. Mais uma vez, meu pai me aconselhou a não me preocupar muito com tais ocorrências. Mais cedo ou mais tarde eu me lembraria de voltar para a tarefa simples de observar o que estava acontecendo no momento presente. O ponto importante foi não me julgar por conta desses lapsos de atenção, o que provou ser uma lição importante, já que muitas vezes eu me julgava por me ver à deriva. Mas aqui novamente, a instrução de apenas observar minha mente produziu uma realização surpreendente. Grande parte do que me perturbava consistia em julgamentos *sobre* a minha experiência. "Este é um bom pensamento. Este é ruim. Eu gosto desse sentimento. Ah, não, este eu odeio." Meu medo do medo era, em muitos casos, mais intenso do que o medo propriamente dito. Senti-me por um tempo como se houvesse dois quartos separados em minha mente: um cheio de pensamentos, sentimentos e sensações que eu estava gradualmente começando a reconhecer, e outro secreto, nos bastidores, ocupado por fantasmas tagarelas.

Com o tempo, percebi que os quartos não eram realmente separados. A conversa estava acontecendo ao lado de tudo o que eu estava pensando e sentindo, embora fosse tão fraca que nem sequer a tinha reconhecido. Ao aplicar o mesmo processo de observar com cuidado o comentário que passava pela minha mente, comecei a ver que esses pensamentos e sentimentos eram efêmeros. À medida que iam e vinham, o poder de seus julgamentos ocultos começou a enfraquecer.

Durante os poucos anos em que treinei exclusivamente com o meu pai, as oscilações extremas de humor que me tinham assombrado em minha infância diminuíram um pouco. Eu já não era seduzido com facilidade pelos elogios ou aterrorizado pela vergonha ou pelo fracasso. Eu até senti que era um pouco mais fácil falar com os vários visitantes que com frequência vinham pedir instrução ao meu pai.

Logo, porém, a minha situação iria mudar e eu teria de enfrentar um desafio que me obrigou a aplicar as lições que tinha aprendido em um nível muito mais profundo do que imaginava.

ANTÍDOTOS E GUARDA-COSTAS

> *No Tibete há uma raiz extremamente tóxica chamada tsenduk; você não precisa comer muito dela para logo morrer. Ao mesmo tempo, a planta também pode ser utilizada como medicamento.*
>
> Tulku Urgyen Rinpoche, *As It Is*, Vol. 1,
> traduzido por Erik Pema Kunsang

Quando eu tinha onze anos, saí do monastério do meu pai no Nepal e fui enviado para o monastério Sherab Ling, na Índia, em uma viagem de quase 5 mil quilômetros, para iniciar estudos rigorosos em filosofia e prática budista. Era a minha primeira viagem para longe de casa e da família e a minha primeira experiência em um avião. Ao embarcar num voo de Katmandu para Delhi na companhia de um monge mais velho, que era meu acompanhante, fui tomado pelo terror. O que aconteceria se o avião repentinamente perdesse a sua potência ou fosse atingido por um raio? As imagens do avião caindo do céu e se espatifando no chão enchiam minha cabeça, e me agarrei nos braços da cadeira com tanta força que as palmas das mãos doíam. O sangue correu para o meu rosto quando o avião decolou e me sentei rígido e suando no meu assento.

Vendo o meu desconforto, um homem sentado ao meu lado me disse, sorrindo e com a confiança de um viajante experiente, que não havia realmente nada com que me preocupar, pois o avião era bastante seguro. E uma vez que o voo era curto, de apenas uma hora, estaríamos aterrissando antes mesmo que eu pudesse perceber. Suas palavras amáveis repararam um pouco o meu nervosismo, e eu me sentei por um tempo tentando praticar a observação da minha mente, conforme tinha sido ensinado. Então, de repente, ocorreu certa turbulência. O avião balançou e o homem quase pulou da cadeira, gritando em pânico. Durante o restante do voo fiquei imobilizado, imaginando o pior. Eu esqueci até de observar a minha mente. Eu tinha certeza de que ia morrer.

Felizmente, as treze horas de carro de Delhi para Sherab Ling foram muito menos agitadas. Na verdade, quando nos aproximamos das montanhas em que o monastério está localizado, a paisagem ganhou mais amplitude e a viagem tornou-se bastante prazerosa.

No entanto, sem que eu soubesse, haviam planejado uma recepção para minha chegada no monastério. Muitos monges residentes tinham feito um fila na colina que avista a estrada esperando para me saudar, tocando trompas cerimoniais de chifres de cerca de dois metros e meio de comprimento e oito tambores grandes e pesados. Como não havia comunicação telefônica naquela área na época, a assembleia estava lá esperando por um bom tempo, e quando finalmente viu um carro se aproximando, eles começaram a soprar as trompas e a bater os tambores. Mas, quando o carro parou, saiu de lá uma jovem indiana, – obviamente não eu – e a grande recepção teve um fim abrupto e constrangedor enquanto a mulher perplexa percorria seu caminho pelos portões.

Algum tempo se passou antes que meu carro fosse avistado lá longe na estrada e os monges começassem a soprar longamente os chifres e bater seus tambores. Assim que o meu carro se aproximou da entrada principal, a confusão novamente interrompeu os trabalhos. Mesmo adulto, não sou uma pessoa muito alta. Quando criança, eu era tão baixo que ninguém conseguia ver a minha cabeça atrás do alto e antiquado painel de instrumentos. De onde os músicos estavam não parecia ter uma pessoa sentada no banco da frente do passageiro. Sem querer cometer outro erro, eles abaixaram os chifres e as baquetas, e a música parou de repente.

Quando a porta do passageiro foi aberta e eu saí, fui recebido por uma fanfarra entusiasmada e tão alta que eu podia sentir as vibrações em meus ossos. Eu não tenho certeza do que foi mais alarmante: o barulho dos instrumentos ou a visão de todas aquelas pessoas estranhas enfileiradas para me acolher. Todo o terror que senti no avião voltou correndo, e acabei dando uma volta errada, andando na direção contrária. Se não fosse o monge que estava me acompanhado, eu não tenho certeza se teria conseguido entrar por aquele portão!

Minha estadia em Sherab Ling não teve um início particularmente auspicioso. Embora o monastério estivesse situado em uma região muito bonita, entre o Himalaia ao norte e ao leste e planícies onduladas ao sul e oeste, eu me sentia na maioria das vezes miseravelmente infeliz. Minha velha sensibilidade e ansiedade voltaram com força esmagadora, derrotando meus melhores esforços para recebê-las como meu pai havia me ensinado. Tive problemas para dormir, e pequenas coisas conseguiam acionar uma reação em cadeia de pensamentos perturbadores. Tenho uma lembrança bem viva de, por exemplo, acordar uma manhã e descobrir uma pequena rachadura na janela do meu quarto. Depois disso, durante semanas, eu ficava com medo de que o vigilante da casa me culpasse por quebrar a janela e do problema que causaria para trocar o vidro.

As sessões de treinamento em grupo eram especialmente dolorosas. Havia cerca de oitenta monges residentes naquele momento, e todos pareciam bastante amigáveis uns com os outros, passeando em grupos entre as aulas e sessões de práticas, rindo e brincando. Eu era um estranho entre eles. A não ser pelas nossas roupas, não sentia que tínhamos algo em comum. Quando nos reuníamos no salão principal para os rituais de grupo, todos sabiam as palavras e os gestos muito melhor do que eu, e ficava me perguntando se eles estavam me olhando, esperando que eu cometesse um erro. A maioria dessas sessões era acompanhada por trompas, tambores e címbalos, às vezes fazendo um estrondo musical ensurdecedor que levava meu coração a bater forte e minha cabeça a girar. Eu queria muito sair correndo para fora da sala, mas com todos os outros olhando não tinha como fugir.

Os únicos momentos em que senti real conforto aconteceram durante minhas sessões particulares com meus tutores: Drupon Lama Tsultrim, que me ensinou línguas, ritual e filosofia, e Saljay Rinpoche, que me ensinou práticas de meditação. Eu senti uma conexão especialmente íntima com Saljay Rinpoche, um lama muito sábio que tinha uma cabeça quadrada e cabelos grisalhos e que, apesar dos seus oitenta anos, tinha um rosto quase sem rugas. Na minha mente, ainda posso vê-lo com a sua roda de oração em uma das mãos e, na outra, seu *mala* (*mala* é conjunto de contas usado para contar repetições de *mantras*. *Mantras* são combinações especiais de sílabas antigas que formam uma espécie de oração e que podem ser usadas como um suporte para a meditação). Sua bondade e paciência eram tão grandes que cheguei a considerá-lo um segundo pai a quem eu poderia trazer problemas grandes e pequenos.

Suas respostas invariavelmente acabavam em lições muito profundas. Por exemplo, uma manhã enquanto lavava meu cabelo, um pouco de água entrou no meu ouvido. Eu tentei de tudo para me livrar dela, limpando o lado de dentro da orelha com uma toalha, balançando a cabeça, torcendo pequenos pedaços de papel de seda dentro da orelha, mas nada ajudou. Quando contei isso a Saljay Rinpoche, ele me aconselhou a derramar mais água no meu ouvido, e depois tombar a cabeça para deixar tudo escorrer para fora. Para minha surpresa, funcionou!

Rinpoche explicou que esse era um exemplo de um princípio, ensinado há muito tempo pelo Buda, de usar o problema como o antídoto. Timidamente, eu perguntei se a mesma abordagem poderia ser usada para lidar com pensamentos e sentimentos. Ele me olhou com curiosidade, e logo me vi derramando toda a história de como eu tinha sido ansioso em toda a minha vida; do medo que por vezes me atacava com tal violência que eu mal podia respirar; de como eu tinha tentado observar a minha mente de uma forma amigável, sem julgamentos, como meu pai me ensinou; de meus pequenos sucessos lá no Nepal, onde tudo era familiar; e de como todos os velhos problemas ressurgiram ainda mais fortes nesse ambiente novo, estranho.

Ele ouviu até que eu não tivesse mais palavras e, em seguida, respondeu com a seguinte história.

"O Tibete está cheio de estradas longas e solitárias, especialmente nas montanhas, onde não há muitos vilarejos ou cidades. Viajar é sempre perigoso, porque quase sempre há bandidos escondidos nas cavernas ou por atrás de pedras que ficam nas laterais da estrada, esperando para assaltar e atacar até os viajantes mais atentos. Porém, o que as pessoas podem fazer? Para ir de um lugar a outro, elas têm que passar por essas estradas. Podem viajar em grupos, é claro, e se os grupos forem grandes o suficiente, os bandidos talvez não os ataquem. Mas isso nem sempre funciona, porque os bandidos geralmente veem no grupo maior a oportunidade de roubar mais. Às vezes as pessoas tentam se proteger contratando guarda-costas. Mas isso também não funciona muito bem."

"Por que não?", perguntei.

Ele riu. "Os bandidos são sempre mais ferozes e têm melhores armas. Além disso, se acontecer uma luta, há mais chance de as pessoas se machucarem."

Seus olhos se fecharam, a cabeça pendeu, e eu pensei que talvez ele tivesse adormecido. Antes, porém, que eu pudesse pensar em alguma maneira de acordá-lo, ele abriu os olhos e continuou.

"Viajantes inteligentes, quando atacados por bandidos, podem fazer um acordo com eles. 'Por que não contratamos vocês para serem nossos guarda-costas? Podemos pagar um pouco agora e mais depois, quando chegarmos ao fim da nossa viagem. Desse modo, não haverá mais lutas, ninguém vai se machucar e vocês ganharão mais do que se apenas nos roubassem na trilha. Menos perigo para vocês, porque ninguém irá caçá-los nas montanhas, e menos perigo para nós, porque vocês são mais fortes e têm melhores armas do que qualquer guarda-costas que pudéssemos contratar. E se vocês nos mantiverem em segurança ao longo da estrada, podemos recomendá-los a outras pessoas e, em breve, estarão ganhando mais do que jamais poderiam se apenas roubassem as pessoas. Vocês poderiam ter uma boa casa, um lugar para criar uma família. Não teriam que se esconder em cavernas nem congelar no inverno ou ferver no verão. Todos se beneficiam."

Ele fez uma pausa, esperando para ver se eu entendi a lição. Minha expressão deve ter dado a impressão de que não e, então, ele continuou.

"Sua mente é a estrada longa e solitária, e todos os problemas que você descreveu são os bandidos. Sabendo que eles estão lá, você fica com medo de viajar. Ou então você usa a atenção plena, *mindfulness*, como um guarda-costas contratado, e mistura isso com esperança e medo, pensando: 'Se eu observar meus pensamentos, eles vão desaparecer.' Em qualquer uma das duas opções, seus problemas têm supremacia. Sempre parecem maiores e mais fortes que você.

"A terceira opção é ser como um viajante inteligente e convidar seus problemas para viajarem com você. Quando você está com medo, não tente lutar contra o sentimento ou fugir dele. Faça um acordo com ele. 'Oi medo, fique por aqui. Seja meu guarda-costas. Mostre-me como você é grande e forte.' Se fizer isso com bastante frequência, por fim o medo se tornará apenas mais uma parte da sua experiência, algo que vem e vai. Você se torna confortável com isso, e talvez até mesmo venha a contar com ele como uma oportunidade para apreciar o poder da sua mente. Sua mente deve ser muito poderosa para produzir problemas tão grandes, não é?"

Balancei afirmativamente a cabeça. Parecia lógico.

"Quando você não mais resiste a uma emoção poderosa como o medo", ele continuou, "você está livre para canalizar essa energia em uma direção mais construtiva. Quando você contrata os seus problemas como guarda-costas, eles mostram o quanto a sua mente é poderosa. Sua própria ferocidade o torna consciente do quanto você é forte."

DESCOBERTAS

A melhor saída está sempre em curso.

Robert Frost, *A Servant to Servants*.

Eu nunca tinha pensado sobre as tempestades emocionais que sofri como uma prova do poder da minha própria mente. Ou melhor, tinha ouvido ensinamentos sobre seus efeitos, em especial do meu pai, que frequentemente apontava que emoções perturbadoras são, na verdade, expressões da mente, da mesma forma que o calor intenso é um produto ou expressão do sol. Mas, como a maioria das pessoas quando começa a prática de examinar a própria mente, eu estava mais preocupado em me livrar dos pensamentos e sentimentos que me chateavam do que olhar diretamente para a sua origem. Como Saljay Rinpoche mostrou, meus esforços em praticar a atenção plena estavam ligados à esperança e ao medo: esperança de que ao observar meus pensamentos, aqueles desagradáveis acabariam desaparecendo, e medo de que quando reaparecessem, eu estaria preso a eles para sempre.

Olhando para trás, vejo que as minhas primeiras tentativas não foram nem um pouco diferentes das estratégias que as pessoas normalmente usam quando confrontadas com situações desafiadoras e emoções poderosas. Eu estava tentando encontrar meu caminho para superar a ansiedade e o pânico, trabalhando com a suposição de que havia algo desesperadamente errado e que, se pudesse apenas me livrar dos problemas, tudo ficaria bem; minha vida seria feliz, serena e livre de problemas. A essência da lição de Saljay Rinpoche foi a de considerar a possibilidade de que os pensamentos e sentimentos que me mantinham acordado à noite e faziam meu coração bater como um pássaro preso durante o dia, na verdade, eram sinais de alguma coisa *correta*: como se minha mente estivesse querendo dizer: "Olhe para mim! Veja o que eu posso fazer!"

Algumas pessoas são capazes de entender uma alternativa tão radical como essa de forma imediata. Ouvi dizer que meu pai era uma dessas pessoas. Assim que ouviu o ensinamento sobre a natureza da mente, ele intuitivamente compreendeu que toda experiência é um produto da capacidade ilimitada da mente – "a exibição mágica da consciência", como muitas vezes é descrito nos textos budistas. Infelizmente, eu não sou tão rápido. O meu progresso era do tipo "dois passos para frente e um para trás", como diziam meus alunos quando comecei a ensinar. Precisou haver uma crise para que eu, enfim, encarasse meus medos de frente e reconhecesse a sua origem.

Essa crise ocorreu durante o primeiro ano do programa de retiro de três anos em Sherab Ling – um período de treinamento intensivo nas formas essenciais e avançadas de meditação budista tibetana, que só podem ser transmitidas oralmente por um professor que recebeu transmissões orais e tem domínio suficiente delas para passá-las para uma nova geração de estudantes. Essa tradição de passar os ensinamentos por via oral é um tipo de selo de proteção, preservando os ensinamentos em sua forma original em uma linhagem ininterrupta que remonta há mais de mil anos. Eles são oferecidos em um ambiente sequestrante – a pessoa fica literalmente trancada e separada do mundo exterior, como uma forma de minimizar as distrações e poder concentrar-se mais direta e intensamente na paisagem interior da mente.

Como eu tinha apenas treze anos na época, havia alguma dúvida sobre se eu estaria autorizado a entrar no retiro. Em geral, essa oferta é feita aos alunos mais velhos que tiveram mais oportunidade de alcançar uma base sólida em práticas básicas, como o treinamento de atenção plena. Mas Saljay Rinpoche seria o professor principal e eu estava tão ansioso para estudar com ele que pressionei meu pai a intervir em meu favor. Por fim, meu pedido foi aceito. Alegremente, fiz os votos do retiro juntamente com os outros participantes e me instalei no meu quarto de clausura.

Não demorou muito para me arrepender da minha decisão.

Lidar com pensamentos e emoções perturbadoras em um cenário aberto é forte o suficiente para a maioria das pessoas – mas, pelo menos, há oportunidades para distrações, em especial hoje em dia com TV a cabo, internet, e-mail e telefones celulares tão amplamente disponíveis. Mesmo uma caminhada na floresta pode oferecer algum "espaço de respiração" para a mente. Mas no ambiente do retiro de três anos, tais oportunidades são limitadas. Há ensinamentos e práticas em grupo – que eu ainda odiava – e longos períodos de prática solitária, durante os quais não há nada a fazer a não ser observar a sua mente. Depois de um tempo, você pode começar a se sentir preso: pequenos aborrecimentos começam a parecer pensamentos enormes e mais intensos, e as emoções tornam-se gigantes poderosos e ameaçadores. Saljay Rinpoche comparou a experiência de planejar uma visita a um parque ou a uma floresta. Você embala sua comida e outras provisões para um dia de relaxamento tranquilo em um belo cenário, e logo depois que você chega, os funcionários da administração chegam com ordens do rei ou dos ministros dizendo que você não pode deixar o parque sob quaisquer condições. Os responsáveis por cumprir as ordens cercam você nas quatro direções, franzindo o cenho e se recusando a deixá-lo sair do seu local. Mesmo que tente apaziguá-los sorrindo, eles ficam lá em pé, impassíveis – resistindo a quaisquer impulsos espontâneos de retribuir ao seu sorriso. Toda a sua experiência muda nesse instante. Em vez de ser capaz de desfrutar do seu entorno, tudo que consegue pensar é em descobrir como escapar. Infelizmente, não há como escapar.

Comecei a evitar práticas de grupo, me escondendo no meu quarto. Porém, de certo modo era pior, porque eu não conseguia me esconder de minha mente. Eu tremia, suava, tentava dormir. No final, não tinha outra escolha a não ser aplicar os ensinamentos que eu tinha recebido. Comecei suavemente, de acordo com as primeiras lições que aprendi com meu pai, apenas observando meus pensamentos e minhas emoções à medida que iam e vinham, observando sua natureza transitória. Depois do primeiro dia, vi-me capaz de dar boas-vindas a eles e, de certa forma, ficar fascinado pela sua variedade e intensidade – uma experiência que um de meus alunos descreveu como olhar em um caleidoscópio e perceber como os padrões mudam. No terceiro dia, comecei a entender, não intelectualmente, mas de uma forma direta e vivencial, aquilo que Saljay Rinpoche quis dizer sobre os guarda-costas: como os pensamentos e emoções que pareciam esmagadores, na verdade, eram expressões do poder infinitamente vasto e incessantemente inventivo da minha própria mente.

Saí do meu quarto no dia seguinte e comecei a participar uma vez mais das práticas de grupo, com muito mais confiança e clareza do que jamais sonhei ser possível.

Não posso dizer que não tenha sentido "pancadas" mentais ou emocionais durante o restante do retiro. Mesmo agora, quase vinte anos depois, ainda estou sujeito a toda a gama de experiências humanas comuns. Dificilmente sou o que alguém chamaria de iluminado. Fico cansado como as outras pessoas. Às vezes sinto-me frustrado, irritado ou aborrecido. Aguardo com expectativa as pausas ocasionais da minha agenda de ensino. Fico resfriado com muita facilidade.

No entanto, depois de ter aprendido um pouco sobre como trabalhar com minha mente, descobri que minha relação com essas experiências mudou. Em vez de ser completamente dominado por elas, comecei a dar boas-vindas às lições que oferecem. Todos os desafios que enfrento hoje em dia tornaram-se oportunidades para cultivar um nível mais amplo, mais profundo de consciência – uma transformação que, com a prática, ocorre cada vez mais de forma espontânea, semelhante ao modo como um nadador direciona automaticamente mais energia para seus músculos quando encontra águas turbulentas e volta a emergir mais forte e mais confiante após intenso sofrimento físico. Acho que a mesma coisa acontece quando fico com raiva, cansado ou entediado. Ao invés de me fixar na turbulência mental ou emocional propriamente dita ou procurar pela sua causa, tento vê-la como é: uma onda da mente, uma expressão de seu poder irrestrito.

Assim, no geral, embora a minha vida esteja longe de ser perfeita, estou satisfeito com ela. E de uma maneira peculiar, sou grato pelas emoções perturbadoras que vivenciei quando criança. Os obstáculos que enfrentamos na vida podem proporcionar incentivos poderosos para a mudança.

Um aluno que encontrei durante uma viagem recente ao Canadá disse assim:

"A ansiedade sempre foi um problema para mim, especialmente no trabalho. Sentia que não estava fazendo um bom trabalho nem trabalhando rápido o bastante; que outras pessoas estavam falando pelas minhas costas e que, por eu não ser tão rápido ou competente como os outros, perderia meu trabalho. E se eu perdesse meu emprego, como poderia me sustentar e manter a minha família? Como iria colocar comida na mesa? Esses pensamentos continuavam girando e girando até que realmente me senti *vivenciando* o horror de viver na rua, com uma tigela na mão, mendigando moedas.

"A única maneira pela qual conseguia me acalmar era olhar para a 'luz no fim do túnel' – esperando desesperadamente que as condições mudassem. Que eu conseguisse um novo emprego menos exigente. Ou que a pressão diminuísse. Talvez eu tivesse um novo gerente. Ou talvez as pessoas que cochichavam pelas minhas costas fossem demitidas.

"Então, comecei a olhar para a própria ansiedade e a ver que o problema não era o meu trabalho, mas os pensamentos que eu estava tendo *sobre* ele. Procurar por essa 'luz no fim do túnel' era nada mais do que o outro lado do medo – a esperança de que uma mudança de circunstâncias me resgatasse do pânico. Aos poucos, comecei a perceber que a esperança e o medo também não eram nada mais do que ideias flutuando pela minha mente. Realmente não tinham nada a ver com o trabalho em si.

"Naquele momento, entendi que a luz que eu procurava era o túnel e que o túnel em que me sentia preso *era* a luz. A única diferença entre eles era o meu ponto de vista – o modo que escolhi olhar para a minha situação.

"Essa mudança de perspectiva fez toda a diferença. Quando me sinto ansioso ou com medo, consigo olhar para esses impulsos e ver que tenho uma escolha. Posso me entregar a eles ou posso observá--los. E se escolher observá-los, eu aprendo mais sobre mim, e sobre o poder que tenho de decidir como vou responder aos acontecimentos na minha vida."

A história desse homem lembrou a minha experiência no tubo de ressonância magnética funcional – um túnel em que os desafios do calor, dos ruídos, dos gritos e do choro poderiam facilmente ter sido desconcertantes, mas que, em vez disso, tornaram-se uma oportunidade de descobrir uma sensação mais viva de paz, clareza e compaixão. Meu treinamento inicial e as experiências que se seguiram mostraram-me que o que pode à primeira vista parecer escuridão é, em essência, nada mais substancial do que a sombra projetada pela verdadeira luz da mente.

2. O problema é a solução

E o fim de toda a nossa exploração
Será chegar ao lugar onde começamos
E conhecê-lo pela primeira vez.

T. S. Eliot, *Little Gidding*

Não muito tempo atrás, eu visitei um museu de cera, em Paris, onde vi uma estátua do Dalai Lama que parecia muito real. Examinei-a cuidadosamente por todos os ângulos, uma vez que Sua Santidade é uma pessoa que conheço muito bem. Quando me pus de lado para olhar a imagem, um jovem casal se aproximou. A mulher se ajoelhou entre mim e Sua Santidade enquanto seu companheiro preparava a câmera para uma foto. Não querendo ficar no caminho, comecei a me afastar. Nesse momento a mulher deu um grito e o queixo do homem que segurava a câmera foi até o chão.

Como a luz no museu era muito fraca, eles pensaram que eu era parte da cena – a estátua de cera de um pequeno monge feliz, ao lado do Dalai Lama.

Quando o casal se recuperou do choque de ver o que parecia ser uma estátua de cera subitamente ganhar vida, demos boas risadas juntos e, depois de conversas amigáveis, nos separamos. Mas enquanto eu continuava a passear pelo museu, ocorreu-me que esse breve encontro havia exposto, em pequena escala, um aspecto profundo e fundamentalmente trágico da condição humana. O jovem casal possuía expectativas tão fortes e claras em relação às imagens do museu de cera que nunca sequer havia considerado a possibilidade de a verdadeira situação ser diferente daquilo que presumiam. Da mesma forma, a maioria das pessoas, cheia de todos os tipos de preconceitos e crenças, continua a ignorar os fatos fundamentais da vida humana – o que meus professores chamavam de "a situação básica".

Para entender no que consiste essa situação precisamos olhar os primeiros ensinamentos que o Buda deu, logo depois de ter alcançado aquilo que muitas vezes é chamado de *iluminação* – um termo que pode soar como algo um pouco grandioso e além da capacidade da maioria das pessoas.

Na verdade, a iluminação é muito simples. Imagine que nós temos o hábito de caminhar em um quarto escuro, batendo em mesas, cadeiras e outros móveis. Um dia, por sorte ou por acidente, esbarramos em um interruptor e a luz se acende. De repente vemos a sala toda, os móveis, as paredes e os tapetes. Então pensamos: "Olha quanta coisa há aqui! Não é de se admirar que eu ficasse esbarrando em tudo isso!" Conforme olhamos para todos aqueles objetos, talvez maravilhados em vê-los pela primeira vez, percebemos que o interruptor sempre esteve lá. Nós só não sabíamos disso – ou talvez nem sequer pensássemos que esse quarto pudesse ser qualquer outra coisa além de escuridão.

Essa é uma maneira de descrever a iluminação: acender a luz em um quarto no qual passamos a maior parte de nossas vidas perambulando no escuro.

Talvez o feito mais notável do Buda tenha sido sua forma de comunicar a mensagem de que nós ficamos tão acostumados a andar no escuro que esquecemos como se acende a luz.

AS QUATRO NOBRES VERDADES

Pode ser que agora tenhamos uma vida dotada com as liberdades e vantagens que são tão difíceis de encontrar, mas isso não vai durar muito tempo.

Patrul Rinpoche, *Palavras do meu professor perfeito*,
Editora Makara

O Buda foi um professor um tanto incomum, pois não começou sua carreira fazendo algum grande pronunciamento metafísico. Em vez disso, concentrou-se naquilo que seria imediatamente prático para o maior número de pessoas. A fim de compreender plenamente a clareza e a simplicidade de sua abordagem, talvez seja útil ir além da mitologia que surgiu em torno de sua vida e tentar ver o homem por trás do mito.

A lenda diz que Siddartha Gautama – nome que lhe foi dado ao nascer – era um príncipe, filho de um chefe tribal do norte da Índia. Durante as celebrações por ocasião de seu nascimento, um vidente brâmane previu que ele se tornaria ou um rei poderoso ou um grande santo. Temendo que seu filho mais velho fosse abandonar o papel de líder tribal, o pai do Buda construiu para ele uma rede de palácios, com todos os prazeres à disposição. Tudo isso para que seu filho não fosse exposto a nenhum aspecto conflituoso da vida que pudesse despertar suas inclinações espirituais latentes. Quando completou dezesseis anos, Siddartha foi impelido a se casar e gerar um herdeiro.

Mas o destino interveio. Aos 29 anos, determinado a visitar seus súditos, o jovem príncipe se aventurou a sair do palácio. No caminho encontrou pessoas pobres, idosas, doentes e moribundas. Perturbado por esse confronto com a realidade do sofrimento do qual havia sido protegido por tantos anos, ele deixou o palácio e foi para o sul, onde encontrou vários ascetas que o encorajaram a libertar sua mente das preocupações mundanas através da prática de métodos rígidos de renúncia e automortificação. Acreditavam que apenas ao fazer isso ele poderia se tornar livre dos hábitos mentais e emocionais que aprisionam a maioria das pessoas em um círculo interminável de conflitos internos e externos.

Após seis anos praticando austeridades extremas, ele sentia-se frustrado. Retirar-se do mundo não havia fornecido as respostas que procurava. Assim, embora tenha sido ridicularizado por seus companheiros ascetas, ele desistiu da prática. Tomou um bom e demorado banho no rio Nairajana, que ficava próximo ao seu local de prática, e aceitou o alimento que lhe foi oferecido por uma mulher que passava por ali. Em seguida, cruzou o rio até o local que hoje é chamado de Bodhgaya, sentou-se debaixo de uma figueira e começou a examinar a própria mente. Estava determinado a descobrir uma maneira de sair do dilema demasiadamente humano de perpetuar os problemas ao correr atrás de coisas que, na melhor das hipóteses, fornecem apenas experiências fugazes de felicidade, proteção e segurança.

Quando terminou sua investigação, ele percebeu que a verdadeira liberdade não estava em retirar-se da vida, mas sim em um envolvimento cada vez mais profundo e mais consciente em todos os seus processos. Seu primeiro pensamento foi que ninguém ia acreditar nisso. Motivado, segundo a lenda, pelos apelos dos deuses – ou simplesmente movido por uma compaixão esmagadora – o Buda finalmente deixou Bodhgaya e viajou para o oeste, em direção à antiga cidade de Varanasi. Lá, em um espaço aberto que veio a ser chamado de Parque dos Cervos, encontrou seus antigos companheiros ascetas. Embora no início estivessem inclinados a repudiá-lo, pois ele havia desistido do caminho da austeridade extrema, não puderam deixar de notar que o antigo companheiro irradiava um equilíbrio e um contentamento que superava tudo que haviam alcançado. Sentaram-se para ouvir o que ele tinha a dizer, e sua mensagem foi tão convincente e tão logicamente sã que aqueles homens que a ouviram tornaram-se seus primeiros seguidores, seus discípulos.

Os princípios apresentados no Parque dos Cervos, normalmente chamados de "As Quatro Nobres Verdades", consistem em uma análise simples e direta dos desafios e possibilidades da condição humana. Essa análise representa o primeiro passo daquilo que historicamente é conhecido como "Os Três Giros da Roda do Dharma": um conjunto sucessivo de insights acerca da natureza da experiência, proferidos pelo Buda, em diferentes estágios, durante os 45 anos em que viajou pela Índia antiga. Cada giro, a partir dos princípios expostos no giro anterior, apresenta insights mais profundos e mais penetrantes sobre a natureza da experiência.

As Quatro Nobres Verdades estão no âmago de todos os caminhos e tradições budistas. Na verdade, o Buda as considerava tão importantes que as repetiu muitas vezes para muitos públicos diferentes. Somadas a seus ensinamentos posteriores, chegaram até nós através de uma coletânea de escritos conhecidos como sutras – diálogos, considerados factuais, entre o Buda e seus alunos.

Por vários séculos após a morte do Buda, esses ensinamentos foram transmitidos oralmente – uma prática comum em uma época em que muitas pessoas eram analfabetas. Eventualmente, trezentos ou quatrocentos anos após o falecimento do Buda, essas transmissões orais foram anotadas em páli, um idioma que se acredita ser muito próximo ao dialeto falado no centro da Índia durante a vida do Buda. Mais tarde, os sutras foram transcritos para o sânscrito, a culta gramática literária da Índia antiga. Com a disseminação do budismo pela Ásia, e depois para o Ocidente, esses escritos foram traduzidos em muitas línguas diferentes.

Mesmo nas versões traduzidas dos sutras está claro que o Buda não apresentou as Quatro Nobres Verdades como um conjunto rígido de práticas e crenças. Em vez disso, ofereceu-as como um guia prático para que, no contexto de suas próprias vidas, as pessoas reconheçam sua situação básica, as causas dessa situação, a possibilidade de que ela seja transformada e os meios de transformação. Com uma habilidade suprema, ele estruturou esse ensinamento inicial de acordo com o método dos quatro pontos da medicina clássica indiana: o diagnóstico do problema, a identificação das causas subjacentes, a determinação do prognóstico e a prescrição de um programa de tratamento. De certa forma, as Quatro Nobres Verdades podem ser vistas como uma abordagem pragmática, um passo a passo para a cura daquilo que hoje poderíamos chamar de uma perspectiva "disfuncional" que nos liga a uma realidade moldada por expectativas e preconceitos, nos cegando para o poder inerentemente ilimitado da mente.

IDENTIFICANDO O PROBLEMA

Como seres humanos, também sofremos por não obter o que queremos e por não conseguirmos manter o que temos.

Kalu Rinpoche, Luminous Mind: The Way of the Buddha, traduzido para o inglês por Maria Montenegro

A primeira das Quatro Nobres Verdades é chamada de a Verdade do Sofrimento. Os sutras relacionados a esses ensinamentos foram traduzidos de muitas maneiras ao longo dos séculos. Dependendo da tradução, podemos encontrar esse princípio básico da experiência descrito como "existe sofrimento" ou apenas "o sofrimento é".

À primeira vista, a primeira das Quatro Nobres Verdades pode parecer bastante deprimente. Muitas pessoas, quando ouvem ou leem sobre o assunto, tendem a definir o budismo como excessivamente pessimista. "Esses budistas estão sempre reclamando que a vida é cheia de sofrimento. A única maneira de ser feliz é renunciar ao mundo, ir para uma montanha em algum lugar e meditar todos os dias. Que coisa chata! Eu não estou sofrendo. Minha vida é maravilhosa!"

Primeiramente, é importante observar que os ensinamentos budistas não afirmam que, para encontrar a verdadeira liberdade, as pessoas precisam abrir mão de suas casas, seus empregos, seus carros ou quaisquer outros bens materiais. Como a sua história de vida demonstra, o próprio Buda tentou levar uma vida de extrema austeridade sem encontrar a paz que procurava.

Além disso, não há como negar que para algumas pessoas, por um tempo, certas circunstâncias podem se reunir de tal maneira que a vida parece não poder ser melhor. Conheci diversas pessoas que pareciam bastante satisfeitas com suas vidas. Se eu lhes perguntasse como estavam, eles responderiam: "Tudo bem" ou "Estou ótima!" Isso, claro, até que fiquem doentes, percam o emprego ou seus filhos cheguem à adolescência (e da noite para o dia deixem de ser carinhosas fontes de alegria para se tornarem completos desconhecidos, temperamentais e inquietos, não querendo nada com os pais). Então, se eu perguntasse como elas estavam, a resposta mudaria um pouco: "Estou bem, a não ser..." ou "Está tudo ótimo, mas...".

Essa é, talvez, a mensagem essencial da Primeira Nobre Verdade: a vida tem uma maneira de interromper, apresentando surpresas momentâneas até mesmo aos mais satisfeitos. Tais surpresas – juntamente com experiências mais sutis e menos visíveis, como as dores que vêm com a idade, a frustração de esperar na fila do supermercado ou simplesmente estar atrasado para um compromisso – podem ser entendidas como manifestações do sofrimento.

No entanto, eu consigo entender por que essa perspectiva abrangente pode ser de difícil compreensão. "Sofrimento" – a palavra frequentemente usada nas traduções da Primeira Nobre Verdade – é um termo carregado. Quando leem ou ouvem essa palavra, as pessoas tendem a pensar que só se refere à dor extrema ou ao sofrimento crônico.

Mas, na verdade, *dukkha* – a palavra utilizada nos sutras – está mais próxima do significado de termos comumente utilizados em todo o mundo moderno, como "mal-estar", "doença", "desconforto" e "insatisfação". Alguns textos budistas elaboram o seu significado usando a analogia de uma roda de oleiro enferrujada, que ao girar faz uma espécie de som estridente. Outros comentários usam uma imagem de alguém andando em um carro com uma roda um pouco estragada: toda vez que a roda passa pelo ponto danificado, o condutor sofre um solavanco.

Assim, embora o sofrimento – *dukkha* – de fato se refira a condições extremas, esse termo, conforme foi utilizado pelo Buda e pelos subsequentes mestres da filosofia e da prática budista, pode ser mais bem compreendido como um sentimento generalizado de que *algo não está muito certo*: a vida poderia ser melhor se as circunstâncias fossem diferentes; seríamos mais felizes se fôssemos mais novos, mais magros, mais ricos, se estivéssemos em um relacionamento ou terminássemos um relacionamento. A lista de sofrimentos segue em frente. *Dukkha*, portanto, engloba todo o espectro de condições, desde algo tão simples como uma coceira até experiências mais traumáticas de dor crônica ou uma doença letal. No futuro, talvez, a palavra *dukkha* será aceita em muitas línguas e culturas diferentes, do mesmo modo que a palavra sânscrita karma, oferecendo-nos uma compreensão mais ampla de um termo que muitas vezes tem sido traduzido como "sofrimento".

Assim como ter um médico para identificar os sintomas é o primeiro passo no tratamento de uma doença, compreender *dukkha* como a condição básica da vida é o primeiro passo para nos livrarmos do desconforto e do mal-estar. Na verdade, para algumas pessoas, apenas ouvir a Primeira Nobre Verdade pode ser uma experiência libertadora. Recentemente um dos meus alunos mais antigos admitiu que, ao longo de sua infância e adolescência, sentia-se um pouco alienado das pessoas ao redor. As outras pessoas pareciam saber exatamente a coisa certa para se dizer e fazer. Eram mais espertas do que ele, vestiam-se melhor e pareciam se dar bem umas com as outras sem qualquer esforço. Era como se o resto do mundo tivesse recebido um "Manual da Felicidade" ao nascer e, de alguma forma, ele tivesse sido esquecido.

Mais tarde, quando fez um curso universitário de filosofia oriental, ele se deparou com as Quatro Nobres Verdades e toda a sua perspectiva começou a mudar. Percebeu que não estava sozinho em seu desconforto. Na verdade, a dificuldade e a alienação eram experiências que vinham sendo compartilhadas por outras pessoas durante séculos. Ele podia, então, abrir mão de toda aquela história triste sobre não ter recebido o Manual da Felicidade – e apenas ser exatamente como era. Isso não quer dizer que não haveria trabalho a fazer, mas pelo menos ele poderia parar de fingir para o mundo exterior que era de fato capaz de estar junto quando, na verdade, não se sentia assim. Poderia começar a trabalhar com o seu sentimento básico de inadequação, não como um forasteiro solitário, mas como alguém que tinha uma ligação comum com o resto da humanidade. Também significava que seria menos provável ser pego de surpresa quando sentisse as maneiras específicas com que o sofrimento se manifestava para ele – do mesmo modo que, para mim, saber que o pânico estava por perto diminuía a dor de sua ferroada.

SURPRESA

> *Você está andando pela rua, a caminho de encontrar um amigo para jantar. Já pensando no que gostaria de comer, saboreia a sua fome. Vira a esquina e – ai não, um leão!*
>
> **Robert Sapolsky,** *Why Zebras Don't Get Ulcers*

A lição essencial da Primeira Nobre Verdade consiste em reconhecer o fato de que a qualquer momento podemos enfrentar algum tipo de experiência apreensiva ou desconfortável. Mas como essa condição básica tem sido tantas vezes traduzida em uma linguagem áspera, gostaria de encontrar uma maneira de comunicá-la em termos que fossem significativos para as pessoas que vivem no mundo moderno.

Uma analogia me surgiu recentemente, durante uma turnê de palestras pela América do Norte, enquanto eu fazia uma caminhada vespertina em um parque próximo ao local onde estava ensinando. Percebi-me engajado em uma espécie de "experimento mental" – um tipo de exercício imaginativo utilizado pelos filósofos do mundo antigo, assim como pelos cientistas da era moderna, para ajudar a compreender a natureza da realidade.

Algumas pessoas, é claro, já devem estar familiarizadas com alguns dos experimentos mentais historicamente notórios, como aquele realizado por Albert Einstein que resultou no desenvolvimento da teoria especial da relatividade: a proposição de que tempo e espaço não são aspectos uniformes da realidade, mas experiências que diferem em relação à direção e à velocidade na qual uma pessoa está se movimentando. Embora, naquele momento, o equipamento tecnológico necessário para Einstein demonstrar sua teoria não estivesse disponível, os avanços mais recentes têm mostrado que suas ideias estavam corretas.

Meu próprio experimento mental não estava preocupado com as leis físicas do movimento, mas sim com os aspectos *psicológicos* da *emoção*. Imaginei como seria passear por uma região arborizada, um parque ou uma floresta, envolvido em pensamentos ou talvez ouvindo música no fone de ouvido e cantando. E o que eu sentiria se alguém quisesse fazer uma brincadeira e colocasse uma fantasia de urso, muito parecida com um urso de verdade, e de repente saísse de trás de uma árvore ou de um edifício? Meu coração dispararia, a minha pele ficaria toda arrepiada e meu cabelo, em pé. Eu provavelmente gritaria assustado!

No entanto, se alguém tivesse me avisado da brincadeira, eu não ficaria tão assustado. Poderia até ter a oportunidade de retribuir e pregar um bom susto no gozador – saltando e gritando antes que ele tivesse a chance de pular na minha frente!

Da mesma forma, se entendermos *dukkha* ou sofrimento como a condição básica da vida, estaremos mais bem preparados para os vários desconfortos possíveis de serem encontrados ao longo do caminho. Cultivar esse tipo de compreensão é um pouco como mapear o percurso da viagem. Se tivermos um mapa, teremos uma ideia melhor de onde estamos. Se não tivermos, estaremos propensos a nos perder.

DUAS VISÕES SOBRE O SOFRIMENTO

Quando isto nasce, aquilo aparece.

Salistubhasutra,
traduzido para o inglês por Maria Montenegro

Como mencionei anteriormente, o sofrimento opera em níveis distintos. Porém, conforme fui ensinado desde muito cedo, é essencial estabelecer algumas distinções entre eles, a fim de lidar com os seus diversos tipos.

Uma das primeiras e mais importantes distinções a ser feita é entre o tipo de sofrimento muitas vezes chamado de "natural" daquilo que me ensinaram a enxergar como sofrimento "autogerado".

O sofrimento natural inclui todas as coisas que não podemos evitar na vida. Em textos budistas clássicos, essas experiências inevitáveis são muitas vezes denominadas "Os Quatro Grandes Rios do Sofrimento". Essas experiências definem as transições mais comuns na vida das pessoas e são categorizadas como nascimento, envelhecimento, doença e morte.

Algumas vezes fui questionado, por pessoas tanto em atendimentos individuais quanto em palestras coletivas, por que o nascimento pode ser considerado uma forma de sofrimento. "Certamente", dizem eles, "o início de uma nova vida deve ser considerado um momento de grande alegria." E, em muitos aspectos, claro que é: um novo começo é sempre uma oportunidade.

Entretanto, o nascimento é considerado um aspecto do sofrimento por uma série de razões. Primeiramente – não apenas de acordo com filósofos budistas, mas também segundo psicólogos, cientistas e médicos –, a transição do ambiente protegido de um útero (ou de um ovo) para o amplo mundo da experiência sensorial é considerada uma mudança traumática de experiência. Muitos não conseguem relembrar conscientemente o drama dessa transição inicial, mas a experiência de ser expulso de um ambiente fechado e protetor aparentemente deixa uma impressão dramática no cérebro e no corpo de um recém-nascido.

Em segundo lugar, a partir do momento em que nascemos nos tornamos vulneráveis aos outros Três Grandes Rios do Sofrimento. No instante em que nascemos, nosso "relógio biológico" começa a bater. Nós nos tornamos mais velhos a cada momento. Quando crianças, a maioria de nós acolhe esse aspecto da experiência de modo muito natural. Eu mesmo mal conseguia esperar para crescer! Odiava receber ordens dos adultos e queria ser capaz de tomar minhas próprias decisões. Agora obviamente percebo que muitas das decisões que tomo precisam ser cuidadosamente ponderadas por conta de seus efeitos sobre as outras pessoas ao meu redor. E a cada ano que passa, começo a sentir de forma mais aguda os efeitos físicos do envelhecimento. Minhas juntas se tornaram um pouco menos flexíveis e agora estou mais suscetível à fadiga e aos resfriados. Tenho que prestar mais atenção aos exercícios físicos.

À medida que os anos passam, também nos tornamos suscetíveis a todos os tipos de doenças – o terceiro Grande Rio do Sofrimento. Algumas pessoas são predispostas a alergias e outras doenças persistentes. Alguns sucumbem a doenças graves, como câncer ou AIDS. Outros passam anos lidando com a dor física crônica. Muitas pessoas que encontrei ao longo dos últimos anos estão elas próprias sofrendo ou lidando com amigos e entes queridos que enfrentam doenças psicofisiológicas catastróficas, tais como depressão, transtorno bipolar, dependência química e demência.

O último dos Quatro Grandes Rios do Sofrimento é a morte, o processo através do qual o aspecto da experiência com frequência chamado de consciência se separa do corpo físico. Textos tibetanos como o *Bardo Thodol* – também chamado de *Livro tibetano dos mortos*, mais precisamente traduzido como *Liberação por meio da audição* – descrevem essa experiência em detalhes extraordinários.

De muitas maneiras, a morte é uma inversão do processo de nascimento, um corte das conexões entre os aspectos físicos, mentais e emocionais da experiência. Enquanto o nascimento é um processo de tornar-se, de certa maneira, "vestido" em panos físicos, mentais e emocionais, a morte é um processo de ser despojado de todos os elementos físicos e psicológicos com os quais desenvolvemos familiaridade. Por essa razão, o *Bardo Thodol* é lido em voz alta para a pessoa que está morrendo por um mestre treinado em budismo, de forma semelhante aos sacramentos finais que são administrados por um sacerdote ordenado nas tradições cristãs, como uma maneira de oferecer conforto aos moribundos durante essa transição muitas vezes assustadora.

Conforme fui ficando mais velho e com a oportunidade de viajar por vários lugares, comecei a ver que o sofrimento natural inclui várias outras categorias além das listadas nos textos budistas clássicos. Terremotos, enchentes, furacões, incêndios florestais e maremotos provocam estragos na vida das pessoas com uma frequência cada vez maior. Nos últimos dez anos, tenho ouvido falar e tenho lido sobre o trágico aumento no número de assassinatos cometidos por jovens em salas de aula de ensino médio e faculdade. Ultimamente, as pessoas começaram a falar de forma mais aberta comigo sobre a devastação que tem ocorrido em suas vidas quando de repente perdem seus empregos, suas casas ou seus relacionamentos.

Não temos muita escolha em relação à nossa suscetibilidade às experiências sobre as quais não temos controle. Mas há outra categoria de dor, desconforto, *dukkha*, ou como quiser chamar: uma variedade infinita de afluentes psicológicos que a nossa mente faz mover em torno de pessoas, eventos e situações com as quais nos deparamos.

Meu pai e outros professores me ajudaram a pensar nesse tipo de dor como "autocriada": experiências que se desenvolvem a partir de nossa interpretação de situações e eventos, tais como a raiva impulsiva ou o ressentimento persistente suscitado por pessoas que se comportam de um modo que não gostamos, a inveja em relação a pessoas que têm mais do que nós e a ansiedade paralisante que ocorre mesmo quando não há nenhuma razão para ter medo.

O sofrimento autocriado pode se transformar em histórias que contamos a nós mesmos, em geral profundamente arraigadas e inconscientes, sobre não sermos bons, nem ricos, nem atraentes ou até mesmo não termos segurança suficiente. Uma das formas mais surpreendentes de sofrimento autocriado que encontrei no decorrer dos últimos anos em que ensinei ao redor do mundo diz respeito à aparência física. As pessoas me dizem que não se sentem confortáveis porque seu nariz é muito grande ou o queixo muito pequeno, por exemplo. Elas se sentem constrangidas ao extremo, certas de que todo mundo está olhando para o seu nariz grande ou para o seu queixo pequeno. Mesmo que recorram à cirurgia plástica para corrigir o que veem como um problema, ainda se perguntam se o cirurgião fez um bom trabalho; ficam constantemente checando os resultados no espelho ou as reações das outras pessoas.

Uma mulher que conheci recentemente estava convencida de que uma de suas maçãs do rosto era maior do que a outra. Eu não conseguia notar isso, mas ela estava certa de que essa diferença era real e que isso a tornava feia – "deformada" foi o que ela disse, eu acho – tanto a seus próprios olhos quanto aos olhos dos outros. Toda vez que se olhava no espelho, a "deformidade" parecia mais pronunciada e ela estava certa de que todas as pessoas percebiam isso também. Monitorava a forma como as outras pessoas reagiam a ela e se convenceu de que a tratavam como uma espécie de monstro, por conta da diferença das suas maçãs do rosto. Como resultado, se tornou muito tímida quando estava entre outras pessoas e se retirava do contato, e seu desempenho no trabalho diminuiu porque se sentia horrível e insegura. Até que um dia ela mediu as maçãs do rosto no espelho e viu que havia menos de três milímetros de diferença entre elas. Foi então que começou a entender que a "deformidade" e os anos de desespero, o medo e o ódio que sentira contra si mesmo tinham sido criações de sua própria mente.

Assim, embora o sofrimento autocriado seja essencialmente uma invenção da mente – como a minha própria experiência de ansiedade me mostrou –, não é menos intenso do que o sofrimento natural. Na verdade, pode ser até um pouco mais doloroso. Eu me lembro muito bem de um monge que conheci na Índia, cujo amigo, depois de ser diagnosticado com câncer na perna, passou por uma cirurgia para amputar o membro afetado. Pouco tempo depois, o monge começou a sentir dores severas na própria perna a ponto de não conseguir se mover. Ele foi levado para um hospital, onde foi feita uma série de exames e testes, e nenhum deles revelou qualquer problema orgânico. Mesmo depois de ver os resultados dos exames, o monge ainda sentia uma dor intensa na perna. Isso fez o médico levar sua investigação para outra direção, perguntando sobre os eventos da vida dele que antecederam o início da dor na perna. Finalmente, veio à tona que a dor havia começado quase que imediatamente após a operação do amigo.

O médico assentiu pensativo e, em seguida, começou a perguntar ao monge qual fora sua reação ao ver o amigo. Aos poucos, o monge começou a admitir a sensação de um medo intenso, imaginando a dor de ter uma perna amputada e as dificuldades que o amigo teria que enfrentar para aprender a andar de muletas e realizar todas as tarefas que considerava normais. Sem nunca mencionar a hipocondria, o médico conduziu o monge muito suavemente por todos os diferentes cenários que havia criado em sua própria mente, até que percebesse o quão profundamente o medo da dor e o medo do medo o tinham afetado. Enquanto o médico falava, o monge sentiu que os sintomas na perna começaram a desaparecer e, no dia seguinte, foi capaz de sair do hospital sem dor e, o mais importante, livre do *medo* que havia gerado a dor.

NADA PESSOAL

Seja o chefe, mas nunca o senhor.

Lao Tzu, *The Way of Life*,
traduzido por R.B. Blakney

O método usado pelo médico para investigar a natureza das dores do monge se assemelha à habilidade com a qual o Buda apresentou a Primeira Nobre Verdade. O Buda não disse aos seus ouvintes "Você está sofrendo", "As pessoas sofrem" ou mesmo "Todas as criaturas sofrem". Ele disse apenas "Existe sofrimento", oferecendo isso como uma observação geral para ser contemplada ou refletida, e não como uma espécie de declaração final sobre a condição humana na qual as pessoas pudessem se agarrar como sendo uma característica definidora de suas próprias vidas. Ele apresentou o sofrimento como um fato simples, inegável, mas que não deve ser tomado pessoalmente – como se estivesse dizendo "Existe ar" ou "Existem nuvens".

Os psicólogos com quem conversei acreditam que introduzir a Primeira Nobre Verdade de maneira emocionalmente neutra foi um meio extraordinariamente perspicaz de nos familiarizar com a condição básica do sofrimento, pois nos permitiu observar mais objetivamente as formas como isso se manifesta na nossa experiência. Em vez de nos ver pensando, por exemplo, "Por que eu sou tão solitário? Isso não é justo! Eu não quero sentir isso. O que posso fazer para me livrar disso?" – uma linha de pensamento que nos leva a julgar a nós mesmos e nossa situação ou a tentar rejeitar e suprimir a nossa experiência –, podemos dar um passo para trás e observar: "Existe solidão", "Existe ansiedade", "Existe medo".

Essa atitude imparcial ao abordarmos uma experiência desconfortável na verdade se parece muito com o que meu pai me ensinou a apenas olhar para as distrações que surgiam para mim a cada vez que eu tentava meditar. "Não as julgue", ele dizia. "Não tente se livrar delas. Basta olhar." Naturalmente, quando tentei fazer isso, seja o que fosse que estivesse me distraindo desaparecia quase que imediatamente. Quando retornei para o meu pai para lhe contar sobre esse problema, ele sorriu e disse: "Ah, muito bom. Agora você entende."

Na verdade, eu não entendia – pelo menos não naquela época. Ainda tinha o que aprender sobre a natureza do sofrimento.

SOFRIMENTO DO SOFRIMENTO

> *A dor da doença, fofocas maldosas etc., constituem o sofrimento do próprio sofrimento.*
>
> Jamgon Kongtrul, *The Torch of Certainty*,
> traduzido por Judith Hanson

Como "sofrimento" é um termo muito amplo, vários dos grandes mestres que seguiram os passos do Buda ampliaram o significado dos ensinamentos da Primeira Nobre Verdade, dividindo a variedade de experiências dolorosas em três categorias básicas.

A primeira é conhecida como "o sofrimento do sofrimento", que pode ser descrita de forma sucinta como a experiência direta e imediata de qualquer tipo de dor ou desconforto. Um exemplo muito simples pode ser a dor que você sente ao cortar o dedo por acidente. Também estão incluídas nessas categorias as diversas dores e sofrimentos associados a doenças, que podem variar em intensidade desde dores de cabeça, nariz entupido e dor de garganta, até os tipos mais intensos de dor, vividos por pessoas que sofrem de doenças crônicas ou letais. Os desconfortos que vêm com o envelhecimento, como a artrite, o reumatismo, membros enfraquecidos, desconfortos cardíaco e respiratório, também seriam considerados manifestações do sofrimento do sofrimento. Há também a dor que uma pessoa sente sendo vítima de um acidente ou de uma catástrofe natural – ossos quebrados, queimaduras graves ou traumas nos órgãos internos.

A maioria dos exemplos descritos acima está relacionada com o que foi definido anteriormente como sofrimento natural. Porém, a dor e o desconforto associados ao sofrimento do sofrimento se estendem também às dimensões psicológicas e emocionais do sofrimento autocriado. O terror e a ansiedade que brotavam em mim durante toda a minha infância com certeza eram imediatos e diretos, ainda que não tivessem necessariamente uma causa orgânica. Outras emoções intensas, como raiva, ciúme, constrangimento, a dor que ocorre quando alguém diz ou faz algo cruel, e a dor que se segue à perda de um ente querido são experiências igualmente vivas desse tipo de sofrimento, assim como os distúrbios psicológicos mais persistentes como depressão, solidão e baixa autoestima.

As manifestações emocionais do sofrimento do sofrimento não são necessariamente extremas ou persistentes. Podem ser bem simples. Por exemplo: não faz muito tempo, eu conversei com alguém que tinha saído correndo do escritório para ir ao banco no horário de almoço e encontrado uma fila enorme no guichê do caixa. "Eu queria gritar", ela me disse, "porque eu sabia que tinha que voltar para uma reunião importante e só tinha pouco tempo. Eu não gritei, é claro. Não sou esse tipo de pessoa. Em vez disso, fiquei dando uma olhada na apresentação que tinha que fazer na reunião, de olho nas páginas, no relógio e na fila que parecia não se mover. Nem acreditei na quantidade de ressentimento que nutri em relação a todas as pessoas à minha frente e ao caixa do banco – que, para lhe dar um crédito, me pareceu se esforçar para manter a paciência ao lidar com um cliente um pouco difícil. Eu consigo rir da situação agora, mas *ainda* me sentia ressentida quando voltei para o escritório, sem ter tempo para almoçar. E o sentimento não desapareceu até a reunião acabar e eu sair correndo para pegar um sanduíche e voltar para a minha mesa."

O SOFRIMENTO DA MUDANÇA

> *Ponha de lado as preocupações com as atividades mundanas.*
>
> IX Gyalwa Karmapa, *Mahamudra: The Ocean of Definitive Meaning*,
> traduzido para o inglês por Elizabeth M. Callahan

A segunda categoria de sofrimento, conforme foi explicada a mim, é muito mais sutil. Conhecida como "o sofrimento da mudança", esse tipo de sofrimento é muitas vezes descrito como a tentativa de obter satisfação, conforto, segurança ou prazer de objetos e situações que estão sujeitos à mudança. Suponha, por exemplo, que você tenha um novo carro ou aparelho de televisão, ou um computador novinho em folha com todos os componentes mais recentes. Por um tempo você se sente em êxtase. Você adora sentir a suavidade do carro, a rapidez com que consegue arrancar quando o semáforo fica verde e o quanto é fácil pressionar um botão que aquece automaticamente os assentos em uma manhã fria de inverno. A imagem da sua nova tela de TV plana é nítida e brilhante, com uma definição tão incrível que você pode ver detalhes que nunca viu antes. Esse novo computador permite que você execute dez programas diferentes, com uma velocidade inigualável. Mas, depois de um tempo, a novidade de tudo o que você comprou desaparece. Talvez o carro quebre; alguém que você conhece compre uma TV com uma tela maior e mais nítida; o computador trave, ou saia um novo modelo que tem ainda mais capacidade e rapidez. Você pode pensar: "Eu deveria ter esperado um pouco mais."

Ou talvez o que te faça feliz não seja uma coisa e sim uma situação. Você se apaixona e o mundo parece um imenso arco-íris; cada vez que pensa na outra pessoa, não consegue deixar de sorrir. Ou, se conseguiu um novo emprego ou uma promoção, todas as pessoas que trabalham com você agora são incríveis e com o dinheiro que você está ganhando finalmente será possível quitar suas dívidas, até, quem sabe, comprar uma casa nova ou realmente começar a poupar. Depois de um tempo o brilho se esvai, não é? Você começa a ver falhas nas mesmas pessoas que pareciam tão perfeitas há apenas alguns meses! Esse novo trabalho exige mais tempo e energia do que você imaginou – e o salário... bem... não é tão grande como você pensou que fosse. Não sobra tanto para poupar depois de descontar os impostos. E você nem começou a pagar suas dívidas.

Essa explicação do sofrimento da mudança chega perto, mas erra o alvo. Na verdade, a insatisfação ou desencanto que sentimos quando a novidade passa ou a situação começa a desmoronar é o Sofrimento do Sofrimento. O Sofrimento da Mudança decorre, mais precisamente, do *apego ao prazer que sentimos quando obtemos o que queremos* – seja um relacionamento, um emprego, uma boa nota em uma prova ou um carro novinho em folha.

Infelizmente, o prazer derivado de fontes externas é, por natureza, temporário. Uma vez que ele desaparece, por comparação, a volta para o nosso estado "normal" parece menos suportável. Então, queremos buscá-lo novamente, talvez em outro relacionamento, outro emprego ou outro objeto. Repetidas vezes, buscamos prazer, conforto ou alívio em objetos e situações que não podem cumprir as nossas esperanças e expectativas elevadas.

O Sofrimento da Mudança, então, poderia ser entendido como um tipo de vício, uma busca incessante de um "estado de pico" duradouro, que está fora do alcance. Na verdade, de acordo com neurocientistas com quem conversei, esse "estado", que ocorre pela mera expectativa de conseguir o que queremos, está ligado à produção de dopamina no cérebro, uma substância química que gera, entre outras coisas, sensações de prazer. Com o tempo, nosso cérebro e nosso corpo são motivados a repetir as atividades que estimulam a produção de dopamina. Ficamos literalmente viciados em expectativa.

Os textos budistas tibetanos comparam esse tipo de comportamento viciante a "lamber mel em uma navalha". A sensação inicial pode ser doce, mas o efeito subjacente é bastante prejudicial. A busca de satisfação em outras pessoas ou em objetos e eventos externos reforçam uma crença profunda e muitas vezes não reconhecida de que nós, como somos, não somos inteiramente completos; que precisamos de algo além de nós mesmos a fim de vivenciar um sentido de totalidade, segurança ou estabilidade. O Sofrimento da Mudança é talvez melhor resumido como uma visão condicional de nós mesmos. *Eu estou bem – desde que isto ou aquilo aconteça. Meu trabalho demanda muito de mim, mas pelo menos eu tenho um ótimo relacionamento (ou saúde, ou aparência ou uma família maravilhosa).*

SOFRIMENTO DIFUSO

> Um simples fio de cabelo descansando na palma da mão
> Causa desconforto e sofrimento se entrar no olho.
>
> *Rajaputra Yashomudra,*
> **Commentary on the Treasury of Abhidharma,**
> traduzido para o inglês por Elizabeth M. Callahan

O fundamento das duas primeiras categorias de sofrimento – assim como os tipos de sofrimento que podem ser descritos como natural e autocriado – é conhecido como Sofrimento Difuso. Em si mesmo, esse tipo de sofrimento não é abertamente doloroso, nem envolve o tipo de busca de prazer viciante associado ao Sofrimento da Mudança. Poderia ser mais bem descrito como uma inquietação fundamental, uma espécie de coceira persistente ocorrendo logo abaixo do nível da consciência.

Pense que você está sentado em uma cadeira muito confortável durante uma reunião ou palestra, ou apenas assistindo TV. Mas não importa o quão confortável a cadeira seja, em algum momento você sente o desejo de se mover para endireitar as costas ou para esticar as pernas. Isso é Sofrimento Difuso. Você poderia se encontrar nas mais maravilhosas circunstâncias, mas, por fim, uma pontada de desconforto arranca você de lá e sussurra: "Mmm, não está muito bem. As coisas poderiam ser melhores se..."

De onde vem essa coceira, essa sutil pontada de insatisfação?

Falando de modo muito simples, tudo na nossa experiência está sempre mudando. O mundo à nossa volta, o nosso corpo, os nossos pensamentos e sentimentos – até mesmo os nossos pensamentos *sobre* nossos pensamentos e sentimentos – estão em fluxo constante, uma interação progressiva e incessante de causas e condições que criam determinados efeitos que, *por sua vez*, tornam-se causas e condições que dão origem a outros efeitos. Em termos budistas, essa mudança constante é conhecida como *impermanência*. Em muitos dos seus ensinamentos o Buda comparou esse movimento às pequenas mudanças que ocorrem no fluxo de um rio. À distância, as mudanças que ocorrem momento a momento são difíceis de perceber. Só quando chegamos à margem do rio e olhamos bem de perto é que podemos ver as pequenas mudanças nos padrões de onda – os deslocamentos de areia, lodo e detritos, e o movimento dos peixes e outros seres que habitam a água – e começamos a apreciar a variedade incrível de mudanças acontecendo momento a momento.

A impermanência ocorre em muitos níveis, e alguns deles são claros de se observar. Por exemplo, acordamos uma manhã e descobrimos que aquele terreno vazio na nossa rua tornou-se um canteiro de obras, cheio de barulhos e agitação para cavar os alicerces, despejar o concreto, erigir vigas de aço para construir a estrutura, e assim por diante. Em pouco tempo, o esqueleto do prédio é levantado, uma equipe se ocupa das tubulações de água e gás e passa fios elétricos por toda a estrutura. Mais tarde ainda, outras equipes erguem as parede e janelas e talvez façam um pouco de jardinagem, plantando árvores, grama e jardins. Finalmente, em vez de um terreno vazio, há um prédio inteiro cheio de pessoas indo e vindo.

Esse nível óbvio de mudança é chamado nos ensinamentos budistas de impermanência. Podemos ver a transformação do terreno vazio acontecendo, e embora possamos não gostar do novo prédio – talvez atrapalhe a nossa visão ou, caso seja um grande edifício comercial, venha a interferir na quantidade de tráfego na frente do edifício –, a mudança não nos pega de surpresa.

A impermanência grosseira e contínua também pode ser observada na mudança das estações, pelo menos em certas partes do mundo. Por alguns meses, é muito frio e a neve cobre o solo. Poucos meses depois, surgem novos brotos nas árvores e as primeiras flores começam a nascer do chão. Depois de um tempo, os brotos se transformam em folhas e campos, e os jardins abundam com tantas plantas e flores diferentes. Quando chega o outono, as flores murcham e as folhas das árvores começam a ficar avermelhadas, amareladas ou alaranjadas. Em seguida, o inverno retorna, as folhas e flores desaparecem e o ar se torna frio; às vezes, vem a neve e, em outras, o gelo recobre árvores como uma camada de cristal.

Embora os efeitos da impermanência grosseira e contínua sejam facilmente visíveis, eles na verdade surgem de outro tipo de mudança contínua. Tal mudança foi descrita pelo Buda como *impermanência sutil*, uma mudança de condições que ocorre "nos bastidores" por assim dizer, em um nível tão profundo que, raramente, se é que alguma vez, chega à nossa consciência.

Uma maneira de entender o funcionamento da impermanência sutil é considerar a nossa maneira de pensar o tempo.

Em geral, tendemos a conceber o tempo em termos de três categorias: passado, presente e futuro. Se olharmos para essas três categorias em termos de anos, podemos dizer que temos o ano passado, este ano e o próximo ano. Mas o ano passado já acabou e o próximo ano ainda não chegou: essencialmente, eles são conceitos, ideias que temos sobre o tempo.

Isso nos deixa com *este* ano.

Porém, um ano é feito de meses, não é? Isso pode ficar um pouco confuso para mim, porque a maioria dos calendários ocidentais é composta de doze meses, enquanto que o calendário tibetano, por vezes, inclui um mês extra, o décimo terceiro. Vamos usar como exemplo o calendário ocidental e pensar que estamos no meio do sexto mês. Quase seis meses do ano já se passaram e seis ainda estão pela frente. Então, o que chamamos agora de presente foi reduzido em escopo, deste *ano* para este *mês*. Mas um mês é formado por um número fixo de dias – no calendário ocidental, geralmente trinta ou 31 dias. Então, se estamos em 15 de junho, metade de junho passou e a outra metade ainda virá. Nesse caso, o presente é apenas este *dia*. Mas este dia é composto por 24 horas; e se é meio-dia, a metade do dia passou enquanto a outra metade não chegou.

Podemos continuar quebrando mais e mais a passagem do tempo – nos sessenta minutos que compõem uma hora; nos sessenta segundos que compõem um minuto; nos milésimos de segundo que compõem um segundo; os nano segundos que compõem cada milissegundo; e assim por diante, enquanto os cientistas puderem medir. Essas minúsculas fatias de tempo estão sempre em movimento, afastando-se cada vez mais de nós. O futuro se torna o presente e o presente se torna o passado antes que possamos nos conscientizar do que está acontecendo. Os neurocientistas com quem conversei ainda mediram uma diferença de meio segundo – chamado "piscar de atenção" – entre o momento em que nossos órgãos dos sentidos registram um estímulo visual e transmitem os sinais para o cérebro e o momento em que conscientemente identificamos os sinais e os consolidamos na memória breve.[2] No instante em que registramos a ideia de "agora", ela já é "depois".

Independentemente do quanto gostaríamos, não podemos parar o tempo nem as mudanças que ele traz. Não podemos "rebobinar" a nossa vida a um ponto anterior ou "avançar rapidamente" para algum lugar futuro. Podemos, porém, aprender a aceitar a impermanência, fazer amizade com ela, e até mesmo começar a considerar a possibilidade de mudança como uma espécie de guarda-costas mental e emocional.

A RESPIRAÇÃO DA MUDANÇA

Respiração é vida.

Sogyal Rinpoche, O livro tibetano do viver e do morrer, Editora Palas Athena

Algumas pessoas podem compreender a impermanência apenas ao contemplar os ensinamentos sobre a Primeira Nobre Verdade. Para outras, esse entendimento não vem tão facilmente — ou continua a ser um conceito um tanto misterioso e abstrato. Felizmente, o Buda e os grandes mestres que seguiram seus passos ofereceram uma série de exercícios simples que podem nos ajudar a entrar em contato com o nível sutil de mudança de uma forma direta e não ameaçadora. O mais simples de todos, que pode ser praticado a qualquer hora, em qualquer lugar, envolve trazer nossa atenção para as mudanças que acontecem com o corpo enquanto respiramos.

Comece sentando-se com a coluna ereta e o corpo relaxado. Se for mais confortável, você pode se deitar. Pode manter os olhos abertos ou fechados (embora eu não recomende fechar os olhos se estiver

---

2 Ver Sleeger, H.A. et al, "Mental training affects distribution of Limited Brain Resources", PLoS Biology, jun. 2007, vol. 5, n. 6 e 138.

dirigindo ou andando na rua). Apenas inspire e expire naturalmente pelo nariz. E enquanto fizer isso, traga suavemente sua atenção para as mudanças em seu corpo durante a respiração, sobretudo para a expansão e contração dos pulmões e a sensação dos músculos da região abdominal subindo e descendo. Não se concentre de um modo forçoso demais, pensando: "*Preciso* ver a minha respiração... Eu *tenho* que observar a minha respiração." Apenas deixe sua mente repousar na consciência direta das mudanças ocorridas enquanto você inspira e expira. Não se preocupe muito se notar sua mente vagando enquanto faz o exercício – essa é outra lição de impermanência. Se estiver pensando em algo que aconteceu ontem, ou sonhando com o amanhã, traga a sua atenção de volta para as mudanças que ocorrem no corpo enquanto respira. Continue esse exercício por cerca de um minuto.

Quando o minuto acabar, reveja o que você observou sobre as mudanças em seu corpo. Não julgue a experiência nem tente explicá-la. Basta rever o que observou. Você pode ter tido outras sensações além de sentir o abdômen subindo e descendo ou a expansão de seus pulmões. Pode ter desenvolvido mais consciência da sua respiração entrando e saindo pelas narinas. Isso é bom. Pode ter tido consciência das centenas de pensamentos, sentimentos e sensações diferentes, ou pode ter sido levado por distrações. Isso é muito bom. Por quê? Porque você dedicou um tempo para observar as constantes mudanças que ocorrem em um nível sutil, sem resistir a elas.

Se continuar a se dedicar a essa prática, uma ou mais vezes ao dia, você se tornará mais consciente de outras mudanças, em níveis cada vez mais sutis. Aos poucos, a impermanência se tornará uma velha amiga, que não fica chateada nem resiste a nada. Com o tempo, você descobrirá que pode levar essa consciência para outras situações – para o trabalho, talvez, ou enquanto espera no supermercado, no banco, mesmo durante o almoço. Trazer você de volta para a sua respiração é uma maneira eficaz de "sintonizar-se" com a plenitude do momento presente, e orientar-se para as mudanças sutis acontecendo dentro de si e à sua volta. Isso, por sua vez, lhe dará a oportunidade de ver as coisas mais claramente e a agir a partir de um estado psicológico de maior abertura e equilíbrio. Sempre que pensamentos ou sensações perturbadoras surgirem – ou se acontecer de você ser pego de surpresa por uma estátua de cera que subitamente ganha vida – essa situação vai atuar como uma espécie de lembrete do fato básico de que a impermanência simplesmente *é*.

Mas então por que será que ela parece tão pessoal?

Para responder a essa pergunta, precisamos olhar para a segunda das Quatro Nobres Verdades.

3. O poder da perspectiva

É impossível preservar os treinamentos sem vigiar a mente que vagueia.

Santideva, *Bodhicharyavatara, O caminho do bodisatva.*
Editora Makara.

Vários anos atrás, eu estava andando por uma rua na Índia, onde muitas estradas ainda são pavimentadas de pedras. Saí com pressa, sem colocar minhas sandálias – uma decisão da qual logo me arrependi, porque a sensação de andar descalço por uma rua de pedras foi, no mínimo, desconfortável. Pouco tempo depois, aconteceu de eu mencionar essa experiência para um médico indiano.

"Ah, muito bom", ele respondeu.

Quando perguntei o que queria dizer, ele explicou que, de acordo com várias teorias medicinais antigas, ao aplicar pressão em diversos pontos das solas dos pés uma atividade foi estimulada em vários órgãos e sistemas, promovendo assim a saúde em geral. As pessoas que possuem alguma familiaridade com reflexologia podal estão cientes dos potenciais benefícios associados a essa prática, mas, para mim, era uma ideia nova. Depois de ouvir a explicação do médico, comecei a sair descalço com mais frequência. Para minha surpresa, em vez de desconforto, comecei a ter uma sensação de prazer ao sentir as pedras sob os meus pés.

Por quê?

As pedras não haviam mudado. Meus pés não haviam mudado. O ato físico de andar não havia mudado.

Ao refletir sobre isso, percebi que o único aspecto da experiência que mudou foi a minha perspectiva. Antes, eu simplesmente tinha presumido que andar sob pedras seria doloroso. Quando o médico ofereceu uma maneira diferente de olhar para a situação, essa possibilidade alternativa abriu o caminho para uma transformação da experiência.

UM OLHAR MAIS ATENTO

Nossa maneira de vivenciar as coisas é simplesmente uma manifestação da mente.

Khenpo Karthar Rinpoche, *The Instructions of Gampopa,*
traduzido por Lama Yeshe Gyamtso

Embora tivesse usado o mesmo princípio básico de mudar a minha perspectiva ao trabalhar com os pensamentos e as emoções que haviam me perturbado quando criança, eu não tinha realmente aplicado essa instrução para as várias situações de desconforto físico. É de certa forma chocante perceber o quão profundamente eu associara o meu corpo físico à ideia de "mim."

Mas havia uma lição ainda mais importante a ser adquirida a partir desse incidente, lição esta que influenciou minha maneira de olhar para qualquer situação inquietante ou desconfortável. Se, para começo de conversa, eu não tivesse sentido o desconforto, ou se tivesse me rendido a ele ou tentado resolvê-lo de uma forma comum – por exemplo, fazendo esforço para me lembrar de colocar minhas sandálias toda vez que saísse do quarto –, não teria visto essa camada sutil de condicionamento.

Desde então, comecei a desenvolver uma maior apreciação pelos momentos em que sinto dor ou desconforto. Cada momento é uma semente de compreensão mais profunda, uma oportunidade de conhecer a minha mente um pouco melhor, e observar ideias sobre mim e o mundo ao meu redor que eu nem sabia que eu tinha.

Não quero sugerir que todas as vezes que enfrento um problema ou sinto irritação e desconforto, eu coloco um boné de detetive budista e começo a vasculhar minha mente perguntando: "Hum, qual é a perspectiva aqui... O que não estou vendo? Ah, agora vi! Deixe-me substituí-la por uma nova." Isso seria apenas uma tentativa sorrateira de nos livrarmos de uma situação desconfortável, que acaba reforçando o hábito de ver os desafios como inimigos a serem conquistados, ou "chefes" a serem acalmados.

O processo real envolve ficar com a situação e olhar para ela. Abordar a experiência dessa maneira permite a abertura espontânea de um pouco de espaço em torno dela, e também nos permite vê-la em um contexto maior. Se há uma mente que pode olhar para uma experiência, infere-se logicamente que a mente é maior do que a própria experiência. Nessa fração de segundo de reconhecimento, é possível ter um vislumbre da infinita grandeza da mente: ver a mente do modo que meu pai e outros professores descreveram, como um oceano infinito, no qual cada momento de experiência nada mais é do que uma entre uma série de ondas – ora subindo, ora descendo – nunca separada de uma vastidão infinita.

Esse vislumbre também fornece uma base para compreendermos a Segunda Nobre Verdade, muitas vezes traduzida como "origem" ou "causa" do sofrimento. Nossa tendência é atribuir a causa do sofrimento a circunstâncias ou condições. De acordo com a Segunda Nobre Verdade, porém, a causa do sofrimento não está nos eventos ou nas circunstâncias, mas na maneira com que percebemos e interpretamos nossa experiência à medida que ela se desenrola.

Um exemplo muito marcante da maneira pela qual a perspectiva afeta a experiência vem da prática de devotos de certas religiões orientais que usam o método de colocar as pontas de seus dedos no fogo visando-a aliviar o sofrimento dos seres que vivenciam uma dor mais profunda e mais sombria do que muitos de nós podem imaginar. A alegria que relatam sentir ao fazer oferendas com seus próprios corpos mais do que compensa a dor que sentem.

Em um nível menos extremado, pode-se dizer que, em geral, as pessoas não gostam de ter seus corpos apertados ou pressionados, principalmente em áreas onde há retesamento nos músculos e que são bastante doloridas. Ainda assim, são capazes de pagar por uma massagem, prevendo que o aperto e a pressão acabarão por aliviar várias dores e sofrimentos, ajudando-os a se sentirem melhor a longo prazo. E marcam uma consulta para sentir dor!

Recentemente ouvi uma história sobre uma mulher de Taiwan que, enquanto caminhava pela rua com um casal de amigos, sentiu sua meia se enroscar no seu sapato, causando-lhe certa dor e desconforto. "Esperem", gritou. "Tenho que arrumar essa meia; a dor está insuportável." Ironicamente, ela estava a caminho de uma consulta com um reflexologista podal, e ao chegar lá pediu: "Pressione mais forte! Estou pagando muito caro por isso e quero fazer valer o meu dinheiro."

Eu tive que rir. Em um momento, ela estava sentindo uma pressão no pé que parecia insuportável e, meia hora depois, estava pedindo mais! Sua resposta para a mesma situação básica mudou para o outro extremo de acordo com suas interpretações e expectativas.

Mas de onde vêm essas interpretações e por que nos afetam tão profundamente?

A RELATIVIDADE DA PERSPECTIVA

> *Essas formas que vemos com nossos olhos físicos tendem a nos satisfazer de várias maneiras.*
>
> Knechen Thrangu Rinpoche,
> *The Ninth Karmapa's Ocean of Definitive Meaning,*
> traduzido para o inglês por Lama Yeshe Gyamtso

À medida que os anos passam, na maior parte das vezes passamos a depender mais da nossa capacidade de estabelecer distinções. Certas distinções parecem muito diretas e simples: direita e esquerda, alto e baixo, barulho e silêncio, pés e mãos, noite e dia. Algumas exigem um pouco mais de discernimento: *Esta fruta está madura ou não? Este é um preço razoável ou eu conseguiria por um preço mais em conta em outra loja?* Outras requerem uma consideração ainda mais profunda – uma experiência que eu acho muito comum entre pais que querem saber se estão sendo muito duros ou muito condescendentes em disciplinar seus filhos, e também entre as pessoas preocupadas com as conversas raivosas ou diferenças de opinião no relacionamento com seus cônjuges ou parceiros: *Será que dissemos o que queríamos, ou o fizemos apenas porque estávamos em um dia ruim, ou por causa um desentendimento mais sério?* Eu também ouvi perguntas desse tipo entre aqueles que buscavam conselhos sobre como lidar com pessoas e acontecimentos em seu local de trabalho: *Estou julgando esta pessoa sem nenhuma sensibilidade? Será que estou trabalhando demais e não tendo tempo suficiente para mim e para a minha família?*

A coisa importante a ter em mente é que todas as distinções são fundamentalmente *relativas* – ideias, sensações e julgamentos são baseados em comparação.

Usando um exemplo muito simples, se você colocar um copo de dez centímetros perto de um de quinze centímetros, o copo de dez será menor que o de quinze. Mas se em vez de um copo de quinze centímetros você colocar um de vinte, o copo de quinze – que antes foi considerado maior – será visto como "pequeno". De modo semelhante, esquerda só faz sentido em relação à direita, noite só faz sentido em relação ao dia e quente só faz sentido em relação ao frio. Isso é uma maneira simples de tratar o que muitas vezes é chamado nos ensinamentos budistas de *realidade relativa*: um nível de experiência definida por diferenças.

Conforme entendi durante as discussões com vários cientistas, a capacidade de fazer distinções evoluiu como uma ferramenta de sobrevivência. Sem sombra de dúvida, há uma vantagem em, por exemplo, diferenciar plantas ou frutas que são venenosas das fontes de alimentos que são nutrientes. Do mesmo modo, seria bastante útil diferenciar algo comestível de algo que poderia nos comer!

Os seres humanos respondem de forma complicada a esse processo de estabelecer diferenças, que pode ser entendido tanto em termos biológicos quanto psicológicos.

Do ponto de vista estritamente biológico, qualquer ato de percepção requer três elementos essenciais: os órgãos dos sentidos – os olhos, os ouvidos, o nariz, a língua e a pele; um objeto dos sentidos – por exemplo, uma flor; e a capacidade de processar e responder aos sinais que recebemos dos nossos órgãos dos sentidos. Os órgãos dos sentidos, as áreas do cérebro e as conexões que os interligam são compostos principalmente por células conhecidas como *neurônios*. O cérebro humano é composto de bilhões de neurônios, muitos dos quais são organizados para formar estruturas relacionadas com a aprendizagem, memória e emoção. A interação entre essas estruturas pode ser muito complicada.

Vamos dizer que você está olhando para uma flor, uma rosa vermelha, para ser mais específico. Esse é o objeto – o que em termos científicos é chamado de um *estímulo*. Quando você olha para a rosa, as células do seu olho primeiro percebem essa coisa feita de um monte de coisas vermelhas, que são meio arredondadas na parte superior e meio salientes na parte inferior, onde se conectam com uma coisa verde e comprida que pode ter coisas verdes arredondadas saindo dela, juntamente com coisas mais escuras, pontiagudas. A imagem é transmitida através de um grupo de células que constituem uma espécie de fibra ou cabo que compõem o *nervo óptico*, que envia a informação visual do olho para o *córtex visual*, uma área do cérebro dedicada à organização de estímulos recebidos pelo sentido da visão.

Ao receber esse estímulo visual, o córtex visual envia uma "mensagem instantânea" para a área do cérebro conhecida como *tálamo*, um grupo de células localizadas perto do centro do cérebro, onde muitas das mensagens dos sentidos são "decodificadas" antes de serem enviados para outras áreas do cérebro. O interessante é que a palavra *tálamo* é um termo grego antigo que significa dizer "quarto", isto é, um lugar onde as conversas privadas muitas vezes ocorrem.

Uma vez que as mensagens do córtex visual são passadas para o tálamo, elas são enviadas em várias direções. Um conjunto é enviado para o *sistema límbico*, camada do cérebro primordialmente responsável pela diferenciação entre dor e prazer, determinando respostas emocionais e fornecendo uma base para o aprendizado e a memória.

Duas estruturas importantes nessa área do cérebro desempenham um papel particularmente importante na interpretação destas mensagens e as memórias que fazemos delas. Uma delas é a *amígdala*, pequeno grupo de neurônios em forma de amêndoa que determina o conteúdo emocional da experiência. Se você foi picado por um dessas "coisas pontiagudas escuras", por exemplo, você provavelmente pode responder a essa "coisa vermelha composta por um monte de coisas vermelhas" como "ruim" ou "desagradável". A outra é o *hipocampo*, que é uma espécie de armazém para os elementos espaciais e temporais da memória. Ele fornece o contexto ou significado para a experiência, o que nos permite lembrar, por exemplo, onde e quando vimos uma rosa pela primeira vez.

Ao mesmo tempo, a conversa íntima reunida no quarto do tálamo é passada para o *neocórtex*, a camada mais externa do cérebro conhecida pelos neurocientistas como sendo uma área dedicada principalmente às funções analíticas. Esta é a área do cérebro em que começamos a aprender a nomear as coisas, discernir padrões e formular conceitos – onde definimos como rosa "a coisa vermelha composta por um monte de coisas vermelhas". É também a área que modula as memórias e as respostas emocionais geradas na região límbica, atenuando algumas e acentuando outras.

Embora seja demorado descrever tudo isso, essa comunicação entre as milhares de células que compõem os nossos órgãos dos sentidos e as várias estruturas neuronais no cérebro ocorre em uma fração de um segundo, menor do que o tempo que leva para estalarmos os dedos. E o cérebro responde quase que imediatamente, solicitando a liberação de substâncias químicas, tal como o cortisol, a adrenalina, a dopamina e a endorfina, que se espalham pelo nosso corpo a fim de retardar ou acelerar nosso ritmo cardíaco e mudar nosso humor. Ao mesmo tempo, uma série de conexões é estabelecida entre os órgãos dos sentidos, as estruturas cerebrais, os órgãos vitais e as glândulas – uma espécie de rede de mensagens instantâneas que, de um modo muito simples, cria um "mapa" interno de uma rosa vermelha.

Em outras palavras, não estamos de fato vendo a rosa propriamente dita, mas sim um conceito dela. Esse conceito é muitas vezes condicionado por uma ampla gama de fatores, incluindo as circunstâncias que cercam nossa experiência inicial, as memórias e as expectativas armazenadas em várias partes do cérebro, as modificações que podem ocorrer por meio de experiências posteriores – e, talvez o mais importante, a distinção entre aquele que vivencia (eu) e aquilo que é vivenciado (a rosa).

A distinção entre o "eu" como uma entidade inerentemente separada da rosa é, em si mesmo, uma imagem interna que surge das interações entre as várias estruturas neuronais e outros sistemas do corpo. Essa imagem pode ser bastante vaga nos primeiros anos de vida. À medida que amadurecemos, no entanto, o nosso sentimento interiorizado de "eu" como algo diferente de "não eu" torna-se mais vívido, assim como as distinções entre "agradável" e "desagradável" e "desejável" e "indesejável". Nós também distinguimos uma espécie de zona "neutra", em que ainda não decidimos de que maneira vamos nos relacionar com a nossa experiência. Do mesmo modo que algumas pessoas organizam, por exemplo, arquivos, documentos e fotografias, colocando-os em caixas diferentes, organizamos nossas experiências em "caixas" conceituais.

Segundo as discussões que tive com pessoas treinadas em várias áreas científicas, existem algumas diferenças de opinião sobre como, quando e por que essas caixas emergem. No entanto, parece haver algum consenso entre as escolas modernas de pensamento de que a caixa "eu" começa a se desenvolver no nascimento, quando o bebê é separado do corpo da mãe e passa a vivenciar a vida como um ser individual, voltado para um ambiente interno e externo que não é totalmente previsível.

Quando recém-nascidos, somos movidos por uma necessidade de conforto, principalmente na forma de alimento e de aconchego, e também por uma resistência a experiências de desconforto, como estar com fome, frio ou molhado. Às vezes somos reconfortados; outras vezes não. A caixa do "eu" pode não ser tão sólida e consistente – ou mesmo exprimível em termo de choros, arrotos, balbucios ou sorrisos – mas, inerente às experiências agradáveis e desagradáveis, há a possibilidade de definir uma caixa do "não eu" juntamente com uma caixa "boa", "ruim", entre outras.

Mais tarde, durante a fase que muitos pais chamam de os "terríveis dois anos", quando as crianças começam a afirmar uma identidade independente – na maioria das vezes dizendo "não" –, essas caixas diferentes parecem adquirir uma qualidade mais sólida e definitiva. O potencial para outras caixas surgirem já foi posto em movimento.

MATANDO BORBOLETAS

> Os seres em *primeiro lugar* pensam "eu" e se apegam a ele;
> Eles pensam "meu" e se apegam às coisas.
>
> **Chandrakirti, Introduction to the Middle Way,**
> traduzido para o inglês por Padmakara Translation Group

Séculos antes do desenvolvimento da ciência ocidental, o Buda chegou ao entendimento de que o sofrimento origina-se na mente – no "olho", por assim dizer, "de quem vê". Embora os termos que ele usou possam diferir daqueles dos biólogos, neurocientistas e psicólogos modernos, os insights que ofereceu são notavelmente semelhantes.

De acordo com as primeiras apresentações escritas dos ensinamentos do Buda sobre a Segunda Nobre Verdade, *dukkha* surge de uma condição mental básica, que, em páli, refere-se ao termo *tanha*, ou "desejar". Os estudantes que fizeram as transcrições iniciais do páli para o sânscrito traduziram a causa como *trishna*, ou "sede". Quando os ensinamentos foram trazidos para o Tibete, a causa foi traduzida como *dzinpa*, ou "impulso de agarrar".

À sua própria maneira, cada um desses três termos reflete um anseio mental fundamental em direção à permanência ou estabilidade – ou, visto de outra forma, uma tentativa de negar ou ignorar a impermanência. O mais básico desses anseios é a tendência, muitas vezes descrita nos textos budistas como *ignorância*, de confundir "eu", "outro", "sujeito", "objeto", "bom", "ruim" entre outras distinções relativas como tendo uma forma independente, inerentemente existente. Em um nível muito simples, a ignorância poderia ser descrita por pensar que o rótulo de uma garrafa de molho picante *é* o molho em si.

Da concepção de que pessoas, lugares e coisas são inerentemente sólidas e reais surgem dois impulsos igualmente poderosos. O primeiro, em geral chamado de *desejo*, é um anseio de adquirir ou manter o que determinamos como agradável. O segundo, conhecido como *aversão*, é um movimento na direção oposta, para evitar ou eliminar coisas que definimos como desagradáveis.

Juntos, ignorância, desejo e aversão são chamados nos textos budistas de "os três venenos", hábitos tão profundamente arraigados de como nos relacionar com as experiências que nublam ou "envenenam" a mente. Individualmente e em conjunto, dão origem a inúmeras outras atitudes e emoções – por exemplo, orgulho, perfeccionismo, baixa autoestima ou ódio contra si mesmo; o ciúme que sentimos quando um colega de trabalho recebe uma promoção que pensamos merecer; ou um nó de tristeza e desesperança que nos oprime quando lidamos com um parente doente ou idoso. Dessa forma, alguns ensinamentos budistas referem-se a essas atitudes e emoções como "aflições" ou "obscurecimentos", porque limitam as maneiras com que interpretarmos a experiência – que, por sua vez, inibe o nosso potencial de pensar, sentir e agir. Uma vez que desenvolvemos um sentimento de "eu" e "não eu", começamos a nos relacionar com a nossa experiência em termos de "meu" e "não meu"; "o que eu tenho" e "o que eu não tenho"; e "o que eu quero" e "o que eu não quero".

Imagine, por exemplo, que enquanto você está dirigindo seu carrinho bem velho e decaído pela estrada, passe por você um carro novo e luxuoso – um Mercedes ou um Rolls-Royce que acabou de ser amassado em um acidente. Você poderia até sentir um pouco de pena do proprietário, mas não necessariamente sentiria qualquer ligação com o automóvel. Poucos meses depois, vendo-se na posição de trocar o seu velho carro, vai visitar uma loja de carros usados e encontra disponível um Mercedes ou Rolls-Royce por um preço inacreditável! Na verdade, é o mesmo automóvel que você viu amassado no acidente meses antes, mas assim que assina o contrato, isso não importa. O carro é *seu* agora – e ao dirigi-lo de volta para casa, uma pedra bate e trinca o para-brisa. Tragédia! *Meu* carro está arruinado. *Eu* tenho que gastar para consertá-lo!

É o mesmo carro que você viu amassado em um acidente alguns meses atrás, e então não sentiu nada ao passar por ele. Mas agora é o *seu* carro, e se o para-brisa estiver trincado, você sente muita raiva, frustração e talvez um pouco de medo.

Então, por que simplesmente não paramos com isso? Por que não abrimos mão dos venenos e das suas "crias"?

Se fosse assim tão fácil, é claro, todos nós seríamos Budas antes que pudéssemos chegar ao final desta frase!

Segundo os ensinamentos do Buda e os comentários de outros mestres, o Três Venenos e todos os outros hábitos emocionais que surgem a partir deles não são, em si mesmos, as causas do sofrimento. Ao contrário, o sofrimento surge do *apego* a eles, que é o mais próximo que podemos chegar do significado essencial da palavra *dzinpa* em tibetano. Conforme foi mencionado anteriormente, essa palavra é geralmente interpretada como um "impulso de agarrar", mas também já ouvi a tradução de "fixação", que penso ser a que mais se aproxima do significado profundo do termo. *Dzinpa* é uma tentativa de fixar no tempo e no espaço o que está em constante movimento e mutação.

"Tal como matar borboletas", disse uma de minhas alunas.

Quando perguntei o que queria dizer com isso, ela descreveu as pessoas que têm o hobby de caçar e matar borboletas, e depois fixar seus corpos em telas de vidro pelo puro prazer de olhar para a sua coleção ou mostrá-la aos amigos.

"Criaturas tão lindas e delicadas", disse ela com tristeza. "Elas são feitas para voar. Se não voarem, não são realmente borboletas, não é?"

De certa forma ela estava certa.

Quando ficamos fixados em nossas percepções, perdemos nossa capacidade de voar.

ESPELHO, ESPELHO

> *Todos os seres vivos, o conteúdo deste mundo, são impermanentes.*
>
> Jamgon Kongtrul, *The Torch of Certainty*,
> traduzido para o inglês por Judith Hanson

A intensidade do sofrimento causado pelo forte apego a um conjunto de crenças ou percepções foi-me vividamente demonstrada em um encontro que tive com uma senhora idosa, que veio me visitar nos Estados Unidos alguns anos atrás. Assim que entrou e sentou-se, ela começou a chorar.

"Está tudo bem", eu disse a ela. "Quando você se acalmar, poderá me dizer o que há de errado."

Esperamos alguns momentos até ela se recompor, e ela enfim disse: "Eu não quero ser velha. Quando olho no espelho, vejo todas essas rugas e sinto ódio delas. Eu as odeio tanto, que um dia desses quebrei meu espelho. Naturalmente, tive que sair e comprar outro. Mas quando olho para ele, tudo que consigo ver são as rugas e elas me deixam louca. Eu fico tão irritada e deprimida que não sei o que fazer."

Tenho que admitir que fiquei um pouco surpreso com sua explosão. A minha avó tinha um monte de rugas, mas sempre pensei que elas tornavam seu rosto mais bonito – tão suave e gentil, cheio de sabedoria e sempre sorridente. Eu não disse isso diretamente a ela, é claro. Quando alguém está sentindo dor, provavelmente a pior coisa que podemos fazer é dizer algo do tipo: "Bem, isso é apenas a sua percepção. Mude sua percepção e sua experiência mudará." Se um de meus professores tivesse dito algo assim quando eu estava aprisionado na minha própria ansiedade e medo, não acho que teria feito qualquer sentido para mim, e, possivelmente, acabaria me sentindo mais sozinho e aturdido do que já me sentia. O que eu precisava durante minhas próprias lutas internas era da compreensão de que eu estava diante de um dilema que todas as pessoas – todas as criaturas vivas, de um jeito ou de outro – vivenciam:

um desejo intenso e profundo de sobreviver, viver e florescer, e talvez sentir alguns momentos de paz.

Sou grato a meu pai e a meus outros professores por me conduzirem nesse processo. Eles me instigaram a olhar para o que eu estava vivenciando – e compreender, por simplesmente olhar, que os pensamentos, emoções, julgamentos e sensações vão e vêm. Ao fazer isso, demonstraram, de uma forma muito prática, o esplendor dos ensinamentos do Buda sobre as Quatro Nobres Verdades. O Buda poderia ter ignorado a Segunda Nobre Verdade completamente – indo da primeira, a Verdade do Sofrimento, para a terceira, a Verdade da Cessação. Em vez disso, ofereceu uma explicação que iria nos ajudar a enfrentar e a trabalhar com as causas e condições que criam todas as dificuldades que vivenciamos nesta vida. Ao mesmo tempo, a Segunda Nobre Verdade enfatiza que não estamos sozinhos no enfrentamento dos desafios. De uma forma ou de outra, o apego às nossas percepções quanto ao que ou quem somos, o que queremos ou precisamos, e aquilo que não queremos ou precisamos, é comum a todas as criaturas vivas.

Seguindo o exemplo dos meus professores, comecei a falar sobre impermanência com aquela mulher tão sofrida por causa de suas rugas, e como a impermanência é a condição básica que todos nós enfrentamos. Se pudermos aceitá-la, então poderemos realmente ver que existem alguns benefícios com as mudanças evidentes e sutis que ocorrem no decorrer da vida.

Então, disse a ela: "Se você se fixar naquilo que foi e no que era capaz de fazer quando jovem, não será capaz de ver algumas das vantagens de envelhecer. Pense nas coisas que você pode fazer agora e que não podia fazer quando jovem. Pense na perspectiva que sua experiência lhe trouxe. Você também pode se lembrar de aspectos da sua vida enquanto jovem onde desejava ser mais velha para desfrutar das oportunidades que uma pessoa mais sábia, mais experiente e respeitada possui. Se você se fixar apenas nos níveis grosseiros da mudança, não verá os benefícios das mudanças mais sutis. Quando eu era mais novo, mal podia esperar para crescer! Seria livre para fazer o que quisesse e seria mais estável. Ninguém poderia me dizer o que fazer."

Um ano mais tarde, quando retornei aos Estados Unidos novamente, ela veio me fazer outra visita. Dessa vez, estava relaxada e sorridente e, depois que se sentou, informou que não tinha quebrado mais espelhos desde nosso último encontro.

"Depois da nossa conversa percebi que o tempo não era meu inimigo", explicou ela. "Minha fixação era a minha inimiga. Quando olhava no espelho, tudo o que via era o que pensava que as outras pessoas estavam vendo – uma velha desinteressante e inútil. E também comecei a agir dessa maneira, e é claro que as pessoas começaram a me tratar como velha e inútil. Tornou-se um ciclo vicioso.

"Mas, quando comecei a pensar sobre a experiência que havia adquirido ao longo dos anos, realmente comecei a me sentir um pouco orgulhosa das minhas rugas. Cada uma delas era semelhante a um distintivo de honra, uma crise sobrevivida, uma prova concluída. Comecei a olhar para outras pessoas da minha idade e pensar, sim, todos nós passamos por muitas coisas. E há mais por vir, pequenas e grandes mudanças. Eu não vou dizer que pulo da cama todas as manhãs ansiosa para ver as mudanças. Sou um pouco velha para pular", ela riu. "Porém, me percebo prestando mais atenção à vida, até mesmo a cada momento, porque isso é tudo que eu tenho, não é? O momento. E há muito mais acontecendo em um momento do que jamais pensei."

Fiquei impressionado. Com muito pouca orientação, essa mulher havia lidado com a ideia fixa que fizera de si mesmo – a causa principal do desconforto que está na base da experiência humana. Ela se deparou com essa fixação e aprendeu com ela, e com isso ganhou uma apreciação mais profunda da sua vida.

Essa é a lição essencial da Segunda Nobre Verdade. Ao reconhecer que todas as condições estão sujeitas a mudanças, podemos abordar cada momento com um pouco mais de clareza e de confiança, relaxando dentro dele, em vez de resistirmos ou sermos dominados por ele. Não temos que nos sentir intimidados por nossas experiências. Nem temos de lutar ou fugir delas como se fossem "inimigas". Temos o potencial de olhar para as nossas experiências e reconhecer: "Isto é o que está acontecendo agora, neste momento. O momento seguinte trará outra experiência, e o seguinte trará outra."

Resistir a essas mudanças momentâneas é uma das melhores maneiras que eu conheço de explicar, em termos modernos, a fixação que o Buda e os mestres que vieram depois dele descreveram como sendo a causa da ampla gama de sofrimento e desconforto envolvido no termo *dukkha*.

CONDIÇÕES

Até mesmo uma pequenina faísca de fogo
pode incendiar uma montanha de feno.

Patrul Rinpoche, *Palavras do meu professor perfeito*,
Editora Makara

O apego aos venenos pode ser considerado a causa imediata do sofrimento, mas do mesmo modo que uma semente precisa de certa combinação de solo, água e luz solar para crescer, as várias aflições desenvolvem-se de formas diferentes, de acordo com a interação complexa de condições que variam de indivíduo para indivíduo. Muitas dessas condições surgem a partir de experiências pessoais específicas, como o ambiente familiar em que fomos criados, a influência das culturas em que vivemos, bem como os fatores genéticos que só agora estão começando a ser entendidos por especialistas nas áreas da biologia e da neurociência. Tais fatores podem ser considerados o solo, a água e a luz solar da nossa vida individual.

Entre muitas culturas asiáticas, por exemplo, os sinais da idade são considerados sinais de respeito: um reconhecimento cultural generalizado de que a vida longa confere um tipo de sabedoria que vêm com a experiência. Em muitos dos países ocidentais que visitei, os sinais da idade parecem representar algum tipo de perda, fragilidade ou "estar por fora". Na Índia, onde passei grande parte da minha vida, uma barriga grande, um rosto redondo e um queixo duplo, ou até triplo, são considerados sinais de saúde, sucesso e riqueza. No entanto, entre muitas das pessoas que encontrei nas culturas ocidentais, essas mesmas características físicas são muitas vezes consideradas sinais de saúde precária.

Em muitas culturas – tanto orientais quanto ocidentais – a condição social na qual a pessoa nasce pode ser considerada um sinal de força ou fraqueza, e pode ter um efeito sobre a forma com que ela vê a si própria e é vista pelos outros. O Buda, por exemplo, nasceu na *kshatriya*, ou classe de "guerreiros", e foi criado com um grande número de privilégios negados a muitos outros membros da sociedade indiana de sua época. Abandonando sua posição e privilégios, ele deu um passo importante para o reconhecimento do papel que as influências familiares e as condições culturais têm na determinação da nossa percepção de nós mesmos.

Como? Ele simplesmente largou tudo.

Eu não posso dizer o que se passava em sua mente quando ele deixou para trás todos os privilégios, mas suspeito que possa ter sentido uma sensação de liberdade – um sentimento de libertação das expectativas que o prendiam.

Crianças nascidas na mesma família são comparadas umas às outras, às vezes sutilmente, e às vezes de modo bem escancarado. Uma pessoa que eu encontrei em uma viagem recente ao Canadá descreveu esta situação: "Meu irmão mais velho, o primogênito, sempre foi considerado o menino de ouro", disse. "Ele nunca fazia nada de errado aos olhos do meu pai, que passava horas com ele, ensinando-lhe a jogar beisebol, consertar um motor de carro e dirigir um barco. Quando chegou minha hora de aprender essas coisas, meu pai costumava resmungar: 'Por que você não é tão inteligente quanto o seu irmão? Você nunca vai fazer isso direito!'

"Porém, tive sorte em alguns aspectos", ele continuou. "Minha mãe estava sempre lá nos bastidores, me dizendo que eu era inteligente de outras maneiras. 'Você tem uma cabeça boa para matemática', ela dizia.

"Por fim, eu me tornei um contador e meu irmão se tornou um mecânico. Visto de fora, eu tenho uma vida muito mais confortável do que ele: um emprego bem-remunerado, uma casa grande, dois carros bons e a possibilidade de enviar minhas filhas para aulas de piano e dança. Mas nunca fui capaz de fugir da sensação de que, de alguma forma, sou *menos*, de que tudo que faço no trabalho e para minha família é uma tentativa de ser o 'menino de ouro' que nunca fui quando criança.

"Eu amo meu irmão e nos damos muito bem. Mas eu ainda sinto um pouco de ciúmes dele, e esse ciúme se estende a outras pessoas com quem trabalho. Estou sempre preocupado em agradar meus supervisores e me preocupo se outros em meu departamento fazem suas atribuições de modo mais rápido e eficiente do que eu. Então, muitas vezes trabalho até mais tarde do que provavelmente deveria, o que significa que dedico menos tempo à minha família. Provejo minha família em termos financeiros, mas muitas vezes eu me pergunto se não os estou privando emocionalmente. Meu irmão sai do trabalho às cinco da tarde, às vezes leva uma pizza para casa e senta-se na frente da televisão assistindo programas de que seus filhos gostam, mas ele não. No entanto, faz isso porque gosta de ver as crianças darem risadas. Não importa o que eu faça, não consigo superar a sensação de que nunca vou ser tão bem-sucedido, feliz ou satisfeito como ele. Não importa o quanto eu tente, nunca vou ser bom o suficiente."

Que coragem tremenda teve esse homem de conscientizar-se de seu ciúme e admitir a sua sensação de não ser bom o bastante! Olhar assim diretamente para as causas e condições do sofrimento é um passo essencial no reconhecimento da possibilidade de superar as limitações que tendemos a ver como inevitáveis ou imutáveis.

Além das circunstâncias sociais e familiares, experiências muito pessoais também podem condicionar a visão que as pessoas têm de si mesmas e de suas experiências. Um grande número de pessoas que conheci me falou que uma noite sem dormir, uma discussão com um cônjuge, companheiro, filho ou colega, ou o fim de um relacionamento romântico, pode afetar negativamente a sua visão de si mesmo e do mundo ao seu redor.

Entretanto, outros entram positivamente na sala de entrevista individual não importa o lugar em que eu esteja ensinando, ardendo de felicidade porque encontraram sua "alma gêmea", conseguiram o emprego que tanto queriam, ou apenas fecharam a negociação para a compra da sua "casa dos sonhos".

De muitas maneiras, essas conversas têm aprofundado meu próprio entendimento da Segunda Nobre Verdade. O impulso de agarrar, a fixação ou a sede – seja qual for a definição usada – são, em muitos casos, uma resposta instantânea e frequentemente inconsciente à condição básica da impermanência: aquilo que meus amigos que trabalham na área da psicologia poderiam chamar de "mecanismo de defesa".

As palavras "apego" e "impulso de agarrar" não captam realmente a complexidade da natureza subjacente desse mecanismo, que pode ser mais bem descrito como um tipo de gesto de equilíbrio entre a esperança e o medo: a esperança de que as coisas ou mudem ou permaneçam as mesmas, e o medo de que isso aconteça. Algumas vezes somos propelidos em uma direção ou outra e, outras vezes, ficamos aprisionados entre esse dois extremos e não sabemos o que pensar.

Uma das perguntas mais frequentes que me é feita tanto em ensinamentos públicos quanto em entrevistas individuais é: "Como posso me livrar dos apegos? Como posso me livrar da esperança e do medo?"

A resposta é simples: "Não tente se livrar."

Por quê?

Porque quando tentamos nos livrar de algo, realmente apenas reforçamos a esperança e o medo. Se tratarmos alguma condição, sentimento, sensação ou algum outro tipo de experiência como inimiga, somente a tornaremos mais forte: estaremos resistindo e sucumbindo a ela ao mesmo tempo. O caminho do meio proposto pelo Buda começa ao simplesmente olharmos para seja o que for que estivermos pensando ou sentindo: *estou com raiva, estou com ciúmes, estou cansado, estou com medo*.

À medida que olhamos, pouco a pouco começaremos a perceber que os pensamentos e os sentimentos não são tão fixos nem sólidos como originalmente pareciam ser. Impermanência tem suas vantagens. Todas as coisas mudam – até mesmo as nossas esperanças e medos.

UM EXERCÍCIO

> *A vida não fica no mesmo lugar nem sequer por um momento.*
>
> Gampopa, *The Jewel Ornament of Liberation*,
> traduzido por Khenpo Konchog Gyaltsen Rinpoche

Observar pequeninas mudanças em nossa experiência requer um pouco de prática. A próxima vez que passar pelo espelho do banheiro, posicione-se de modo que você não veja o seu rosto. Olhe para as outras coisas refletidas ali: os azulejos da parede, por exemplo, ou a disposição das toalhas. Em seguida, olhe para o seu rosto. Por alguns instantes procure observar quaisquer diferenças nas respostas mentais e emocionais que podem ocorrer com o que você vê no espelho. Você percebe quaisquer diferenças na sua maneira de responder ao "pano de fundo" e às suas reações ao seu próprio rosto?

Se puder, repita esse exercício na frente do mesmo espelho no final do dia, ou talvez no dia seguinte. Você percebe mudanças no plano de fundo? Você percebe alguma alteração no seu próprio rosto? Provavelmente, você vai notar diferenças. Os ladrilhos podem ter sido esfregados ou podem estar um pouco mais sujos. A disposição das toalhas e de outros elementos do banheiro pode ter sido ligeiramente alterada. Quando finalmente olhar para o seu rosto, também poderá perceber pequenas diferenças.

Não faça esse exercício por muito tempo – talvez trinta segundos ou menos. Apenas observe qualquer tipo de reação mental ou emocional a essas mudanças: "o lugar parece mais arrumado hoje", ou "pareço cansado", ou "pareço velho", ou "pareço gordo". Quaisquer pensamentos ou emoções que surgirem fornecerão insights sobre a natureza particular de seus próprios preconceitos e apegos. Não os julgue nem tente analisá-los. Apenas olhe para eles. O objetivo do exercício é começar a reconhecer que mesmo o ato mais simples de percepção sensorial é invariavelmente acompanhado por um véu de pensamentos e emoções, através do qual você interpreta essa percepção.

Se continuarmos olhando, gradualmente acharemos mais fácil distinguir entre as percepções puras e os fatores mentais e emocionais que as acompanham. Reconhecer esses fatores, no entanto, não significa que temos de rejeitá-los ou eliminá-los. Ao salientar o papel da mente na formação da nossa experiência, a Segunda Nobre Verdade – que representa a segunda fase do diagnóstico do Buda para o problema do sofrimento – nos prepara para o "prognóstico" da Terceira Nobre Verdade.

4. O ponto de mutação

A liberação ocorre apenas por meio do reconhecimento daquilo a que você está aprisionado.

IX Gyalwa Karmapa, *Mahamudra: The Ocean of Definite Meaning*, traduzido para o inglês por Elizabeth M. Callahan

Quando estou ensinando para grandes grupos, muitas vezes enfrento um problema bastante embaraçoso. Minha garganta vai ficando seca enquanto eu falo, por isso tendo a beber o meu copo de água tão logo a sessão começa. Inevitavelmente, as pessoas percebem que meu copo está vazio e muito gentilmente o enchem. Continuo a falar, minha garganta vai secando, bebo o copo inteiro de água e, logo, alguém enche meu copo de novo. Eu continuo falando ou respondendo a perguntas, e novamente alguém enche meu copo.

Depois de algum tempo – em geral antes de terminar o período programado para aquela sessão de ensinamentos – me dou conta de uma sensação desconfortável ou um pensamento passando pela minha mente: *Ó céus, ainda tem mais uma hora de sessão e eu tenho que fazer xixi.*

Eu falo mais um pouco, respondo algumas perguntas e dou uma olhada no relógio.

Agora faltam 45 minutos e eu realmente tenho que fazer xixi.

Passa meia hora e a urgência de fazer xixi começa a ficar intensa.

Alguém levanta a mão e pergunta: "Qual a diferença entre consciência pura e consciência condicionada?"

Essa pergunta abrange a essência dos ensinamentos budistas sobre a Terceira Nobre Verdade. Muitas vezes traduzido como "A Verdade da Cessação", este terceiro insight sobre a natureza da experiência nos diz que as várias formas de sofrimento vivenciadas por nós podem ter fim.

Mas agora, DE VERDADE, eu REALMENTE tenho que fazer xixi.

Então, digo ao aluno: "Este é um grande segredo que só vou lhe contar depois de um pequeno intervalo."

Com toda a dignidade que consigo evocar, levanto da cadeira onde estive sentado, caminho devagar por entre as fileiras de pessoas que se curvam para mim e finalmente chego ao banheiro.

Talvez fazer xixi não seja a ideia que alguém possa ter de uma experiência iluminada, mas posso dizer que quando esvazio minha bexiga, reconheço que a sensação profunda de alívio que sinto naquele momento é uma boa analogia para a Terceira Nobre Verdade: aquele alívio esteve comigo o tempo todo, e poderíamos chamar isso de condição básica. Apenas não o reconheci porque estava temporariamente obscurecido por toda aquela água. Mas, depois, fui capaz de reconhecer e apreciá-lo.

O Buda referiu-se a esse dilema com uma analogia um pouco mais respeitável, comparando essa natureza básica ao sol. Embora esteja sempre brilhando, o sol muitas vezes está encoberto pelas nuvens.

Ainda assim, só podemos realmente ver as nuvens porque o sol as ilumina. Do mesmo modo, nossa natureza básica está sempre presente. De fato, é ela que nos permite discernir até mesmo as coisas que a obscurecem: um insight que talvez seja mais bem entendido se retornarmos à pergunta que foi feita antes de eu ir ao banheiro.

DOIS TIPOS DE CONSCIÊNCIA

A essência de todo pensamento que nasce é a consciência pura.

Pengar Jamphel Sangpo, Short Invocation of Vajradhara, traduzido para o inglês por Maria Montenegro

Na verdade, não existe grande segredo para compreender a diferença entre consciência pura e consciência condicionada. Ambas são *consciência*, o que poderia ser grosseiramente definido como a capacidade de reconhecer, registrar e, em certo sentido, "catalogar" cada momento da experiência.

Consciência pura é como uma bola de cristal transparente – como não tem cor, pode refletir qualquer coisa: o seu rosto, as outras pessoas, as paredes, os móveis. Se deslocarmos um pouco a bola de cristal, será possível ver partes diferentes da sala e, desse modo, o tamanho, a forma e a posição dos móveis podem mudar. Se a levássemos para fora, poderíamos ver árvores, pássaros, flores – até mesmo o céu! O que aparece, porém, são apenas reflexos. Eles realmente não existem *dentro* da bola de cristal, nem alteram sua essência de forma alguma.

Agora, vamos supor que a bola de cristal seja enrolada em um pedaço de seda colorida. Tudo que víssemos refletido nela – se a movêssemos de um lado para outro, levássemos para salas diferentes ou para fora – em algum grau estaria colorido pela cor da seda. Essa é uma descrição bastante precisa da *consciência condicionada*: uma perspectiva colorida pela ignorância, desejo, aversão e um grande número de outros obscurecimentos oriundos de *dzinpa*. No entanto, esses reflexos coloridos são simplesmente reflexos. Eles não alteram a natureza daquilo que os refletem. A bola de cristal permanece essencialmente incolor.

Do mesmo modo, a *consciência pura* é sempre translúcida, capaz de refletir qualquer coisa, até mesmo a visão equivocada a seu próprio respeito de que é limitada ou condicionada. Assim como o sol ilumina as nuvens que o obscurecem, a consciência pura nos permite vivenciar o sofrimento natural e o drama inexorável do sofrimento autocriado: eu versus você, bom versus ruim, agradável versus desagradável, e assim por diante.

A Verdade da Cessação é muitas vezes descrita como a liberação final da fixação, anseio ou "sede". Todavia, embora o termo "cessação" pareça implicar em algo diferente ou melhor que a nossa experiência presente, na verdade, ele é uma questão de reconhecimento do potencial inerente que existe dentro de nós.

Cessação – ou alívio de *dukkha* – é possível porque a consciência é fundamentalmente transparente e incondicionada. Medo, vergonha, culpa, ganância, competição, por exemplo, são simples véus, perspectivas herdadas e reforçadas por nossa cultura, família e experiência pessoal. Segundo a Terceira Nobre Verdade, o sofrimento diminuirá na medida em que pudermos abrir mão de toda a estrutura do apego.

Conseguimos fazer isto não pela supressão de nossos desejos, aversões e fixações, nem mesmo por tentar "pensar de modo diferente", mas sim por trazer a nossa atenção para dentro, examinando os pensamentos, as emoções e as sensações que nos perturbam, começando a percebê-las – e talvez até mesmo a apreciá-las – como expressões da própria consciência.

Dizendo de modo simples, *a causa* das várias doenças que temos *é a cura*. A mente que se apega é a mente que nos liberta.

NATUREZA BÚDICA

> *Quando está vivendo na escuridão, porque você não olha para a luz?*
>
> **Dhammapada,**
> **traduzido para o inglês por Eknath Easwaran**

Para explicar isso mais claramente, tenho que ludibriar um pouco, trazendo à tona um assunto que o Buda nunca mencionou de forma explícita nos ensinamentos do Primeiro Giro da Roda do Dharma. Mas, como vários de meus professores admitiram, esse tema está implícito nos Primeiro e Segundo Giros.

Não é que ele estivesse retendo alguma revelação importante que só seria passada para o melhor e mais brilhante de seus alunos. Ao contrário, como um professor responsável, concentrou-se em primeiro lugar em ensinar os princípios básicos, antes de passar para assuntos mais avançados. Pergunte a qualquer professor do ensino fundamental sobre quão prático é ensinar cálculo a crianças que ainda não dominam as noções básicas de adição, subtração, divisão ou multiplicação!

O assunto é *natureza búdica* – o que não se refere ao comportamento ou à atitude de alguém que anda por aí com túnicas coloridas, mendigando comida! *Buda* é um termo sânscrito que pode ser traduzido como "aquele que despertou." Enquanto um título formal, geralmente refere-se a Siddhartha Gautama, o jovem que atingiu a iluminação há 2.500, em Bodhgaya.

A natureza búdica, no entanto, não é um título formal. Não é uma característica exclusiva do Buda histórico ou dos praticantes budistas. Não é algo criado ou imaginado. É o coração ou a essência inerente a todos os seres vivos: um potencial ilimitado para fazer, ver, ouvir ou vivenciar qualquer coisa. Por causa da natureza búdica, podemos aprender, podemos crescer, podemos mudar. Podemos nos tornar Budas por nosso direito inato!

A natureza búdica não pode ser descrita em termos de conceitos relativos. Ela precisa ser vivida diretamente, e a experiência direta é impossível de definir em palavras. Imagine olhar para um lugar tão vasto que ultrapassa a nossa capacidade de descrevê-lo – o Grand Canyon, por exemplo. Você poderia dizer que ele é imenso, que as paredes de pedra de ambos os lados têm uma cor avermelhada, que o ar é seco e tem um leve cheiro de cedro. Mas, mesmo que seja muito boa, sua descrição não pode de fato abarcar a experiência de estar na presença de um cenário tão vasto. Ou você pode tentar descrever a vista do observatório do Taipei 101, um dos edifícios mais altos do mundo, que é considerado uma das "sete maravilhas do mundo moderno". Você poderia falar sobre o panorama, a forma como os carros e as pessoas lá embaixo parecem formigas, ou da sua própria dificuldade de respirar por estar tão alto acima do chão. Porém, ainda não conseguiria comunicar a profundidade e a amplitude de sua experiência.

Embora a natureza búdica desafie qualquer descrição, o Buda forneceu algumas pistas que funcionam como placas de sinalização, ou mapas, e que ajudam ao nos guiar para essa experiência extremamente inexprimível. Uma das maneiras pela qual ele descreveu a natureza búdica foi em termos de três qualidades: *sabedoria sem limites*, que é a capacidade de *conhecer* toda e qualquer coisa – passado, presente e futuro; *capacidade infinita*, que consiste em um poder infinito que nós e todos os outros seres temos de nos elevar de qualquer condição de sofrimento; e *bondade amorosa e compaixão incomensuráveis*, isto é, um sentimento ilimitado de parentesco com todas as criaturas vivas, um coração sempre aberto e voltado para os outros, que serve de motivação para criar as condições que permitam a todos os seres florescerem.

Sem dúvida, existem muitas pessoas que acreditam fervorosamente nas descrições do Buda e na possibilidade de que, por meio do estudo e da prática, possam obter uma experiência direta da sabedoria, capacidade e compaixão ilimitadas. Provavelmente, muitas outras pensam que isso é apenas um monte de bobagens.

Curiosamente, em muitos sutras, o Buda parecia feliz em ter conversas com as pessoas que duvidavam do que ele tinha para dizer. Ele era, afinal, apenas um dos muitos professores que viajavam por toda a Índia no século IV a.C. – uma situação semelhante àquela em que nos encontramos neste momento, em que os canais de rádio, televisão e a internet estão repletos de professores e ensinamentos de várias convicções diferentes. No entanto, ao contrário de muitos de seus contemporâneos, o Buda não tentou convencer as pessoas de que o método que encontrou para a liberação do sofrimento era o único verdadeiro. Um tema comum encontrado em muitos sutras pode ser resumido em termos modernos como: "Isto é apenas o que eu fiz e o que reconheci. Não acredite em nada que eu digo, simplesmente porque estou dizendo. Experimente por si mesmo!"

Ele não desestimulava as pessoas a considerarem o que e como ele havia aprendido. Em vez disso, em seus ensinamentos sobre a natureza búdica, apresentava aos seus ouvintes uma espécie de experimento mental, convidando-os a descobrir, dentro de sua própria experiência, as maneiras pelas quais os aspectos da natureza búdica surgem de tempos em tempos na nossa vida diária. Expunha tal experimento por meio da analogia de uma casa onde uma lâmpada foi acesa e as cortinas ou as venezianas foram fechadas. A casa representa a perspectiva aparentemente sólida do condicionamento físico, mental e emocional. A lâmpada representa a nossa natureza búdica. Não importa o quão fechadas estejam as cortinas e venezianas, inevitavelmente um pouco da luz presente dentro da casa irradia para fora.

Dentro, a luz da lâmpada proporciona a clareza de distinguir entre, por exemplo, uma cadeira, uma cama ou um tapete. À medida que ela passa pelas cortinas e venezianas, por vezes podemos vivenciar a luz da sabedoria como intuição – algo que algumas pessoas descrevem como um sentimento que ocorre no "nível das entranhas" a respeito de uma pessoa, situação ou evento.

Bondade amorosa e compaixão irradiam-se pelas venezianas naqueles momentos em que espontaneamente damos ajuda ou conforto a alguém, não por interesse próprio, nem pensando em obter algo em troca, mas apenas porque parece ser a coisa certa a fazer. Pode ser algo tão simples como oferecer às pessoas um ombro para chorar quando estão sofrendo ou ajudar alguém a atravessar a rua, ou também pode envolver um compromisso de longo prazo, como ficar sentado ao lado da cama de alguém que está doente ou morrendo. Todos nós já ouvimos falar de casos extremos em que alguém, sem nem sequer pensar sobre o risco em que estava colocando sua própria vida, pula em um rio para salvar uma pessoa desconhecida que está se afogando.

Capacidade muitas vezes se manifesta na maneira em que sobrevivemos a eventos difíceis. Por exemplo, conheci recentemente um praticante de longa data de budismo que investira agressivamente no mercado de ações por volta dos anos 1990. Quando no final dessa década o mercado teve uma queda, ele perdeu tudo que tinha. Muitos de seus amigos e parceiros também perderam grandes somas de dinheiro e alguns ficaram mentalmente abalados. Uns perderam a confiança em si mesmos e na sua capacidade de tomar decisões; outros caíram em profunda depressão; e alguns, como as pessoas que perderam dinheiro durante a quebra da bolsa em 1929, suicidaram-se. Mas ele não perdeu o controle nem a confiança, e também não caiu em depressão. Aos poucos, começou a investir novamente e construiu uma nova e sólida base financeira.

Vendo sua aparente calma diante de uma sucessão tão fantástica de eventos, alguns de seus amigos e associados perguntaram como ele foi capaz de manter a sua equanimidade. "Bem", ele respondeu, "eu consegui todo esse dinheiro aplicando no mercado de ações, que depois o levou de volta e agora está retornando para mim. As condições mudam, mas eu ainda estou aqui. Eu posso tomar decisões. Talvez

O ponto de mutação

em um ano eu estivesse vivendo em uma casa enorme, e no outro dormindo no sofá da casa de um amigo. Isso não muda o fato de que eu posso escolher a forma de pensar a meu respeito e sobre todas as coisas que acontecem ao meu redor. Na verdade, eu me considero uma pessoa de muita sorte. Algumas pessoas não são capazes de escolher e outras não reconhecem que *podem* escolher. Acho que tenho sorte, porque caí na categoria de pessoas que são capazes de reconhecer a sua capacidade de escolha."

Já ouvi comentários semelhantes de pessoas que estão lidando com doenças crônicas, seja a própria ou a doença de seus pais, filhos, amigos ou outros membros da família. Um homem que conheci recentemente na América do Norte, por exemplo, discorreu longamente sobre como conciliava trabalho, casamento, filhos e um pai que sofria de Alzheimer. "É claro que é difícil conciliar isso tudo", disse ele. "Mas é o que eu faço. Não vejo outra maneira."

O depoimento é simples, mas muito reconfortante! Embora ele nunca tenha participado de um ensinamento budista antes, nem estudado a literatura e nem necessariamente se identificado como budista, sua narrativa sobre como encarava a vida constituía uma expressão espontânea de todos os três aspectos da natureza búdica: *sabedoria* para ver a profundidade e a amplitude de sua situação, *capacidade* de escolher a forma de interpretar e agir sobre o que via e a atitude espontânea de *bondade* e *compaixão*.

Enquanto o ouvia, ocorreu-me que essas três características da natureza búdica podem ser resumidas em uma única palavra: coragem – especificamente a coragem de *ser*, tal como somos, aqui e agora, com todas as nossas dúvidas e incertezas. O confronto direto com a experiência nos abre para a possibilidade de reconhecer que aquilo que vivenciamos – amor, solidão, ódio, ciúme, alegria, ganância, sofrimento etc. – é, em essência, uma expressão do potencial fundamentalmente ilimitado de nossa natureza búdica.

Esse princípio está implícito no "prognóstico positivo" da Terceira Nobre Verdade. Qualquer desconforto que sentimos diminuirá – seja ele sutil, intenso ou algo intermediário – à medida que cortarmos nossa fixação em uma visão muito limitada, condicionada e condicional de nós mesmos, e começarmos a nos identificar com a capacidade de vivenciar toda e qualquer coisa. Finalmente, será possível pousar na natureza búdica – tal como um pássaro pode descansar ao retornar para o seu ninho.

Naquele momento, o sofrimento acaba. Não há nada a temer, nada a resistir. Nem mesmo a morte pode nos perturbar.

Essa mensagem me foi transmitida de forma muito clara quando estive ao lado do meu pai durante os últimos dias e horas de sua vida. Naquela época, eu tinha 21 anos e meu pai 76. Ele era um grande meditador que passou a vida toda aprofundando seu reconhecimento da imensidão da mente e da transitoriedade da percepção, conforme lhe tinham ensinado, e transmitindo seu entendimento a milhares de estudantes de todo o mundo. Dezenas de pessoas vieram visitá-lo durante seus últimos dias de vida: monges, monjas, membros da família, outros professores, ex-alunos e pessoas comuns das aldeias vizinhas. Às vezes, ele se sentava para recebê-los, mas às vezes precisava ficar deitado. A cada visitante ele oferecia um sorriso gentil e murmurava docemente um "muito obrigado". Não havia nenhum traço de medo no seu semblante, nenhuma evidência de esforço em seu corpo frágil. O único sinal de que ele estava passando por uma transição extraordinária era a expressão de leve curiosidade que às vezes perpassava seu rosto e, naturalmente, a serena determinação com que agradecia a todos os visitantes, como se quisesse dizer que tinham sido seus professores, e não o contrário.

Nos momentos finais de sua vida, ele sentiu vontade de urinar. Como o banheiro ficava longe do seu quarto, havia uma espécie de urinol portátil no cômodo, e quando alguém o trouxe, ele começou a se levantar de sua cama.

"Talvez seja melhor ficar deitado", um dos meus irmãos sugeriu. "Podemos ajudá-lo."

"Não, não", ele riu, afastando as nossas preocupações.

Quando retornou, sentou-se em sua cama na postura de meditação – as pernas cruzadas, a coluna reta, as mãos descansando confortavelmente no seu colo e os olhos voltados para a frente. Muito gradualmente, sua respiração foi desacelerando até que por fim parou. Nem sequer percebermos que ele havia morrido por vários momentos. Ele permaneceu nessa postura meditativa, que em tibetano é chamada de *tukdam* (uma tradução aproximada seria "a meditação da morte", um processo de conscientemente vivenciar a separação da consciência do corpo físico), por três dias antes de seu corpo começar a se curvar. Durante esse período, o corpo não estava rígido em *rigor mortis*, e sua tez continuava com uma cor rosada viva, e até mesmo um pouco brilhante. Posso muito bem compreender que essas são condições que muitas pessoas no mundo moderno achariam difícil de acreditar. Eu também acharia difícil de acreditar se não as tivesse testemunhado – e eu fui criado em uma tradição que considera possível que uma pessoa possa vivenciar a morte com total consciência e equanimidade. Mas os sinais estavam lá. Meu pai morreu com plena consciência, olhando calmamente para o que a maioria das pessoas considera a forma mais extrema de sofrimento, como se fosse uma expressão luminosa de sua natureza búdica.

MOMENTOS BÚDICOS

Todo ser senciente tem o potencial de aperfeiçoar-se e iluminar-se.

XII Tai Situpa, *Awakening the Sleeping Buddha*,
editado por Lea Terhune

A maioria de nós não reconhece a nossa natureza búdica até que ela nos seja apontada.

Não muito tempo atrás, eu ouvi uma história sobre um homem na Índia, a quem foi dado um relógio caro. Não tendo nenhuma experiência do que era ou do que fazia um relógio, pensou que aquilo nada mais era do que uma pulseira bonita. Ele não tinha ideia de que era um instrumento para marcar o tempo. Como consequência, ele estava sempre atrasado para o trabalho, e finalmente acabou sendo demitido do emprego e perdendo sua casa. Embora marcasse entrevistas com vários potenciais empregadores, acabava chegando para a entrevista ou muito tarde, ou muito cedo. Finalmente, cheio de frustração, perguntou a um homem que encontrou na rua: "Você pode me dizer que horas são?"

O homem olhou para ele surpreso.

"Você está usando um relógio", disse. "Ele pode lhe dizer qual é a hora."

"Um relógio?", o sujeito respondeu. "O que é isso?"

"Você está brincando, certo?", murmurou o estranho, apontando para o instrumento que o sujeito usava no pulso.

"Não", respondeu o homem. "Isto é só uma linda joia que me foi dada por um amigo. O que isso tem a ver com saber que horas são?"

Então, demonstrando uma boa dose de paciência, o estranho ensinou-o ali na rua a ler os ponteiros da hora e dos minutos no relógio, e até mesmo o ponteiro dos segundos que corre tão rápido.

"Eu não posso acreditar nisso!", exclamou o rapaz. "Você quer dizer eu sempre tive algo que me dizia as horas e nem sabia disso?"

"Não me culpe", disse o estranho. "Quem lhe deu deveria ter explicado o que era."

Depois de um momento, o homem respondeu em voz baixa, envergonhado: "Bem, talvez ele também não soubesse."

"Seja como for", respondeu o estranho, "ele lhe deu um presente que você não sabia usar. Agora, pelo menos, você sabe como usá-lo."

E com isso ele desapareceu no turbilhão de pedestres, pedintes, carros e riquixás que lotam as ruas movimentadas da Índia.

Quem sabe se esse homem era um Buda ou apenas um estranho qualquer, encontrado por acaso, que conhecia a diferença entre um relógio e uma pulseira. Em todo caso, o homem foi capaz de fazer uso do relógio, aparecer na hora certa para as entrevistas e, por fim, conseguiu um bom emprego e reconstruiu sua vida. A lição que aprendi com essa história é que somos dotados de capacidades que frequentemente falhamos em reconhecer, até que elas sejam apontadas para nós. Esses lembretes são o que eu gosto de chamar de "momentos búdicos" – oportunidades para despertar, por assim dizer, do sonho da consciência condicionada.

Vivenciei um desses momentos búdicos durante a minha primeira turnê de ensinamentos na Califórnia, quando as pessoas me incentivaram a nadar para fazer um pouco de exercício. Eu não queria ir, mas meus anfitriões já tinham feito uma reserva em um clube local que tinha uma piscina olímpica. Eu pulei e imediatamente fui um sucesso – em nadar debaixo de água, ou seja, afundei como uma pedra! Eu tentava me puxar para a superfície, mas não conseguia fazer isso por mais do que um minuto. Meus braços e minhas pernas se cansavam e eu não conseguia reter minha respiração. "Ok", eu pensei, "você está muito tenso, tentando fazer alguma coisa." Então deixei meus músculos relaxarem completamente, flutuei até a superfície e mais uma vez fui bem-sucedido – em afundar.

Então me lembrei de uma coisa: quando criança, eu costumava nadar em um pequeno lago perto da minha casa. Não era um lago muito profundo, e meu estilo de natação não era exatamente o que se poderia chamar de elegante – apenas batendo as mãos e me movendo na água como um cachorro.

As pessoas que me trouxeram ao clube ficaram surpresas.

"Em um instante você estava afundando", disseram eles. "E no minuto seguinte estava nadando. Como você fez isso?"

"Eu me lembrei", respondi. "Por alguns momentos fiquei confuso com o tamanho da piscina. Depois me lembrei que podia nadar."

Essa experiência é semelhante, talvez em pequena escala, a lembrar do poder e do potencial da natureza búdica. Bem fundo dentro de nós está a capacidade de expressar sabedoria, capacidade e compaixão ilimitadas. Tendemos a não nos lembrar dessa capacidade até sermos jogados em situações do tipo afogar ou nadar.

VENDO O BOM

Celebro com prazer o bem que é feito por todos os seres.

Santideva, Bodhicaryavatara, *O caminho do Bodisatva*, Editora Makara

Em conversa com diversos psicólogos durante minhas viagens, aprendi uma interessante peculiaridade da natureza humana: se temos dez qualidades – nove delas positivas e uma negativa – a maioria das pessoas tende a se concentrar quase que exclusivamente na qualidade negativa e esquecer as positivas.

Eu mesmo notei isso não muito tempo atrás quando, bem tarde da noite, recebi um telefonema de uma atriz bastante popular que é minha amiga. Ela estava na Europa na época e tinha acabado de voltar para seu quarto de hotel após ter se apresentado para milhares de fãs entusiasmados. Imagine como seria se apresentar diante de tanta gente e ouvi-las gritar o quanto amam você e como você é maravilhoso!

Depois do espetáculo, ela voltou para o quarto do hotel para trabalhar em seu laptop. Infelizmente, a bateria estava descarregada e ela não tinha o adaptador adequado para ligar e recarregar o computador. Ela ligou para a recepção pedindo ajuda e prometeram vir imediatamente. Os minutos se passaram, ninguém apareceu, e ela começou a ficar um pouco chateada. Todos os tipos de sentimentos surgiram: raiva, ressentimento e solidão por não ser capaz de se conectar com o mundo exterior por e-mail ou internet.

Finalmente, ela me telefonou – eu estava ensinando em Paris naquele dia – e perguntou: "O que posso fazer? Só de aparecer em uma calçada faço milhares de pessoas felizes, mas sozinha no meu quarto de hotel, me sinto infeliz. Este problema tão pequeno e estúpido com o computador arruinou a minha noite."

Conversamos um pouco sobre como aceitar a impermanência e os desafios de fixar-se na realidade relativa. Lembro-me de ter dito a ela: "Você tentou o seu melhor para fazer algo a respeito do computador, mas se o problema não puder ser resolvido tão rapidamente quanto você quer, use a frustração e a raiva que está sentindo como o foco da meditação. Não tente fugir desses sentimentos. Não tente afastá-los. Olhe para eles diretamente. Se fizer isso, será capaz de ver a consciência que lhe permite ter consciência desses sentimentos. Se puder ao menos tocar essa consciência, você começará a ver o problema que está enfrentando agora, no contexto de todas as boas qualidades que você tem: seu talento, por exemplo, e a capacidade de dar alegria para milhares de pessoas. Há tanta coisa boa em você e tanta coisa boa na sua vida. Por que deixar uma situação difícil cegá-la para todas as coisas positivas que você traz para o mundo?"

Conversamos um pouco mais até que ela se acalmasse e percebesse que um incidente infeliz de fato não tem que arruinar a sua noite nem prejudicar a sua capacidade de trazer alegria para outras pessoas.

"Eu me sinto melhor só de falar com você", disse ela. "Obrigado por me relembrar que um pequeno problema não vai arruinar a minha vida."

Após desligar o telefone, pensei um pouco sobre a nossa conversa. Momentos depois, percebi o que realmente queria dizer, embora não tivesse tido tempo de formular a ideia completa. Nós nascemos com sabedoria, capacidade, bondade amorosa e compaixão. Frustração, ciúme, culpa, vergonha, ansiedade, ganância, competitividade e sentimentos afins são experiências que aprendemos, muitas vezes, em nosso ambiente cultural, nossa família e nossos amigos, e que são reforçadas pela nossa experiência pessoal.

O "prognóstico positivo" da Terceira Nobre Verdade é que as ideias limitadas ou ideias limitadoras que temos sobre nós mesmos, sobre os outros e sobre todas as outras experiências podem ser desaprendidas.

PEDRAS

> *Somos nosso próprio refúgio; que outro refúgio pode haver?*
>
> Dhammapada,
> traduzido pelo Ven. Dr. RewataDhamma

A fim de oferecer às pessoas com as mais diversas personalidades e formações a oportunidade de provar as imensas possibilidades de sua natureza búdica, o Buda ensinou uma série de práticas diferentes. Uma delas envolve fazer uma espécie de "inventário" das nossas qualidades e características. Na tradição tibetana, fazemos esse inventário montando pilhas de pedras coloridas. Pedras pretas representam nossas qualidades negativas e pedras brancas representam nossas qualidades positivas.

No início, talvez, a pilha de pedras pretas seja maior do que a pilha de brancas. Depois, temos um momento para considerar: "Bem, eu disse algo muito bom para alguém hoje, que fez essa pessoa sorrir." Então, adicionamos uma pedra branca na nossa pilha. "Eu disse ou fiz algo de bom para uma pessoa que eu não gosto ou com quem tenho algumas dificuldades." Exercer benevolência e compaixão vale com certeza um par de pedras brancas. "Eu tenho uma mente capaz de fazer escolhas." Isso vale, pelo menos, mais algumas pedras brancas. "Estou usando esta mente para reconhecer a capacidade da mente de fazer escolhas." Adicione pelo menos mais cinco pedras brancas na pilha. "*Quero* usar minha mente para reconhecer a capacidade da minha mente de fazer escolhas." Dez pedras brancas, pelo menos. "Minha mente está livre para escolher formas de vivenciar paz e felicidade e oferecer aos outros essa mesma experiência de paz e felicidade." Uma avalanche de pedras brancas!

Você não tem que usar pedras para fazer esse exercício; elas apenas são fáceis de encontrar nas áreas rurais do Tibete. Você pode usar pedaços de papel, moedas, conchas, ou o que tiver a mão. Pode até mesmo usar uma folha de papel para fazer uma lista das suas qualidades e características. O objetivo do inventário é permitir a si mesmo reconhecer suas características positivas que, por vezes, você exerce sem nem se dar conta.

Esse tipo de exame pessoal é um meio simples e bastante eficaz de nos conectarmos com nossa natureza essencial. É especialmente útil durante aqueles momentos em que estamos sob a influência de uma forte emoção: raiva, ciúme, solidão ou medo. Na verdade, se começarmos a "contar pedras" em momentos de forte emoção ou em que enfrentamos uma situação difícil, então, essa emoção ou situação torna-se, em si mesma, um poderoso incentivo para praticarmos ativamente o reconhecimento das nossas capacidades ilimitadas.

As circunstâncias e condições que definem a vida material são sempre relativas, sempre mutáveis. Hoje podemos nos sentir saudáveis e inteiros; amanhã podemos ter uma gripe. Hoje podemos nos dar bem com todas as pessoas; amanhã poderemos ter uma discussão. Neste momento, podemos desfrutar do prazer e da oportunidade de ler um livro; daqui a pouco, podemos nos ver em meio a algum tipo de dificuldade pessoal ou profissional.

Com a prática, qualquer experiência pode se tornar uma oportunidade para descobrir essas características essenciais: sabedoria, capacidade, bondade amorosa e compaixão. Fazê-lo, no entanto, envolve transpassar certas crenças e atitudes arraigadas – "o plano de tratamento" prescrito pelo Buda para aliviar o sofrimento. Esse plano é demonstrado na Quarta Nobre Verdade, muitas vezes chamada de a "Verdade do Caminho".

5. Ruptura

Se as portas da percepção fossem purificadas, tudo apareceria tal como é...

William Blake, *The Marriage of Heaven and Hell*

Em seus ensinamentos e escrituras, os mestres budistas observam que todos os seres querem obter felicidade e evitar o sofrimento. É claro que essa observação não limita-se aos ensinamentos budistas ou a uma disciplina específica, seja ela filosófica, psicológica, científica ou espiritual. Trata-se de uma dedução baseada no senso comum e que emerge ao olharmos para a maneira com que nós, e os outros seres com quem partilhamos este mundo, nos comportamos.

Até aqui já deve ter ficado claro que existem muitas variedades e graus de sofrimento, e que todos eles podem ser categorizados como *dukkha*. Mas o que é a felicidade?

Como podemos defini-la? Como podemos alcançá-la? Será que existe uma única coisa que nos traz felicidade e com a qual todos concordam?

Sempre faço esta última pergunta quando estou ensinando, e as respostas sempre variam. Umas pessoas dizem que é "dinheiro". Outras dizem que é "amor". Algumas dizem que é "paz". Outras dizem que é "ouro". Uma vez eu até mesmo ouvi alguém dizer que é "pimenta"!

O que eu acho mais interessante é que para cada resposta há uma reação oposta. Algumas pessoas não querem riquezas; elas preferem viver simplesmente. Outras preferem viver sozinhas. Algumas gostam de discutir e lutar pelo que acreditam ser certo. E, claro, algumas não gostam de pimenta.

Depois que as respostas cessam, o silêncio se instala na sala à medida que todos os presentes percebem que não existe uma única coisa com a qual todos concordam. Aos poucos, as pessoas ali reunidas começam a entender que as respostas dadas referem-se a objetos que existem fora ou além de si mesmas, ou a condições que são, de algum modo, diferentes das que vivenciam aqui e agora. Nesse ponto, o silêncio se torna mais profundo e mais contemplativo enquanto, uma a uma, as pessoas começam a reconhecer que um simples exercício de pergunta e resposta, conduzido em um espírito de diversão e muitas vezes acompanhado de boas risadas, expôs hábitos de percepção e crenças profundamente arraigadas, que, com certeza, perpetuam o sofrimento e inibem a possibilidade de descobrir um estado permanente e incondicional de felicidade.

Entre esses hábitos há a tendência de definir a nossa experiência em termos dualistas: "eu" e "outros"; "minha" e "não minha"; "agradável" e "desagradável". Relacionar-se com o mundo dualisticamente não é, em si mesmo, uma grande tragédia. Na verdade, como discutimos antes, somos biologicamente induzidos e condicionados por nosso contexto cultural, familiar e individual a fazer distinções – não apenas pelo valor que elas têm para a nossa da sobrevivência, mas também pelo papel que desempenham na interação social e no desempenho das tarefas diárias. De um ponto de vista prático, a capacidade de "mapear" e navegar pela nossa vida diária em termos dualistas é essencial.

No entanto, ao conversar com várias pessoas ao longo dos anos, observei que muitos têm uma concepção errônea de que o budismo considera a percepção dualista como uma espécie de defeito. Esse não é o caso. Nem o Buda nem qualquer dos grandes mestres que seguiram seus passos disseram que há algo intrinsecamente errado ou prejudicial em se relacionar com o mundo em termos dualistas. Ao contrário, eles explicam que definir a experiência em termos de "sujeito" e "objeto", "eu" e "outro", e assim por diante, é simplesmente um aspecto da consciência: uma ferramenta útil, mesmo que limitada.

Para usar uma analogia muito simples, considerem que podemos fazer muitas tarefas com as mãos: digitar, cortar legumes, discar números no telefone, rolar a lista de músicas no MP3, abrir e fechar portas e abotoar camisas. É provável que essa lista das maneiras úteis de usarmos as mãos seja bem longa. Porém, será que poderíamos dizer que aquilo que fazemos com as mãos representa claramente toda gama das nossas capacidades? Sim, se treinarmos, é possível até andarmos com as mãos. Mas será que conseguimos ver, ouvir ou cheirar com elas? As mãos podem digerir os alimentos, manter as funções do seu coração e do fígado ou tomar decisões? A menos que sejamos dotados de poderes incomuns, a resposta a essas perguntas será "não", e descartaríamos a ideia de que aquilo que nossas mãos fazem revela toda a gama das nossas capacidades.

Embora seja fácil admitir que as nossas mãos não representam toda a gama das nossas habilidades, é um pouco mais difícil reconhecer que a divisão da experiência em termos opostos como "sujeito" e "objeto", "eu" e "outro" ou "minha" e "não minha", representa apenas uma fração da capacidade da nossa natureza búdica. Até que sejamos introduzidos à condição de que pode haver uma maneira diferente de relacionar-se com a experiência, e assumirmos a possibilidade de investigá-la, a nossa perspectiva dualista e a variedade de hábitos mentais e emocionais que surgem a partir dela impedem-nos de vivenciar a gama completa do nosso potencial inerente.

DELUSÃO E ILUSÃO

O autoengano é um problema constante.

Chogyam Trungpa, *Além do materialismo espiritual*

Imagine se colocássemos um par de óculos escuros verdes. Tudo que veríamos apareceria em tons de verde: pessoas verdes, carros verdes, edifícios verdes, arroz verde e pizza verde. Mesmo os nossos pés e mãos ficariam verdes. Se tirássemos os óculos, nossa experiência mudaria inteiramente. "Oh, as pessoas não são verdes! Minhas mãos não são verdes! Meu rosto não é verde! Pizza não é verde!"

Mas e se nunca tirássemos os óculos? E se acreditássemos que não poderíamos passar a vida sem eles, ficando tão apegados aos óculos que mesmo quando fôssemos para a cama não consideraríamos tirá-los? Com certeza passaríamos a vida vendo tudo em tons de verde. Mas perderíamos muito por deixar de ver tantas cores diferentes. E uma vez que nos acostumássemos a ver as coisas em tons de verde, raramente haveria uma pausa para considerarmos que o verde poderia não ser a única cor possível de ver. Começaríamos a acreditar sinceramente que tudo é verde.

Da mesma forma, certos hábitos mentais e emocionais condicionam a nossa visão de mundo. Apegamo-nos muito ao "ponto de vista dos óculos". Acreditamos que a nossa maneira de ver as coisas é como elas realmente são.

Nossa biologia, cultura e experiências pessoais trabalham em conjunto para confundir distinções relativas com verdades absolutas, e conceitos com experiências diretas. Essa discrepância fundamental, quase invariavelmente, promove uma sensação assombrosa de desconforto, uma espécie de *dukkha* "flutuante" escondida no fundo da consciência, como uma sensação persistente de incompletude, isolamento e instabilidade.

Em um esforço para combater esse mal-estar básico, tendemos a vestir os "habitantes" do nosso mundo relativo e condicionado – nós mesmos, outras pessoas, objetos e situações – com qualidades que realçam a sua aparência de solidez e estabilidade. Mas essa estratégia nubla nossa perspectiva ainda mais. Além de entendermos distinções relativas como absolutas, enterramos essa visão equivocada em camadas de ilusão.

O PRIMEIRO PASSO

O sofrimento tem boas qualidades.

Engaging in the Conduct of Bodhisattvas,
traduzido por Khenpo Gyaltsen Konchag Rinpoche

A Quarta Nobre Verdade, a Verdade do Caminho, nos ensina que, para pôr fim ao sofrimento, precisamos romper com os hábitos dualistas de percepção e as ilusões que os sustentam – sem lutar contra eles nem suprimi-los, mas aceitando e investigando esses hábitos. *Dukkha*, independentemente de como se manifeste, é o nosso guia ao longo de um caminho que, em última instância, nos leva a descobrir a sua fonte de origem. Ao contatar diretamente esta fonte, começamos a fazer uso dela, ao invés de sermos usados por ela.

No começo, não conseguimos ver muito mais do que um borrão de pensamentos, sentimentos e sensações ocorrendo juntos, de modo tão rápido e impetuoso, que é impossível distinguir um do outro. Mas, com um pouco de esforço e paciência, começaremos a formar todo um cenário de ideias, atitudes e crenças – que inicialmente parece bastante sólido, sensato e firmemente enraizado na realidade. Sim, poderíamos pensar, *é assim que as coisas são*.

No entanto, à medida que continuamos a olhar, começamos a notar algumas rachaduras e buracos. Talvez nossas ideias não sejam tão sólidas como imaginávamos. Quanto mais olhamos para elas, mais vemos rachaduras, até que finalmente todo o conjunto de crenças e opiniões sobre a qual temos baseado o entendimento de nós mesmos e do mundo à nossa volta começa a desmoronar. É compreensível que possamos sentir certa confusão ou desorientação quando isso acontece. No entanto, uma vez que a poeira começa a assentar, vemo-nos cara a cara com uma compreensão muito mais direta e profunda da nossa própria natureza e da natureza da realidade.

Todavia, antes de falar sobre o caminho, será útil familiarizarmo-nos com o terreno; não só para desenvolvermos uma ideia de para onde estamos indo, mas também para estarmos alerta aos "obstáculos" – crenças fixas que são especialmente difíceis de penetrar – com os quais estamos propensos a nos deparar ao longo do caminho. Como um jovem estudante em Sherab Ling, eu fui ensinado a olhar principalmente para três desses "obstáculos": permanência, singularidade e independência.

PERMANÊNCIA

Pense que nada dura.

Jamgon Kongtrul, *The Torch of Certainty*,
traduzido por Judith Hanson

Carros e computadores quebram. As pessoas se afastam, mudam de emprego, crescem, envelhecem, ficam doentes e acabam morrendo. Quando olhamos para a nossa experiência, podemos reconhecer que não somos mais crianças nem estamos em idade escolar. Podemos ver e muitas vezes dar boas-vindas a outras transições importantes, como a formatura da faculdade, o casamento, o nascimento dos filhos e a mudança para uma casa nova ou um novo emprego. Às vezes, as mudanças as quais nos submetemos não são tão agradáveis. Como outras pessoas, ficamos doentes, envelhecemos e, por fim, morremos. Podemos perder o emprego, perder a pessoa com quem estamos casados ou romanticamente envolvidos com um simples "Eu não te amo mais".

No entanto, mesmo quando reconhecemos certas mudanças, em um nível muito sutil, apegamo-nos à ideia de *permanência*: a crença de que um núcleo essencial do "eu", "outros", e assim por diante, permanece constante ao longo do tempo. O "eu" que eu era ontem é o mesmo "eu" que sou hoje. A mesa e o livro que vimos ontem é a mesma mesa ou livro que vemos hoje. O Mingyur Rinpoche que deu uma palestra ontem é o mesmo Mingyur Rinpoche que dá uma palestra hoje. Mesmo as nossas emoções, por vezes, parecem permanentes: "Eu fiquei zangado com o meu patrão ontem, estou bravo com ele hoje e vou continuar zangado com ele amanhã. Nunca vou perdoá-lo."

O Buda comparou essa ilusão a escalar uma árvore que parece forte e inteira por fora, mas é oca e podre por dentro. Quanto mais alto subimos, mais firmemente nos apegamos aos ramos sem vida, e é bem provável que um desses ramos irá quebrar. Eventualmente, vamos cair – e a dor da queda será tanto maior quanto mais alto subirmos.

Em um nível mental e emocional, por exemplo, "você", "eu" e outras pessoas estamos sempre mudando. Eu não posso dizer que o "eu" dos meus nove anos era o mesmo "eu" dos dezenove, ou mesmo dos trinta anos. O "eu" de nove anos foi uma criança cheia de ansiedade, assustada por ruídos altos e apavorada de ser um fracasso aos olhos de seu pai e dos alunos do seu pai. O "eu" de dezenove anos tinha se graduado em dois programas de retiro de três anos com o objetivo de dominar as práticas mais profundas de meditação budista tibetana, frequentado uma escola monástica e ajudado a construir outra, organizado

Ruptura

as funções cotidianas de um grande monastério na Índia e ensinado monges que eram muito mais velhos do que ele. O "eu" de 33 anos passa boa parte do tempo em aeroportos, viajando por muitos países, contatando centenas de pessoas simultaneamente em uma tentativa de transmitir ensinamentos e instruções em níveis diferentes de sofisticação; encontrando-se individualmente ou com pequenos grupos de pessoas que buscam uma visão mais profunda da sua prática pessoal; fazendo chamadas telefônicas internacionais para planejar uma turnê de ensino com um ano de antecedência; e aprendendo fragmentos de línguas diferentes a fim de fazer uma conexão com as pessoas ao redor do mundo. Ele também aconselha as pessoas das mais variadas formações a lidarem com problemas pessoais, incluindo dores crônicas, depressão, divórcio, abuso e desgastes emocionais e físicos envolvidos no cuidado de amigos e familiares que estão doentes ou morrendo.

Da mesma forma, os "outros" sofrem alterações mentais e emocionais. Conversei com muitas pessoas que se sentem perplexas com o fato de que em certo dia conversam com alguém conhecido e tudo parece bem. A pessoa parece feliz, planejando sua vida e pronta para enfrentar os desafios do dia. No dia seguinte, ou talvez uma semana depois, essa mesma pessoa está com raiva ou deprimida; ele ou ela não pode sair da cama ou não consegue encontrar nenhuma esperança em sua vida. Às vezes as mudanças são tão dramáticas – por exemplo, como resultado do alcoolismo ou algum outro vício – que poderíamos nos ver pensando, "Nem sequer reconheço mais esta pessoa!".

Além disso, conforme aprendi em conversas com cientistas ao longo dos anos, nosso corpo físico passa por constantes mudanças em níveis muito abaixo da nossa consciência ou capacidade de controle – produção de hormônios, por exemplo, ou regulação da temperatura corporal. No momento em que você terminar de ler esta frase, algumas das células no seu corpo já foram eliminadas e substituídas por novas. As moléculas, os átomos e as partículas subatômicas que compõem as células mudaram.

Mesmo as moléculas, átomos e partículas subatômicas que compõem este livro, bem como a mobília do cômodo onde você se encontra, estão sempre mudando e se movendo ao redor. As páginas do livro podem começar a amarelar ou enrugar. Podem aparecer rachaduras na parede de seu quarto. A tinta de uma mesa ao redor pode ter descascado um pouco.

Levando tudo o que foi exposto em consideração, onde alguém pode encontrar permanência?

SINGULARIDADE

> *Cada momento é semelhante e, por causa da semelhança, somos iludidos.*
>
> **Gampopa, O ornamento da preciosa liberação,**
> **traduzido por Khenpo Gyaltsen Kongchog Rinpoche**

A partir da ilusão de permanência, surge a ideia de *singularidade* – a crença de que o "núcleo essencial" que persiste através do tempo é indivisível e exclusivamente identificável. Mesmo quando fazemos afirmações como "essa experiência me transformou" ou "vejo o mundo de forma diferente agora", nós ainda estamos afirmando uma sensação de "eu" como um todo único, uma "face" interna através da qual olhamos para o mundo.

Singularidade é uma ilusão tão sutil que é difícil vê-la até que nos seja apontada. Por exemplo, uma mulher me confidenciou recentemente: "Estou presa em um casamento impossível. Eu amava o meu marido quando nos casamos, mas agora eu o odeio. No entanto, eu tenho três filhos e não quero submetê-los a uma longa batalha de divórcio. Eu quero que eles tenham uma relação positiva com o pai. Não quero tirá-los da casa onde cresceram, mas não quero contar com o apoio financeiro do meu marido."

Qual é a palavra mais frequentemente repetida nessa série de declarações?

"Eu".

Mas quem é "eu"? O "eu" é a pessoa que amava o marido, mas agora o odeia? O "eu" é a mãe de três filhos que quer evitar a batalha de um longo divórcio, ou a mulher que deseja que seus filhos desenvolvam uma relação positiva com o pai? Quantos "eus" existem? Um? Dois? Três?

A resposta provável é que só há um "eu" que reage de maneiras diferentes para diferentes situações, que expressa diferentes aspectos de si mesmo em relação a outras pessoas, ou que – em resposta a novas ideias e experiências, ou mudanças em circunstâncias e condições – desenvolveu um conjunto diferente de atitudes e sentimentos.

Tendo em conta todas essas diferenças, o "eu" poderia realmente ser um?

Da mesma forma, podemos nos perguntar: o "eu" que responde de certa maneira a uma situação – talvez a uma discussão com um colega de trabalho ou membro da família – é o mesmo "eu" que responde de outras maneiras a outras situações, como ler um livro, assistir televisão ou checar os e-mails?

Nossa tendência é dizer: "Bem, todos são partes de mim."

Mas se há "partes", pode haver um?

INDEPENDÊNCIA

Será que o eu existe dentro de um nome?

Gampopa, O ornamento da preciosa liberação,
traduzido por Khenpo Gyaltsen Kongchog Rinpoche

Às vezes, quando estou ensinando, peço às pessoas para fazermos uma espécie de brincadeira, em que escondo todo o corpo atrás do meu manto exterior e deixo apenas o polegar para fora. Então pergunto: "Isto é o Mingyur Rinpoche?"

"Não", a maioria das pessoas responde.

Em seguida, coloco a mão inteira para fora e pergunto: "E isto, isto é o Mingyur Rinpoche?"

Mais uma vez, a maioria diz: "Não!"

Se coloco meu braço para fora e faço a mesma pergunta, a maioria também responderá "Não".

Mas se deixo meu manto cair de volta no lugar para que as pessoas possam ver o meu rosto e meus braços, e faço a mesma pergunta, a resposta nem sempre é tão clara. Algumas pessoas dizem: "Bem, agora que podemos ver tudo de você, isto é o Mingyur Rinpoche."

Porém, esse "tudo" é feito de muitas partes diferentes: polegar, mãos, braços, cabeça, pernas, coração, pulmões etc. E essas partes são feitas de partes menores: pele, ossos, vasos sanguíneos e as células que os constituem; átomos que formam as células; e partículas que formam os átomos. Outros fatores como a cultura em que fui criado, o treinamento que recebi, minhas experiências em retiro e as conversas que tive com pessoas ao redor do mundo ao longo dos últimos doze anos, poderiam também ser consideradas "partes" do "Mingyur Rinpoche".

O lugar onde alguém está sentado na sala em que estou palestrando também pode condicionar a maneira como "Mingyur Rinpoche" aparece. As pessoas que estiverem sentadas à esquerda ou à direita só podem ver um lado dele; as pessoas que estiverem diretamente à sua frente podem ver todo o seu corpo; e as pessoas que estiverem na parte de trás da sala podem ver uma imagem borrada. Da mesma forma, alguém passando pela rua pode ver "Mingyur Rinpoche" como "outro daqueles caras carecas e sorridentes, vestindo uma túnica vermelha". As pessoas que vêm pela primeira vez a um ensinamento budista podem ver "Mingyur Rinpoche" como "um cara careca, sorridente, vestindo uma túnica vermelha, que tem algumas ideias interessantes e um par de boas piadas". Estudantes de longa data podem ver "Mingyur Rinpoche" como um lama reencarnado, um guia do espiritual e um conselheiro pessoal.

Assim, embora "Mingyur Rinpoche" possa parecer uma pessoa independente, essa aparência é composta por diversas partes e condicionada por uma variedade de circunstâncias. Tal como a permanência e a singularidade, a independência é um conceito relativo: uma maneira de definir nós mesmos, outras pessoas, lugares, objetos – até mesmo pensamentos e emoções – como "coisas em si mesmas" autônomas e autoexistentes.

Entretanto, podemos ver a partir de nossa própria experiência que a independência é uma ilusão. Poderíamos dizer, por exemplo, que nós somos o nosso polegar? Nosso braço? Nosso cabelo? Nós somos a dor que estamos sentindo agora em algum lugar do corpo, a doença pela qual estamos passando? Será que somos a pessoa que alguém vê andando pela rua, ou a pessoa sentada do outro lado da mesa de jantar?

Da mesma forma, se examinarmos as pessoas, os lugares e os objetos à nossa volta, poderemos reconhecer que nenhum deles é inerentemente independente, mas feitos de várias partes, causas e condições diferentes e inter-relacionadas. Uma cadeira, por exemplo, tem que ter pelo menos pernas e um tipo de base para servir de assento, e outra para as costas onde podemos nos reclinar. Ser retirarmos as pernas, o assento ou o encosto não seria uma cadeira, mas um pedaço qualquer de madeira ou metal, não importa qual seja o material de que as partes são feitas. E esse material, como as partes do nosso corpo, é constituído de moléculas, átomos, partículas subatômicas que compõem os átomos e, em última análise – da perspectiva dos físicos modernos –, de energia que compõe as partículas subatômicas.

Todas essas partes menores também tiveram que juntar-se sob certas circunstâncias para prover o material básico que seria usado para construir uma cadeira. Além disso, alguém – provavelmente, mais do que uma pessoa – teve de estar envolvido na criação das diferentes partes da cadeira. Por exemplo, alguém teve que cortar uma árvore para extrair a madeira, ou reunir as matérias-primas para criar o vidro, o metal, o tecido que cobre a cadeira e o estofamento que vai dentro do tecido. Alguém teve de moldar todos esses materiais, e outros ainda se envolveram para montar a peça, atribuir um preço, transportar a cadeira acabada para uma loja e colocá-la em exposição. Em seguida, alguém teve que comprá-la e levá-la para casa ou escritório.

Assim, mesmo um objeto simples como uma cadeira não é uma "coisa em si mesma", inerentemente existente; ao contrário, ela emerge da combinação de causas e condições – um princípio conhecido em termos budistas como *interdependência*. Até mesmo pensamentos, sentimentos e sensações não são coisas em si mesmas, mas ocorrem por meio de uma variedade de causas e condições. Raiva ou frustração podem ser determinadas por uma noite sem dormir, uma discussão ou uma pressão para cumprir um prazo. Conheci várias pessoas que foram física ou emocionalmente abusadas por seus pais ou outros adultos. "Sou um perdedor", elas às vezes dizem. "Nunca vou ser capaz de encontrar um bom emprego ou um relacionamento duradouro. Acordo suando frio algumas noites, e alguns dias, quando vejo o meu gerente se aproximando, meu coração bate tão forte que penso que ele vai perfurar meu peito."

No entanto, assim como a impermanência tem suas vantagens – oferecendo a possibilidade de mudança de emprego ou recuperação de uma doença –, a interdependência também pode trabalhar a nosso favor. Minha aluna canadense, seguindo o conselho de um amigo, começou a frequentar um grupo de apoio para adultos que tinham sido abusados quando crianças. Ao longo de vários meses discutindo suas próprias experiências, e escutando outras pessoas descreverem as delas, a vergonha e a insegurança que a tinham assombrado em grande parte da sua vida começaram a enfraquecer, e depois desapareceram. "Durante anos, era como se tivesse escutando a mesma música repetidas vezes", ela mais tarde explicou. "Agora eu posso ouvir todo o CD."

Ela nem sequer tinha estudado budismo durante esse período. Mas com a ajuda de seus novos amigos, ela descobriu esse insight central para os ensinamentos do Buda.

VACUIDADE

> *Não há nada que possa ser descrito como existente ou não existente.*
>
> III Karmapa, *Mahamudra: Boundless Joy e Freedom*,
> traduzido por Maria Montenegro

Durante ensinamentos públicos e entrevistas privadas, alguém inevitavelmente faz uma grande pergunta. Embora as palavras e fraseados variem de pessoa para pessoa, a essência é a mesma. "Se tudo é relativo, impermanente e interdependente, se não se pode dizer que uma coisa é definitivamente isso ou aquilo, isso significa que eu não sou real? Você não é real? Meus sentimentos não são reais? Esta sala não é real?"

Quatro respostas possíveis emergem simultaneamente e são igualmente verdadeiras e falsas.

Sim.

Não.

Sim e não.

Nem sim nem não.

Você está confuso? Ótimo! A confusão é um grande avanço: um sinal de que estamos eliminando nosso apego a um ponto de vista específico e adentrando em uma dimensão mais ampla da experiência.

Embora as caixas em que organizamos a nossa experiência – "eu", "minha", "outro", "sujeito", "objeto", "agradável" e "dolorosa" – sejam invenções da mente, nós ainda vivenciamos uma "condição de eu", uma "condição de outro", "dor", "prazer", e assim por diante. Vemos cadeiras, mesas, carros e computadores. Sentimos as alegrias e os sobressaltos da mudança. Ficamos com raiva; ficamos tristes. Procuramos a felicidade em pessoas, lugares e coisas, e tentamos o nosso melhor para nos proteger de situações que nos causam dor.

Seria absurdo negar essas experiências. Ao mesmo tempo, se começarmos a examiná-las de perto, não podemos apontar para alguma coisa e dizer "Sim! Isto é definitivamente permanente! Isto é singular! Isto é independente!".

Se continuarmos decompondo nossas experiências em partes cada vez menores, investigando suas relações em busca de causas e condições que são subjacentes a outras causas e condições, finalmente, chegaremos àquilo que algumas pessoas chamariam de "beco sem saída".

Porém, não se trata de um beco e, certamente, não é sem saída.

É o nosso primeiro vislumbre de *vacuidade*, a base a partir da qual todas as experiências emergem.

Vacuidade, o tema principal do Segundo Giro da Roda do Dharma, é provavelmente um dos os termos mais confusos na filosofia budista. Mesmo estudantes de budismo de longa data têm dificuldade em entendê-lo. Talvez tenha sido por isso que o Buda esperou dezesseis anos para começar a falar sobre ele, depois de ter girado a Primeira Roda do Dharma.

Na verdade, se conseguirmos ultrapassar os preconceitos iniciais acerca do significado, esse termo é bem simples.

Vacuidade é uma tradução rudimentar do termo sânscrito *sunyata* e do termo tibetano *tongpa-nyi*. A palavra sânscrita *sunya* significa "zero". A palavra tibetana *tongpa* significa "vazio"; não há nada lá. A sílaba sânscrita *ta* e a sílaba tibetana *nyi* não têm significado próprio. Quando adicionadas a um adjetivo ou substantivo, comunicam um sentido de possibilidade ou uma característica de abertura. Então, quando os budistas falam em vacuidade, não querem dizer "zero", mas uma "qualidade de zero": não uma coisa em si, mas sim um pano de fundo, um "espaço" infinitamente aberto que permite a qualquer coisa aparecer, mudar, desaparecer e reaparecer.

Isso é uma notícia muito boa.

Se tudo fosse permanente, singular, ou independente, nada mudaria. Ficaríamos presos a ser como somos, para sempre. Não poderíamos crescer e não poderíamos aprender. Ninguém e nada poderia nos afetar. Não haveria nenhuma relação entre causa e efeito. Poderíamos apertar um interruptor de luz e nada aconteceria. Poderíamos mergulhar um saco de chá em um copo de água quente um milhão de vezes, mas a água não afetaria o chá e o chá não afetaria a água.

Mas esse não é o caso, não é? Se apertarmos um interruptor, a lâmpada acende. Se mergulharmos um saco de chá em uma xícara de água quente por alguns instantes, prepararemos uma deliciosa xícara de chá. Então, para retornar às perguntas de se somos reais, se os nossos pensamentos e sentimentos são reais e se a sala em que presentemente me encontro é real, podemos responder "sim" no sentido de que nós vivenciamos esses fenômenos, e "não" no sentido de que se olharmos para além dessas experiências, não podemos encontrar qualquer coisa que possa ser identificada como inerentemente existente. Pensamentos, sentimentos, cadeiras, pimentas, pessoas na fila do supermercado – até mesmo o próprio supermercado – podem ser definidos em comparação a algo ou a alguém. Eles aparecem na nossa experiência por meio da combinação de muitas causas e condições diferentes. Estão sempre em fluxo, mudando constantemente enquanto "colidem" com outras causas e condições, que colidem com outras causas e condições, e assim por diante, indefinidamente.

Então, por um lado, não podemos de fato dizer que qualquer coisa que vivenciamos existe inerentemente. Essa é uma maneira de olhar para a vacuidade. Por outro lado, podemos dizer que, uma vez que tudo da nossa experiência emerge por meio da colisão temporária de causas e condições, não há nada que *não* seja vazio.

Em outras palavras, a natureza básica, ou a *realidade absoluta* de toda experiência, é vacuidade. "Absoluto", no entanto, não implica em algo sólido ou permanente. Vacuidade é, em si própria, "vazia" de qualquer característica definível: não zero, mas não nada. Você poderia dizer que vacuidade é um potencial aberto para todo e qualquer tipo de experiência aparecer ou desaparecer – tal como uma bola de cristal é capaz de refletir todos os tipos de cores porque, em si mesma, não tem nenhuma cor.

Agora, o que isso quer dizer quanto "àquele que vivencia"?

SER E VER

Ser absolutamente nada é ser tudo.

James W. Douglas, *Resistance and Contemplation: The Way to Liberation*

Não seríamos capazes de vivenciar todas as maravilhas e terrores dos fenômenos se não tivéssemos a capacidade de percebê-los. Todos os pensamentos, sentimentos e outros eventos que encontramos na vida diária decorrem de uma capacidade fundamental de vivenciar qualquer coisa. As qualidades da natureza búdica, tais como sabedoria, capacidade, bondade e compaixão, foram descritas pelo Buda e pelos mestres que o seguiram como "vastas", "ilimitadas" e "infinitas". Estão além de quaisquer conceitos, porém, carregadas de possibilidades. Em outras palavras, a própria base da natureza búdica é vacuidade.

Mas não é uma vacuidade tipo zumbi. *Clareza*, ou o que poderíamos chamar de uma consciência fundamental que nos permite reconhecer e distinguir os fenômenos, é também uma característica básica da natureza búdica, inseparável da vacuidade. Quando pensamentos, sentimentos, sensações, entre outros, emergem, tornamo-nos conscientes deles. A experiência e aquele que a vivencia são a mesma coisa. "Eu" e a "minha" experiência ocorrem simultaneamente, assim como "outro" e consciência do "outro", ou "carro" e a consciência do "carro".

Alguns psicólogos referem-se a isso como uma "perspectiva inocente", uma consciência bruta desencadeada por expectativas ou julgamentos que podem emergir espontaneamente nos primeiros instantes em que visitamos algum lugar imenso, como o Parque

Nacional de Yosemite, o Himalaia ou o Palácio de Potala, no Tibete. O panorama é tão amplo que não fazemos distinção entre "eu" e "o que eu vejo". Há apenas o ver.

No entanto, muitas vezes há um entendimento errôneo de que a fim de atingir essa perspectiva inocente temos que, de alguma maneira, eliminar, suprimir ou nos separar da percepção relativa e das esperanças, medos e outros fatores que a sustentam. Essa é uma má-interpretação dos ensinamentos do Buda. A percepção relativa é uma expressão da natureza búdica, exatamente como a realidade relativa é uma expressão da realidade absoluta. Nossos pensamentos, emoções e sensações são como ondas subindo e descendo em um oceano infindável de infinitas possibilidades. O problema é que nós nos acostumamos a ver apenas as ondas e as confundimos com o oceano. Cada vez que olhamos para as ondas, porém, nós nos tornamos um pouco mais conscientes do oceano; e à medida que isso acontece, o nosso foco começa a mudar. Começamos a nos identificar com o oceano em vez de nos identificarmos com as ondas, observando-as subir e descer sem que afetem a natureza do próprio oceano.

Mas isso só pode acontecer se começarmos a olhar.

AVANÇANDO

Esforce-se repetidas vezes em ver através.

IX Karmapa, *Mahamudra: The Ocean of Definitive Meaning*, traduzido por Elizabeth M. Callahan

O Buda foi muito hábil em apresentar seu "plano de tratamento" para *dukkha*. Embora nunca tivesse discutido explicitamente a vacuidade ou a natureza búdica em seus ensinamentos sobre as Quatro Nobres Verdades, o Buda entendeu que cultivar uma compreensão da questão básica do sofrimento e suas causas – às vezes interpretada como *sabedoria relativa*

– acabaria por nos levar à *sabedoria absoluta*: um insight profundo sobre a base, não só da experiência, mas também daquele que vivencia.

Sabedoria relativa, reconhecer crenças e comportamentos limitados e limitantes, é apenas parte do caminho da cessação: o que você poderia chamar de "estágio de preparação". A fim de realmente romper com as nossas limitações autoimpostas, precisamos dedicar um pouco de tempo para observar nossos hábitos mentais e emocionais, fazer amizade com eles e talvez descobrir dentro das nossas experiências mais desafiadoras a poderosa companhia de guarda-costas.

Os exercícios dos capítulos anteriores nos ofereceram um sabor dos benefícios que podemos obter por meio do exame dos nossos pensamentos, sentimentos e situações. A Parte Dois leva esse processo mais a fundo, apresentando em detalhes três "ferramentas" transformadoras através das quais podemos abraçar os desafios e as mudanças da nossa vida e descobrir as sementes da coragem, sabedoria e alegria que se encontram dentro de nós, aguardando para florescer.

Parte Dois: Experiência

É para orientar bem os alunos que
Ensinei diferentes métodos.

Laṅkāvatārasūtra
traduzido por Maria Montenegro

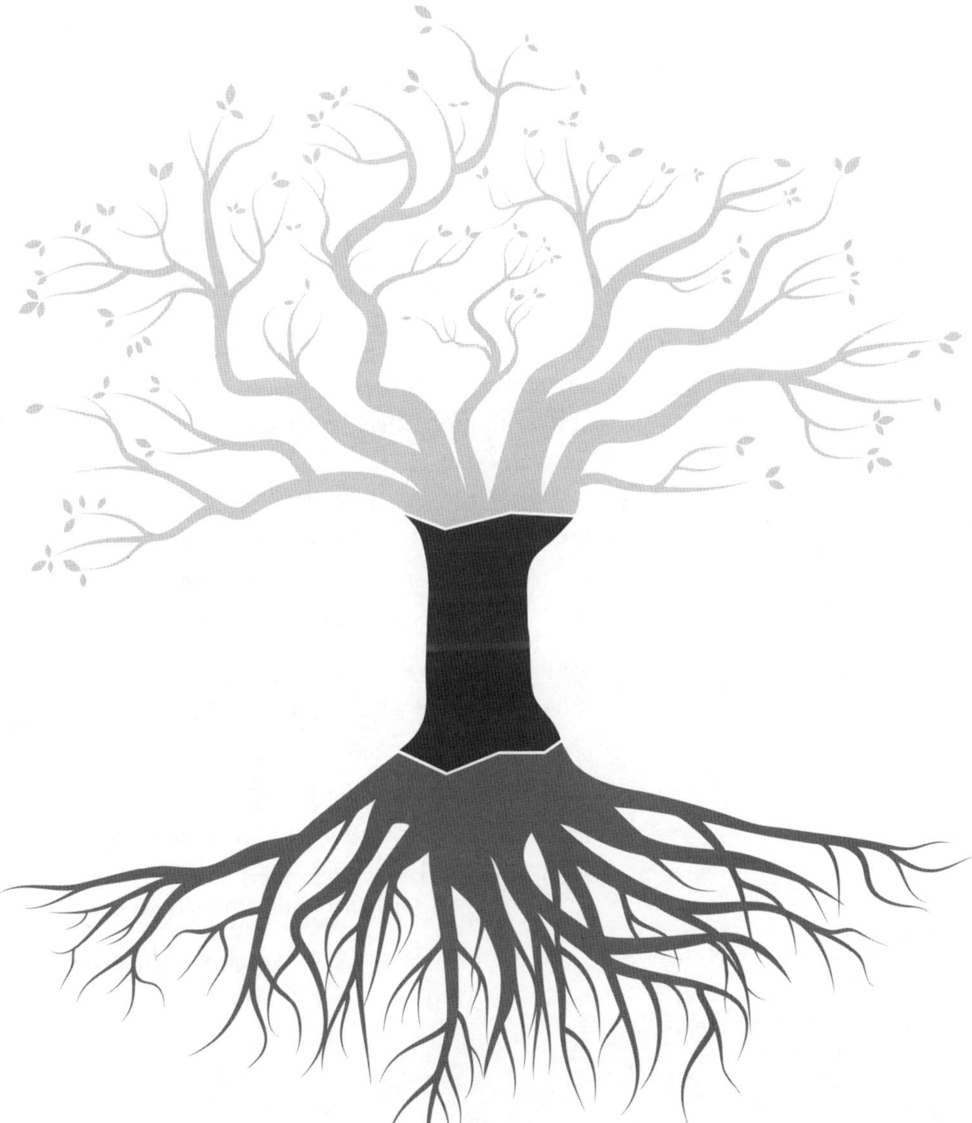

6. Ferramentas de Transformação

*Estamos na condição de alguém que possui um lindo carro,
mas não sabe dirigir.*

Bokar Rinpoche, *Meditation: Advice to Beginners*, traduzido por Christiane Buchet

Há um velho ditado budista que diz: "Para voar, um pássaro precisa de duas asas." Uma dessas "asas" é um entendimento, por exemplo, dos princípios do sofrimento, da natureza búdica, da vacuidade – que chamamos de sabedoria relativa, reconhecer como as coisas são através da análise da experiência. Mas a sabedoria relativa por si só é apenas o início do caminho de transformação. Ela precisa ser aplicada a fim de fazer parte da nossa própria vida.

A aplicação, também conhecida como "método", é a outra asa do pássaro: o meio ou

o processo através do qual a sabedoria relativa se transforma em uma experiência real de liberdade, além de sujeito e objeto, eu e outro, positivo e negativo.

Podemos esclarecer um pouco mais a importância de combinar sabedoria e método com o relato da história de Ananda, primo do Buda, que foi seu assistente pessoal mais próximo. Ananda fazia o seu melhor para assegurar o conforto do Buda, criando as condições para que, onde quer que fosse, ele tivesse comida, um bom lugar para dormir e proteção contra o calor, o vento, o frio e a chuva. Ananda também tinha uma ótima memória e era capaz de recitar os ensinamentos do Buda palavra por palavra. "Quando você der qualquer ensinamento", ele pediu a seu primo, "eu quero estar presente." E o Buda concordou com prazer.

Porém, havia apenas um pequeno problema. Ananda era capaz de repetir os ensinamentos do Buda, mas não dedicava muito tempo a praticá-los.

Outro companheiro, Mahākāśyapa, não apenas ouviu, mas também colocou em prática o que aprendeu, e alcançou o mesmo estado de liberdade e clareza que o Buda havia alcançado. Quando estava para morrer, o Buda nomeou Mahākāśyapa o principal detentor da linhagem – isto é, a pessoa que poderia transmitir às outras não só os *ensinamentos*, mas a verdadeira *experiência* da liberdade.

"Depois de você", disse o Buda, "Ananda poderá ser o detentor principal da linhagem."

Mahākāśyapa aceitou o encargo, mas começou a refletir: "Como posso ajudar Ananda, uma vez que ele pratica muito pouco?"

Depois de considerar o problema, desenvolveu um plano bastante engenhoso. Após a morte do Buda, Mahākāśyapa – para usar termos modernos – "demitiu" Ananda, dizendo: "Por favor, deixe esta área, pois quando o Buda estava vivo você não o tratou com o devido respeito e cometeu uma porção de erros."

Ananda, é claro, ficou muito chateado. "Quando o Buda estava vivo, eu era o mais importante; agora, Mahākāśyapa me repudia."

Ele foi embora para outra região da Índia, onde muitas pessoas tinham ouvido o Buda e desejavam receber mais ensinamentos. Ananda ensinou e seus alunos puseram os ensinamentos em prática. Muitos alcançaram a liberdade mental que o Buda havia alcançado – a consciência plena, direta e aberta da experiência, que não muda a natureza daquele que a vivencia. Mas Ananda ainda não se esforçava para praticar mais profundamente.

Conforme a história relata, durante a meditação, um de seus alunos foi capaz de ver a mente de Ananda e percebeu que ele ainda não tinha alcançado a Iluminação. O aluno disse-lhe: "Por favor, mestre, medite! Você ainda não é livre."

Ananda ficou muito perturbado e pensou: "Até meus alunos já foram além de mim!"

Sentou-se então sob uma árvore e começou a praticar o que lhe tinha sido ensinado, e finalmente alcançou a liberdade e a alegria que a acompanha. Depois de obter o despertar, Ananda entendeu por que Mahākāśyapa o tinha "demitido". Não muito tempo depois, voltou para revê-lo, e o companheiro realizou uma grande cerimônia para celebrar o despertar de Ananda, reconhecendo-o oficialmente como o segundo detentor principal da linhagem de ensinamentos do Buda.

TRÊS ESTÁGIOS DE PRÁTICA

Nossa mente... está repleta de confusão e dúvida.

Sogyal Rinpoche, O livro tibetano do viver e morrer,
Editora Palas Athenas

Segundo a maioria dos textos budistas clássicos, a realização deste tipo de liberdade envolve três etapas: audição, contemplação e meditação.

As duas primeiras fases não são muito diferentes dos princípios dos sistemas educacionais modernos. "Ouvir" essencialmente significa ser apresentado a novos fatos ou ideias, seja pela exposição oral de um professor ou pela leitura de um livro. Durante minhas viagens, conheci muitos professores que disseram que esta fase da prática corresponde ao estágio elementar da aprendizagem, em que os alunos são introduzidos a princípios básicos: por exemplo, tabelas de multiplicação, normas gramaticais, ou regras de direção.

"Contemplação", o segundo estágio da prática, pode parecer misterioso, mas, em essência, envolve pensar profundamente sobre as lições aprendidas através da leitura e dos ensinamentos orais, questionando se o que ouvimos dizer, ou lemos, é ou não um meio válido de entendimento e de resposta aos eventos da vida. Provavelmente não é preciso muita contemplação para reconhecer que nove vezes nove é igual a 81, ou que um sinal na esquina de uma rua com as letras "P", "A", "R", "E" em um fundo vermelho realmente significa que você deve pisar no freio e esperar para ver se há algum pedestre cruzando a rua, ou carros se aproximando. Mas, quando se trata de questões mais amplas, tal como considerar a possibilidade do quanto nossa vida é profundamente permeada e condicionada pelo desconforto, ou *dukkha*, aí é necessário um pouco mais de esforço.

A contemplação de tais questões maiores pode começar com uma simples pergunta: "Estou contente, neste instante, em minha própria pele? Estou confortável nesta cadeira, com estas luzes sobre mim e com esses sons à minha volta?" Isso não requer uma grande análise; não há necessidade de fazer uma análise muito aprofundada. É um processo de verificação do seu sentimento de estar vivo, neste exato instante, aqui e agora.

A seguir, você poderá continuar indagando sobre os pensamentos e as emoções que, de vez em quando, ou talvez com frequência, passam pela sua consciência. Você às vezes sente calafrios de arrependimento a respeito de decisões que tomou no passado? Nesse momento da sua vida, você nutre sentimentos de raiva ou ressentimento em relação às pessoas, ou mesmo em relação às suas obrigações pessoais e profissionais?

Tal pergunta não implica em qualquer tipo de avaliação moral ou ética. São simplesmente pontos de partida para contemplar se sentimos ou não desconforto no plano intelectual, emocional ou físico: se a nossa própria experiência corresponde ou não às ideias básicas das Quatro Nobres Verdades. "Estou desconfortável? Estou insatisfeito? Gostaria de aproveitar mais da vida?" As palavras com as quais formulamos tais perguntas não são tão importantes. Na verdade, estamos olhando para aquilo que meus professores chamam de "essência imediata" ou o frescor essencial da experiência pessoal.

"Meditação", o terceiro estágio da prática, nos pede para começar simplesmente a observar nossa experiência física, intelectual e emocional, sem julgamento. Observação sem julgamento é a base da meditação, pelo menos em termos da tradição budista. Muitas culturas, é claro, desenvolveram suas próprias formas de prática de meditação, cada uma especificamente adequada ao ambiente cultural da qual emergiram. Como meu treinamento foi fundamentado nas práticas desenvolvidas na tradição budista, não posso falar dos detalhes das práticas que se desenvolveram em outras tradições e culturas.

Há uma variedade de práticas dentro da tradição budista que foram introduzidas pelo Buda, e depois desenvolvidas e aperfeiçoadas ao longo dos séculos por grandes mestres nos países onde o budismo se espalhou. No entanto, a base dessas práticas é a observação da experiência, sem julgamentos. Apenas olhar para um pensamento do tipo, "Eu fiz isso e aquilo há vinte anos; que tolice me arrepender disso, eu era apenas um garoto naquela época!", isso é meditação. É um exercício de simplesmente observar os pensamentos, emoções e sensações à medida que surgem e desaparecem na nossa experiência.

E a meditação *é* um exercício.

Alguns anos atrás, um ocidental foi a Sherab Ling, onde Sua Eminência Tai Situ Rinpoche – chefe do monastério e um dos professores mais influentes do budismo tibetano – estava ensinando sobre meditação e vacuidade. Talvez o homem estivesse dormindo durante os ensinamentos acerca da meditação, ou talvez sua mente estivesse à deriva, mas quando Tai Situ Rinpoche começou a ensinar sobre a vacuidade, de repente, isso chamou a sua atenção. E ele pensou: "Eu preciso me livrar do *eu*. Se eu me livrar do *eu*, poderei perceber o vazio. Estarei livre. Não terei mais problemas, nem mais sofrimento. Então, vou parar de dizer *eu*."

Quando contou a Tai Situ Rinpoche sobre a sua solução, Rinpoche disse que não havia nenhum benefício nisso. O "eu" não era o problema. Para reconhecer a vacuidade, precisamos olhar para as raízes do "eu" – ignorância, desejo, e assim por diante.

Mas o homem não ouviu. Ele realmente acreditava que pegar esse atalho iria funcionar muito mais rápida e eficazmente do que qualquer um dos métodos clássicos ensinados pelo Buda.

Assim, ele apenas parou de dizer "eu". Em vez de dizer "Eu vou para a cama", ele dizia "Indo para a cama". Se estivesse indo para a cidade vizinha de Beijnath, dizia "Indo para Beijnath". Depois de um ano fazendo isso, ele ficou louco. Ele não teve a experiência da vacuidade. Não eliminou as causas do sofrimento. Ele simplesmente fingiu não existir.

Não sei o que aconteceu com ele depois que deixou Sherab Ling, mas é claro que seu atalho não funcionou muito bem. Na verdade, isso reflete uma interpretação errônea, muito comum dos ensinamentos budistas, de que a fim de encontrar a liberdade, temos de nos livrar daquilo que muitas vezes chamamos atualmente de "ego".

Conforme aprendi há pouco tempo, o ego é uma espécie de tradução errônea do que Sigmund Freud originalmente chamou de aspecto consciente da mente. É um conjunto de funções, incluindo tomada de decisão, planejamento e análise de informações, que operam em conjunto para alcançar um equilíbrio entre as tendências instintivas de desejo e aversão, memórias, ideias e hábitos impressos em nós quando crianças, e as condições e eventos que ocorrem em nosso ambiente. Em seus escritos originais, Freud se referiu a esse conjunto de funções como o "Eu", um sentido coerente de *eu* que emerge desse delicado ato de equilíbrio. A palavra "ego" foi mais tarde substituída na tradução, a fim de tornar suas ideias mais aceitáveis para comunidade científica de meados do século XX.[3]

Ao longo dos anos, o ego e seus termos correlatos têm adquirido um caráter um tanto negativo. "Essa pessoa é tão egoísta", as pessoas exclamam. Ou talvez, "Sinto muito, eu estava apenas sendo egoísta". Essa conotação um tanto negativa do ego tem invadido muitos textos e traduções de ensinamentos budistas.

Em termos de filosofia budista, no entanto, não há nada de intrinsecamente errado ou negativo associado a vivenciar ou utilizar a noção de "eu" ou ego. O ego é simplesmente um conjunto de funções desenvolvidas para nos ajudar a navegar no plano da realidade relativa. Podemos igualmente nos condenar por ter uma mão ou um pé. As dificuldades surgem quando nos apegamos ao ego como o *único* meio através do qual nos relacionamos com a nossa experiência – uma situação embaraçosa comparável a se relacionar com a experiência só em termos de mãos ou pés. A maioria de nós provavelmente concordaria que não somos nossas mãos nem nossos pés; ainda assim não cortaríamos as mãos ou os pés, porque eles não são a soma total de quem somos e do que podemos vivenciar.

Da mesma forma, embora ego, "eu" ou "a noção de eu" possam persistir, em um nível pouco mais sutil não há necessidade de cortá-los

---

[3] Bruno Bettelheim. *Freud and a Man's Soul.* New York: Alfred A. Knopf, Inc., 1982.

ou eliminá-los. Em vez disso, podemos encará-los como uma ferramenta – ou, talvez, uma coleção de ferramentas – por meio da qual nos relacionamos com a experiência.

É claro que não podemos acordar um dia e dizer: "Hoje eu vou olhar para a maneira com que tenho entendido toda a minha vida como sendo apenas um arranjo temporário de possibilidades interdependentes." A sabedoria tem de ser aplicada a fim de tornar-se parte da vida de uma pessoa.

A maioria de nós é capaz de admitir que sente um certo desconforto, e que a nossa experiência é, em certa medida, condicionada por nossa mente. Mas tendemos a ficar um pouco presos a esse ponto – tentando mudar nossa mente ou deixando os nossos pensamentos, emoções e compulsões simplesmente assumirem o controle.

Uma terceira alternativa – os meios ou método propostos pelo Buda – é olhar para os vários pensamentos e emoções como sendo expressões múltiplas do potencial infinito da própria mente. Em outras palavras, usar a mente para olhar para a mente. Essa é uma definição básica daquilo que na tradição budista é comumente chamado de "meditação". Como já dissemos, meditação é *gom* em tibetano e significa "familiarizar-se com". Com a meditação, começamos a nos familiarizar com a mente.

No entanto, a mente está tão intimamente relacionada à forma com que nos relacionamos com nós mesmos e o mundo à nossa volta que, no início, é difícil ver. Como um dos meus professores disse, olhar para a mente é como tentar ver o nosso próprio rosto sem um espelho. Sabemos que temos um rosto e podemos ter alguma ideia de como ele é, mas essa ideia é um pouco difusa. Suas peculiaridades são obscurecidas por camadas de impressões que estão constantemente mudando, dependendo das nossas atitudes, emoções e outras condições que afetam a ideia que temos do nosso rosto.

Da mesma forma, sabemos que temos uma mente, mas suas características são obscurecidas por sobreposições de pensamentos, sentimentos e sensações; pensamentos e sentimentos *sobre* nossos pensamentos, sentimentos e sensações; pensamentos, sentimentos e sensações *sobre* os pensamentos que temos acerca dos nossos pensamentos, sentimentos, e assim por diante. Eles acumulam-se uns sobre os outros, como carros engavetados em um acidente na estrada. "Tenho que ouvir este ensinamento sobre a vacuidade. Não estou ouvindo com muita atenção. Nunca vou aprender. Todo mundo parece estar ouvindo e entendendo. Por que eu não consigo? Bem, talvez porque minhas costas doem. Também, eu não dormi muito bem na noite passada. Mas isso não deveria importar, deveria? Afinal, minha mente é vacuidade. Essa dor nas costas é vacuidade. Eu não entendo. Para mim, ela não parece vacuidade." E no meio de tudo isso, pode surgir algo totalmente não relacionado ao tema: "Onde eu deixei meu celular"; ou talvez uma memória, "Que tolice eu disse a tal pessoa dez anos atrás, não posso acreditar que disse aquilo"; ou até um desejo, "Adoraria um pedaço de chocolate agora."

A mente está sempre ativa, identificando, avaliando, reidentificando de acordo com as suas avaliações, e reavaliando com base nas novas ou aperfeiçoadas discriminações. Na maioria das vezes, deixamo-nos levar por toda essa atividade. Parece tão normal e natural, quanto olhar pela janela para ver o trânsito de uma rua movimentada. Mesmo que a rua não tenha muito movimento, ainda tendemos a olhar pela janela para verificar o tempo: está nevando? Chovendo? O céu está nublado ou claro? Podemos até ir de janela em janela, olhar o nosso jardim, o quintal, a calçada de um lado e a casa do nosso vizinho do outro.

Presos ao hábito de olhar pela janela e definir a experiência em termos daquilo que vemos através dela, não reconhecemos que a janela em si é o que nos permite ver. Voltar a mente para olhar para a mente é como olhar para a janela, em vez de concentrar-se exclusivamente na paisagem. Ao fazê-lo, começamos a reconhecer, muito gradualmente, que a janela e o que vemos através dela ocorrem ao mesmo tempo. Se, por exemplo, olhamos pela janela em certa direção, vamos ver o tráfego, nuvens, chuva e outras coisas de uma determinada maneira. Se olharmos em uma direção diferente, veremos as coisas um pouco diferentes: as nuvens podem parecer mais próximas ou mais escuras, enquanto os carros e as pessoas podem parecer maiores ou menores.

Se dermos um passo atrás, porém, e olharmos a janela inteira, começaremos a reconhecer essas perspectivas limitadas ou direcionais, como aspectos diferentes de um panorama muito mais vasto. Existe um reino ilimitado de pensamentos, emoções e sensações transitórios e visíveis passando pela nossa janela; sem afetar, contudo, a própria janela.

Há 2.500 anos, o Buda introduziu uma série de práticas destinadas a ajudar-nos a dar um passo atrás e observar a mente. Nas páginas seguintes, vamos olhar para três dessas práticas mais básicas, que podem ser feitas a qualquer hora, em qualquer lugar e por qualquer pessoa – independentemente se você se considera um budista ou não. Antes de fazê-las, no entanto, é bom examinar algumas orientações básicas.

DOMANDO O CAVALO

Para a mente se aquietar, o corpo deve ser disciplinado.

IX Karmapa, *Mahamudra: The Ocean of Definitive Meaning*, traduzido por Elizabeth M. Callahan

Na minha infância eu gostava de espiar meu pai e seus alunos, em especial quando eles estavam meditando. Um profundo sentimento de paz e estabilidade inundava o minúsculo quarto de vigas de madeira onde ele ensinava, sem importar quantas pessoas estivessem nele (e, muitas vezes, ficava muito lotado). Observei que a maioria das pessoas sentava-se de uma determinada maneira: as pernas cruzadas, as mãos descansando sobre o colo ou os joelhos, as costas retas, os olhos semicerrados e a boca ligeiramente aberta. Quando eu fugia para as cavernas nas montanhas e fingia meditar, eu tentava imitar essa postura, mesmo sem entender por que era necessário se sentar de uma forma ou de outra.

No entanto, quando comecei a receber instruções formais, fui introduzido a uma analogia transmitida por gerações de professores e estudantes budistas tibetanos, que compara a prática da meditação com a relação entre um cavalo e o cavaleiro. O "cavaleiro" é a mente, e o "cavalo" é o corpo. Embora um cavaleiro tranquilo possa acalmar um cavalo rebelde, um cavalo estável também pode acalmar um cavaleiro agitado.

Quando começamos a meditar, a mente é como um cavaleiro inquieto: às vezes, agitado, pulando entre pensamentos, emoções e sensações. Às vezes, a mente fica tão pressionada por todo esse alvoroço que se torna desanimada, sem foco ou exausta. Por isso é importante, sobretudo no início, acomodarmo-nos por assim dizer em um cavalo estável: criar uma postura física que seja ao mesmo tempo relaxada e alerta. Se for muito relaxada, o "cavalo" pode parar – interessado talvez em mordiscar a grama. Se for muito alerta, o "cavalo" pode se agitar com o ambiente, o humor ou o temperamento do cavaleiro. Temos de encontrar um equilíbrio físico: nem muito relaxado (ou "solto", como é muitas vezes descrito nos textos budistas), nem muito alerta, ou muito "apertado". Precisamos domar o cavalo antes que possamos começar a cavalgá-lo.

Há um método formal de domesticação e uma maneira informal. O método formal é descrito em termos de sete "pontos" ou posições físicas. Ao longo dos séculos, esses se tornaram conhecidos como a postura de sete pontos de *Vairochana* – um termo sânscrito que pode ser traduzido por "iluminador" ou "sol", um aspecto da nossa capacidade de "iluminar" em termos da experiência, e não de ideias ou conceitos.

O primeiro "ponto" envolve o estabelecimento de uma base firme, ou âncora, que nos conecta com o ambiente em que estamos praticando, proporcionando uma referência para o resto do nosso corpo. Se possível, cruze as pernas de modo que cada pé repouse sobre a perna oposta. Se não conseguir fazer isso, você pode apenas cruzar um pé em cima da perna oposta e repousar o outro por baixo da outra perna. Se nenhuma dessas posições for fácil, apenas cruze as pernas. E se for difícil sentar de pernas cruzadas no chão ou em uma almofada – mesmo no seu sofá ou cama –, você pode sentar com os dois pés apoiados no chão, ou em uma almofada. Não se preocupe se os seus pés ou pernas não estão posicionados exatamente como os das pessoas da sala. O objetivo é estabelecer uma base física que seja ao mesmo tempo confortável e estável para você, tal como você é, aqui e agora: nem muito rígida, nem muito solta.

O segundo ponto é para descansar as mãos no seu colo, com o dorso de uma das mãos descansando na palma da outra. Não importa qual mão é colocada em cima, e as posições podem ser alternadas a qualquer momento. Se está praticando em um lugar quente e úmido, por exemplo, a palma coberta pode ficar quente e suada depois de um tempo. Se você está praticando em algum lugar frio, a mão de cima pode começar a sentir um pouco de dormência ou formigamento. Também é bom simplesmente colocar as mãos sobre os joelhos, com as palmas voltadas para baixo. Claro, algumas pessoas podem ter braços curtos e pernas compridas, ou braços longos e pernas curtas, o que tornaria difícil repousar as mãos sobre os joelhos em ambos os casos. Algumas pessoas só conseguem descansar as mãos acima dos joelhos, enquanto outras precisam colocá-las abaixo. Onde quer que você descanse as mãos, a ideia é deixá-las *repousar*.

O terceiro ponto é permitir algum espaço entre os braços e a parte superior do corpo, erguendo e afastando um pouco os ombros. Muitos textos budistas clássicos descrevem este ponto como erguer os ombros de modo que "se pareçam com as asas de um abutre" – uma descrição que é muitas vezes entendida erroneamente por elevar os ombros em algum ponto próximo às orelhas. Na verdade, esta seria uma posição tensa e difícil de manter, em especial para pessoas que têm braços largos e musculosos que ficam muito próximos do seu tronco. "Onde tem espaço? Não consigo encontrar espaço! Ai, eu tenho que encontrar algum espaço."

A essência do terceiro ponto é permitir-nos a oportunidade de respirar. Isso pode ser entendido em nível literal como a capacidade de inspirar e expirar, e em um nível figurativo, como a capacidade de absorver e relaxar a experiência. Com frequência, sentamos, levantamos e nos movemos com os ombros caídos ou curvados, colapsando nossos pulmões de forma a não poder fazer uma respiração profunda e completa – e colapsando nossa consciência, de modo a não poder absorver toda a gama de experiência possível ou deixá-la fluir. O gesto de erguer e afastar os ombros é como antecipar uma respiração profunda ou a possibilidade de outras experiências. É uma maneira de dizer, "Olá, respiração! Olá, mundo! Como você está hoje? Oh, agora você se foi. Mas tenho certeza de que vai voltar".

O quarto ponto é manter a coluna o mais reta possível, a expressão física máxima do alerta: "Eu estou aqui! Estou desperto! Estou vivo!" Mas aqui, novamente, é importante encontrar um equilíbrio – não tão rígida a ponto de estar praticamente curvada para trás, mas não tão relaxada a ponto de ficar desengonçada. Conforme os textos clássicos dizem, você quer estar "tão reto quanto uma flecha".

O quinto ponto envolve o pescoço. Ao longo dos anos em que venho ensinando no mundo todo, observei que certos grupos culturais desenvolveram alguns hábitos estranhos em relação a este ponto. Os estudantes asiáticos tendem a curvar o queixo para baixo em direção ao peito, franzidos de tensão, tentando conter tudo dentro de si. Parecem "guerreiros da meditação", recusando-se a deixar qualquer pensamento perturbar sua mente. Os ocidentais, por sua vez, tendem a inclinar o pescoço para trás, apoiando a parte de trás da cabeça praticamente em cima dos ombros, expondo a garganta e um largo sorriso, como se proclamassem ao mundo: "Estou tão calmo e relaxado! Minha experiência é aberta, alegre, tão cheia de bem-aventurança!" Os tibetanos

– eu inclusive – inclinam a cabeça de um lado para o outro, fazendo com que o tronco balance para a esquerda e para a direita e retorne ao centro, aparentemente incapazes de encontrar um alinhamento confortável: "Talvez desse jeito, talvez daquele, eu não sei."

A instrução original nos pede para alongar o pescoço, inclinando o queixo em direção à garganta, um pouco mais do que você normalmente o faria e, ao mesmo tempo, permitindo alguma liberdade de movimento. A sensação poderia ser descrita assim: apenas repouse a cabeça sobre seu pescoço.

O sexto ponto refere-se à boca – todo o aparato de lábios, dentes, língua e mandíbula. Se olharmos de perto, poderemos encontrar uma tendência habitual de manter os nossos lábios, dentes, língua e mandíbula cerrados: *de jeito nenhum vou deixar algo entrar ou sair sem a minha permissão!* Isso não significa que devemos forçar a boca a se abrir, pensando: *assim eu terei paz, agora sentirei abertura.* De qualquer maneira, isso envolve também alguma tensão. Então, deixe que a boca repouse naturalmente, tal como acontece quando estamos a ponto de adormecer: talvez um pouco aberta, talvez totalmente fechada, mas, seja qual for o caso, sem forçar.

O último dos sete pontos envolve os olhos. Para os iniciantes em meditação às vezes é mais fácil encontrar uma sensação de calma e estabilidade se mantiverem os olhos fechados. Isso a princípio é bom. Porém, uma das coisas que aprendi logo no início é que manter os olhos fechados nos faz entrar em um estado tão relaxado que a mente começa a divagar ou a ficar um pouco entediada. Algumas pessoas de fato caem no sono. Então, depois de alguns dias de prática, é melhor manter os olhos abertos, para que você se mantenha alerta e lúcido. Não quer dizer que você deve olhar fixamente para a frente, sem pestanejar. Isso seria o extremo oposto – ficar tenso a ponto de enrijecer com tanta força a coluna, que ela se curvaria para trás. Apenas deixe os olhos abertos como normalmente estariam durante o dia.

Ao mesmo tempo, é melhor manter algum tipo de foco, para que os olhos não fiquem vagando o tempo todo, indo de uma experiência para outra: *Ai, essa pessoa na minha frente está bloqueando minha visão de Mingyur Rinpoche. Quem é a pessoa que entrou pela porta agora? Onde estão essas pessoas que ficam cochichando entre si enquanto deveriam estar meditando? Será a chuva batendo na janela? Lá vem meu gato ou cachorro. Onde será que ele vai? Será que quer comida ou água?*

No entanto, não temos que nos apegar a um foco específico. Às vezes, nosso foco está voltado um pouco mais para baixo, como se olhássemos pela linha do nariz. Às vezes pode estar voltado para a frente. Outras vezes, pode ser até um pouco para cima. A ideia é escolher um foco, uma perspectiva visual constante por meio da qual podemos ver diversas mudanças, sem sermos distraídos por elas.

Há também uma postura que envolve apenas dois pontos, e que pode ser adotada em ocasiões em que seria inadequado (por exemplo, enquanto dirigimos, fazemos o jantar ou compras no supermercado) ou fisicamente impossível adotar a postura mais formal dos sete pontos. Os pontos são simples: mantenha a coluna ereta e os músculos relaxados. Tal como a postura dos sete pontos, a versão dos dois pontos promove um equilíbrio entre o relaxamento e o estado de alerta: nem muito solto, nem muito rígido, mas algo entre esses dois.

Os dois métodos de "domar o cavalo" nos ajudam a contrapor a tendência muito comum de manter a coluna desengonçada a ponto de comprimir os pulmões e os órgãos digestivos, restringindo toda a esfera da nossa capacidade física. Elas também fornecem um ponto de referência físico que pode nos ajudar a trazer a nossa consciência de volta para o momento presente da experiência quando a mente – o "cavaleiro" – fica à deriva, divaga ou fixa-se em um determinado ponto de vista. Posso dizer por experiência própria que tombar o tronco para a frente no meio de uma sessão de meditação é uma boa maneira de nos trazer de volta para o momento presente. Reconhecer a tensão nos meus músculos ou em outras partes do corpo tem sido bastante útil para identificar hábitos mentais e emocionais fundados em medo, desejo e outras manifestações de apego a uma sensação de "eu", que é diferente de tudo o que é "não eu".

Encontrar um equilíbrio físico também ajuda a estabelecer um equilíbrio entre três aspectos da experiência, conhecidos em sânscrito por *prana*, *nadi* e *bindu*, e em tibetano, *lung*, *tsa* e *tigle*. *Prana* ou *lung* referem-se à energia que mantém as coisas em movimento; *nadi* ou *tsa* consistem em canais através dos quais a energia se move; *bindu* ou *tigle* referem-se a "gotas" ou "pontos" de essência vital impulsionados pela energia a fluir pelos canais. No nível do corpo físico, *bindu* ou *tigle* poderiam ser comparados, em termos bem simples, às células sanguíneas. *Nadi* ou *tsa* poderiam ser comparados às artérias, veias e capilares, por onde o sangue flui para os músculos e os vários órgãos. *Prana* ou *lung* poderiam ser comparados à energia que impulsiona o coração a bombear o sangue pela intricada rede de veias, artérias e capilares espalhados pelos nossos músculos e órgãos, e que o faz retornar ao coração. *Prana*, *nadi* e *bindu* trabalham juntos. Se *prana* for inconsistente, então o movimento de *bindu* pelo *nadi* será inconsistente também. Se o *nadi* estiver bloqueado ou entupido, então, *prana* será inibido e o movimento de *bindu* será comprimido. Se *bindu* estiver condicionado – por exemplo, por um influxo de adrenalina –, as células não poderão passar facilmente pelos canais.

Em um nível sutil, *prana*, *nadi* e *bindu* são os vários aspectos da mente: *bindu* é o agregado dos conceitos ("eu", "você", "o que eu gosto", "o que eu não gosto"); *nadi* é o elo entre esses conceitos; e *prana* é a energia que mantém esses conceitos se movendo e fluindo. Existe uma conexão entre as dimensões físicas e sutis de *prana*, *nadi* e *bindu*. Se posicionarmos o corpo de uma maneira que equilibre seus aspectos físicos, abrimo-nos para a possibilidade dos seus aspectos sutis. Em outras palavras, domar o "cavalo" nos oferece a base para domar o "cavaleiro."

DOMANDO O CAVALEIRO

Repouse tal como a suave ondulação do mar.

Jamgon Kongtrul Lodro Taye, *Creation and Completion*, traduzido por Sarah Harding

Os mesmos princípios que estão por trás de encontrarmos uma postura física relaxada e alerta aplicam-se para acharmos equilíbrio na mente: nem muito solta, nem muito rígida. Quando sua mente está naturalmente equilibrada entre o relaxamento e o estado de alerta, o seu potencial emerge de maneira espontânea.

Uma analogia muito simples que costumo usar quando estou ensinando é mostrar três maneiras diferentes de responder à sede quando há um copo de água bem na minha frente.

Primeiro, eu tento me esforçar para alcançar o copo, dizendo: "*Tenho* que pegar o copo, *tenho* que trazê-lo até meus lábios e beber a água, senão vou morrer de sede." Mas minha mão, meu braço e minha *intenção* estão trabalhando tanto nisso que não consigo chegar ao copo, que está bem próximo de mim, e beber a água. E se conseguir pegá-lo, tremo tanto que é mais provável que a água derrame antes de levá-la à boca.

Esse é um exemplo de estar muito rígido: buscar algo com tanta intensidade que o desespero inibe a satisfação.

A seguir, demonstro o oposto, mal conseguindo erguer a mão e dizendo com uma voz cansada: "Eu gostaria de um pouco de água, mas não *sinto vontade* de pegar o copo... ele está muito longe e tenho que fazer muito esforço. Talvez eu beba a água. Talvez hoje à noite. Talvez mais tarde."

Este é o exemplo de estar muito frouxo: não ir em busca de algo porque parece exigir muito trabalho.

Finalmente, demonstro o caminho do meio, dizendo: "Lá está um copo de água. Apenas relaxe a mão, leve-a e em direção a ele, pegue o copo e beba."

Assim como no caso da postura física, o ponto essencial da "postura" mental é encontrar um equilíbrio. Se sua mente estiver muito rígida ou muito focada, você acabará ficando ansioso por querer saber se está sendo um *bom* meditador: *tenho que olhar para minha mente; tenho que ver todo o cenário; se não conseguir, sou um fracasso.* Se sua mente estiver muito frouxa, você ou será levado pelas distrações ou entrará em uma espécie de torpor. *Eu provavelmente deveria meditar, mas leva muito tempo. Sim, sim, ocorre um pensamento, um sentimento, uma sensação, mas por que deveria me importar. Eles vão voltar de novo.*

A abordagem ideal está entre esses dois extremos. *Sim, ocorreu um pensamento; um sentimento; uma sensação. Agora foram embora. Agora retornaram. Ih, foi embora de novo. Agora voltaram outra vez!*

Podemos tratar essas manifestações e desaparecimentos como uma brincadeira, assim como as crianças muitas vezes brincam olhando as nuvens: "O que você vê? Eu vejo um dragão." Outras poderiam dizer: "Eu vejo um cavalo! Eu vejo um pássaro!" E os cínicos do grupo poderiam simplesmente mencionar: "Não vejo nada, apenas uma nuvem."

Especialmente no início, é importante manter a "brincadeira" por pouco tempo – brincar, segundo os textos budistas clássicos, deve tomar apenas o tempo que leva para se engolir um bocado de comida, beber um gole de chá ou dar dois ou três passos em uma sala. É claro que, assim como existem muitos bocados de comida no prato, muitos goles para esvaziar uma xícara de chá, e muitos passos para atravessar uma sala, essas brincadeiras curtas podem ser repetidas várias vezes em um dia.

Procedendo dessa forma, a meditação torna-se uma parte de sua vida cotidiana, em vez de algo que você faz porque supostamente é "bom para você". Com o tempo, você verá que será mais fácil manter sessões mais longas – e escolher qual das três práticas básicas você quer para fazer com interesse, e não como um dever a ser cumprido.

7. Atenção

Para enxergar o outro lado da montanha, devemos olhar para este lado da montanha.

Dusum Khyenpa, *citado em*
Mahamudra: The Ocean of Definitive Meaning, traduzido por Elizabeth M. Callahan

Entregue a si própria, a mente é como um pássaro inquieto, sempre voando de galho em galho, ciscando aqui e ali, pulando da árvore para o chão, para em seguida voar para outra árvore. Nessa analogia, os galhos, o chão e a outra árvore representam as demandas que recebemos dos nossos cinco sentidos, assim como dos pensamentos e das emoções. Todos eles parecem muito interessantes e poderosamente atraentes. E uma vez que *sempre* há alguma coisa acontecendo em nós e ao nosso redor, é muito difícil aquietar o coitado do pássaro agitado. Não é de se admirar tantas pessoas reclamarem que se sentem estressadas na maior parte do tempo! Esse esvoaçar constante, ao mesmo tempo em que nossos sentidos estão sobrecarregados e nossos pensamentos e emoções demandando reconhecimento, faz com que seja muito difícil permanecer relaxado e focado.

A primeira das práticas básicas para a qual fui apresentado quando criança – e que a maioria dos professores introduzem aos alunos iniciantes – envolve permitir que o pássaro se acalme. Em sânscrito, essa prática é conhecida por *shamatha* (o *th* é uma variante ligeiramente aspirada do *t*); em tibetano, é chamada de *shinay*. *Shama* e *shi* podem ser entendidos de várias maneiras, incluindo "paz", "repouso", ou "diminuir o ritmo" de um estado de excitação mental, emocional ou sensorial. Talvez um equivalente na linguagem moderna fosse o termo "relaxar". Em sânscrito, *tha*, assim como o tibetano *nay*, significa "habitar" ou "permanecer". Em outras palavras, *shamatha*, ou *shinay*, significa permanecer em um estado repousado ou "relaxado", que permite que o pássaro simplesmente fique em um galho por um tempo.

A maioria de nós, quando olha para algo, ouve alguma coisa ou observa um pensamento ou emoção, tem algum tipo de julgamento sobre a experiência. Este julgamento pode ser entendido em termos de três "galhos" básicos: o do "eu gosto", o do "eu não gosto" e o do "eu não conheço". Cada um deles se estende em galhos menores: o "bom"; o "ruim"; o "agradável"; o "desagradável"; o "eu gosto porque..."; o "eu não gosto porque..."; o "pode ser bom ou ruim"; o "pode ser legal ou não"; o "pode ser bom *e* ruim, agradável *e* desagradável"; e o "nem bom nem ruim, nem agradável, nem desagradável". As possibilidades representadas em todos esses galhos vão tentar o pássaro a voar de um a outro, investigando cada um deles.

A prática de *shamatha* ou *shinay* envolve abrir mão dos nossos julgamentos e opiniões, e apenas olhar para, ou prestar atenção a, o que estamos vendo seja qual for o galho em que estivermos sentados. Talvez possamos ver uma teia de galhos e folhas. Mas, em vez de pular de galho em galho para obter uma visão melhor, apenas olhe para cada galho ou folha, prestando atenção à sua forma ou cor. Repouse em cada galho. Acompanhar a nossa experiência dessa maneira nos permite distinguir nossos julgamentos e opiniões da simples experiência de ver.

Essa prática tem implicações profundas para a nossa forma de abordar as emoções difíceis e os vários problemas que encontramos na vida diária. Na maioria dos casos, as nossas experiências são condicionadas pelo galho em que estamos sentados e a teia de galhos à nossa frente. Mas, se apenas olharmos para a nossa experiência diretamente, poderemos ver cada galho, cada folha, tal como são, e ver nossas opiniões e julgamentos como são – não tudo misturado, mas como aspectos distintos da experiência. Nesse momento em que fazemos uma pausa para apenas estarmos conscientes, nós nos abrimos não só para a possibilidade de evitar ideias, emoções e respostas habituais às sensações físicas, mas também à possibilidade de responder de maneira nova a cada experiência à medida que ela acontece.

Esse simples reconhecimento é uma expressão da clareza da nossa natureza búdica: a capacidade de ver e reconhecer o que estamos vendo, sem a aderência de quaisquer conceitos obscurecendo a nossa visão. Podemos reconhecer os conceitos de "eu gosto", "eu não gosto", e assim por diante, como galhos, folhas ou flores distintos. Porque a clareza é ilimitada, podemos ver todas essas coisas diferentes ao mesmo tempo, sem misturá-las. Na verdade, a clareza está sempre em funcionamento, mesmo quando não estamos conscientemente atentos a ela: quando estamos conscientes de que temos fome ou cansaço, quando reconhecemos um engarrafamento de trânsito ou diferenciamos um pimentão de um pacote de queijo. Sem clareza, não seríamos capazes de pensar, sentir ou perceber nada. A prática de *shamatha* ou *shinay* nos ajuda a desenvolver e a apreciar nossa clareza inerente.

Há muitas maneiras de abordar a prática de *shamatha* ou *shinay*. Muitas pessoas que conheci ao longo dos anos me pediram para ensinar o passo a passo. "O que devo fazer primeiro?", perguntam. "O que devo fazer depois?" Nas páginas seguintes, tentarei descrever o método do passo a passo para cada uma das práticas básicas.

Passo Um: Atenção sem objeto
O método mais básico para desenvolver atenção é o denominado "sem objeto": não focar em nenhuma "cena" ou aspecto específico da experiência, mas apenas olhar e admirar toda a gama de cenários à medida que vêm e vão. Durante uma recente viagem ao Rio de Janeiro, Brasil, fiz exercícios caminhando por um morro íngreme, encoberto por plantas e árvores silvestres repletas de vários tipos de frutas. No meio da subida, eu me senti cansado, arrasado pelos efeitos do calor, umidade e altitude, além da imensa variedade de folhagens. Mas, ao longo do caminho, havia cadeiras ou bancos de madeira. Simplesmente me sentei e descansei, consciente do meu cansaço físico e do ambiente à minha volta.

Você não tem que caminhar pelos morros do Rio de Janeiro para conseguir sentir essa sensação de abertura, relaxamento e consciência plena. Você pode senti-la depois de lavar uma enorme pilha de pratos. Quando terminar de lavar os pratos, sente-se em uma cadeira e dê um grande suspiro, "Ahh". Seu corpo físico pode estar cansado, mas sua mente estará em paz, totalmente aberta, totalmente em repouso e imersa no momento presente. Talvez seus filhos estejam fazendo barulho no outro quarto ou talvez você esteja assistindo TV – com todas as mudanças de cenas e interrupções dos comerciais. Mas nada perturba a sua sensação de "Ahh". Pensamentos, sentimentos e sensações podem ir e vir, mas você simplesmente os observa, prestando uma atenção leve e suave a eles – ou "pura" como diz a tradição budista – enquanto descansa em um simples "Ahh", aberto ao momento presente. O passado (lavar pratos ou caminhar pela floresta tropical) já se foi, e o futuro (mais pratos, mais florestas, contas para pagar ou filhos para educar) ainda está para vir. Aqui e agora, existe apenas o presente "Ahh".

É assim que a mente repousa na atenção sem objeto: como se tivesse acabado de terminar uma tarefa gigantesca, extensa e difícil. Apenas solte e relaxe. Você não tem que bloquear nenhum pensamento, emoção ou sensação que surgir, nem tem que correr atrás deles. Repouse no momento presente do "Ahh". Se surgirem pensamentos, emoções ou sensações, permita-se apenas estar ciente deles.

Atenção sem objeto não significa deixar sua mente vagar sem rumo por fantasias, memórias ou devaneios. Você não se fixa em nada em específico, mas está consciente, presente ao que está acontecendo no aqui e agora. Por exemplo, recentemente, enquanto aguardava no aeroporto de Denver, vi vários trens que transportam passageiros passando por uma pista elevada, levando as pessoas para diversos terminais e diferentes partes de cada terminal. Fiquei ali sentado na minha cadeira olhando os trens indo e vindo, contente em observá-los simplesmente como ocorrências que se apresentavam à minha consciência. Não houve necessidade de me levantar e seguir cada trem, perguntando: "Para onde ele vai? De onde ele está vindo? Quanto tempo ele leva para percorrer do local de saída até o local de chegada?" Eu apenas observei os trens passarem.

Quando praticamos no nível da atenção sem objeto, estamos realmente repousando a mente em sua clareza natural, inalterável pelo ir e vir de pensamentos, emoções e sensações físicas. Assim como o espaço, essa clareza natural está sempre presente em nós. Em certo sentido, a atenção sem objeto ocorre quando permitimo-nos ter consciência dos galhos e folhas à nossa frente, enquanto reconhecemos o espaço que, desde o início, nos permite *ver* os galhos e as folhas. Pensamentos, emoções e sensações mudam de forma e vibram na consciência, da mesma forma que os galhos e as folhas se movem no espaço. Além disso, assim como o espaço não é definido pelos objetos que nele se movem, a consciência plena não é determinada nem limitada pelos pensamentos, emoções e sensações que percebe. A consciência plena simplesmente *é*.

Atenção sem objeto envolve repousar nesse "ser como é", apenas observando pensamentos, emoções e outras manifestações, à medida que emergem no pano de fundo do "espaço". Algumas pessoas pensam que essa prática é tão fácil quanto sentar em uma cadeira depois de lavar a louça; outros acham que é bastante difícil. Eu achei difícil. Sempre que meu pai ou outros professores tentavam me explicar a prática da atenção sem objeto, eu ficava perplexo e um pouco ressentido. Não conseguia entender como era possível apenas observar o que estava acontecendo como se fosse um filme, ou, como muitos textos budistas dizem, "o reflexo da lua em uma poça d'água". Em momentos de maior ansiedade, meus pensamentos, sentimentos e sensações físicas não pareciam ser reflexos. Eles pareciam incrível e solidamente reais. Por sorte, há outros passos que podemos dar para nos guiar pelo processo de estar conscientes.

Passo dois: Atenção à forma

Como consequência de sermos seres dotados de um corpo, grande parte da nossa experiência é filtrada por um dos nossos cinco sentidos: visão, audição, olfato, paladar e tato. Mas, uma vez que as cinco faculdades sensoriais – ou *consciências dos sentidos*, como a maioria dos textos budistas descrevem – só podem registrar percepções sensoriais, a ciência budista descreve um sexto sentido, conhecido por *consciência mental*. Este sexto sentido – ou sexta consciência – não deveria ser confundido com a percepção extrassensorial, a capacidade de ver o futuro ou qualquer outra habilidade misteriosa. É mais parecido com o que os neurocientistas descrevem como a capacidade de organizar as informações recebidas pelos sentidos e formar um conceito, ou imagem mental.

A consciência mental é como o pássaro inquieto descrito anteriormente – voando de galho em galho, apreciando a visão, por assim dizer, de cada galho. A consciência mental tenta dar sentido à informação que recebe e é compelida a responder. Mas é possível ensinar o pássaro a se acomodar por um tempo e deliberadamente focar sua atenção em um dos sentidos.

Como?

No curso da experiência comum, a mente já tem a tendência a fixar-se na informação sensorial. No entanto, as informações que recebemos através dos nossos sentidos são muito frequentemente uma fonte de distração. Como seres dotados de corpo, se tentarmos nos desvencilhar dos nossos sentidos, ou bloquear as informações que recebemos através deles, inevitavelmente sentiremos uma sensação de inutilidade. A abordagem mais prática é fazer amizade com essa informação e utilizá-la como um meio para acalmar a mente.

Como me foi ensinado, é mais fácil fazer essa amizade quando focamos nos aspectos visuais de um objeto – por exemplo, uma rosa. O que pensamos ou sentimos sobre ela não importa: "rosa boa", "rosa ruim", "não conheço essa rosa". Se apenas olharmos para ela, tal como ela é, podemos começar a separar as nossas opiniões da simples experiência de ver. Nossas opiniões não são em si mesmas nem boas, nem ruins, nem confusas. Porém, quando as fundimos com um objeto, nossa mente se distrai. Começamos a pensar: "Esta rosa é boa ou ruim? Quando foi a última vez que vi uma rosa?" O pássaro inquieto voa de galho em galho tentando "entender" a rosa. No entanto, a rosa em si não é para ser entendida, mas meramente vista.

O termo técnico para o uso do sentido da visão como um meio de repousar a mente é "meditação com a forma". Soa um pouco assustador, não é? Muito rígido e minucioso. Na verdade, a meditação com a forma é muito simples. Nós a praticamos inconscientemente ao longo do dia, sempre que olhamos para alguma coisa, seja a tela da televisão, a imensa pilha de pratos sujos na pia ou a pessoa que está na nossa frente no supermercado. A meditação com a forma envolve elevar esse processo inconsciente ao nível da consciência ativa. Com o simples ato de olhar com atenção pura para um determinado objeto, o pássaro inquieto acomoda-se em seu galho.

Seja qual for o objeto escolhido – uma rosa, a tela da televisão ou a pessoa à sua frente no caixa do supermercado – você provavelmente perceberá que ele tem dois aspectos: forma e cor. Focalize em qualquer aspecto da sua preferência. O foco em si não importa: algumas pessoas são mais atraídas pelas formas, e outras pelas cores. A ideia é repousar sua atenção na cor ou na forma, envolver a sua percepção só até o ponto de simplesmente reconhecer a forma ou a cor. Não precisa tentar exercer um foco muito intenso a fim de apreender cada pequeno detalhe. Se tentar fazer isso, você ficará tenso. Porém, o ponto essencial da meditação com a forma é repousar. Mantenha o foco relaxado, com atenção suficiente para aplicar uma percepção pura e simples ao que você está olhando. O objeto visual serve apenas como um ponto de referência que permite a sua mente estabilizar-se, um estímulo para que o passarinho pare de pular de galho em galho – pelo menos por um momento – e simplesmente repouse.

Como praticar esse método?

Em primeiro lugar, dependendo da sua condição, adote qualquer postura física que lhe seja mais conveniente, ou confortável. Em seguida, permita que a sua mente repouse por um momento na atenção sem objeto. Apenas observe todos os pensamentos, sensações e emoções que surgem. Em seguida, escolha algo para olhar – a cor do cabelo de alguém, a forma do corte do cabelo, uma rosa, um pêssego ou sua tela de computador – e apenas repouse sua atenção sobre ele, notando a sua forma ou cor. Você não tem que olhar fixamente e se precisar piscar, pisque com naturalidade. (Na verdade, se não piscar, seus olhos provavelmente ficarão irritados e tudo o que você estiver olhando lhe parecerá irritante.) Depois de olhar por alguns instantes para alguém ou alguma coisa, deixe sua mente relaxar de novo na atenção sem objeto. Volte seu foco para o objeto por alguns instantes; em seguida, deixe a sua mente relaxar mais uma vez.

Sempre que pratico usando o suporte de um objeto visual para repousar a mente, eu me lembro de uma das primeiras lições que aprendi com meu pai. Existe um grande benefício em alternar a atenção baseada no objeto e a atenção sem objeto descrita anteriormente. Ao repousar sua mente em um objeto, você o vê como algo distinto ou separado de você. Mas, quando relaxamos e repousamos nossa mente na atenção pura, aos poucos começamos a perceber que o que vemos, e como vemos, é uma imagem composta por pensamentos, memórias e limitações condicionadas pelos nossos órgãos dos sentidos. Em outras palavras, não há nenhuma diferença entre o que é visto e a mente que vê.

Passo três: Atenção ao Som
Prestar atenção ao som é muito semelhante a prestar atenção à forma, exceto pelo fato de que agora está envolvida a faculdade da audição e não da visão. Comece por domar o seu "cavalo" adotando a postura mais conveniente, seja a postura de dois pontos ou a de sete pontos. Em seguida, dedique alguns momentos para "domar o cavaleiro", repousando na atenção sem objeto, apenas abrindo sua consciência para o que está acontecendo, sem prender-se a nada em específico. Em seguida, aos poucos, permita-se prestar atenção aos sons à sua volta, tal como ao seu batimento cardíaco ou à sua respiração. Você pode também concentrar-se nos sons que ocorrem naturalmente em seu entorno imediato, como a chuva batendo na janela, o barulho da televisão ou do aparelho de som no apartamento vizinho, o barulho de um avião passando ou mesmo os silvos e assobios dos pássaros irrequietos lá fora.

Não há necessidade de tentar identificar esses sons nem de sintonizar-se exclusivamente a um determinado som. Na verdade, é mais fácil ficar atento a tudo que você ouve. O objetivo é desenvolver uma consciência pura e simples do som quando ele atingir seu ouvido. Assim como os objetos visuais, os sons servem apenas como um foco que possibilita repousar a mente.

Tal como ocorre com a meditação com a forma, você provavelmente verá que consegue concentrar-se nos sons a seu redor apenas por alguns segundos antes que sua mente divague. Isso não é incomum e, na verdade, é excelente! O divagar serve como uma espécie de dica (assim como o tombar para a frente na meditação) de que você se soltou demais ou ficou muito relaxado. O cavalo fugiu com o cavaleiro; ou talvez o cavaleiro tenha fugido no seu cavalo. Quando perceber a mente divagando, basta trazê-la de volta à atenção aberta, e em seguida, trazer o foco de volta para os sons uma vez mais. Permita-se alternar entre repousar a atenção nos sons e deixar sua mente repousar em um estado relaxado de meditação aberta.

Uma das vantagens da meditação com o som é sua capacidade de, pouco a pouco, nos ajudar a desapegar-nos do hábito de atribuir *significado* aos vários sons que ouvimos. Com a prática, podemos aprender a ouvir o que ouvimos sem necessariamente responder emocionalmente ao *conteúdo*. Quando nos acostumarmos a prestar atenção pura aos sons, simplesmente *como* sons, veremos que somos capazes de ouvir críticas sem ficarmos irritados ou defensivos, e ouvirmos elogios sem ficarmos excessivamente arrogantes ou empolgados.

Um jovem que participava de um grande evento em Sherab Ling veio até mim para discutir um problema que estava tendo com os sons. "Eu sou muito sensível", explicou. "Eu preciso de paz e tranquilidade para praticar. Tento manter minhas janelas fechadas e uso tampões de ouvido, mas os ruídos ainda entram e perturbam a minha concentração. É especialmente difícil à noite com todos os cães latindo." (Há dezenas de cães selvagens ao redor do monastério, e eles tendem a latir muito, seja brigando entre si ou se defendendo dos predadores).

"Eu não consigo dormir", continuou o homem, "porque, como já mencionei, sou extremamente sensível aos sons. Eu queria muito ter feito a prática em grupo hoje, mas não consegui dormir. O que posso fazer?"

Dei-lhe instruções sobre a meditação com o som, usando os sons como um meio de focar e acalmar a mente.

Atenção

No dia seguinte, no entanto, ele voltou e disse: "Suas instruções me ajudaram um pouco, mas não muito. Os cães me mantiveram acordado a noite toda. Como já expliquei, sou muito sensível aos sons."

Então, eu murmurei: "Bem, não há muito que eu possa fazer. Não posso matar os cães e não posso curar sua sensibilidade aos sons."

Naquele momento, soou o gongo para o *puja*, que é uma espécie de ritual devocional realizado em grupo, semelhante às cerimônias de outras tradições religiosas. Um *puja* tibetano é muitas vezes acompanhado por tambores, cornetas de chifre, címbalos e cânticos em grupo, que unidos produzem sons muito altos. É uma cacofonia que costumava me aterrorizar, a ponto de gerar ansiedade ou um ataque de pânico. Mas, quando olhei para o outro lado da sala, vi o sujeito que era "tão sensível" aos sons, sentado na parte de trás do templo, com as pernas cruzadas e seu corpo caindo para a frente. Ele estava dormindo em meio aos altíssimos e barulhentos sons do *puja*!

No final da cerimônia, nós nos encontramos na porta de saída do templo. Perguntei-lhe como ele tinha conseguido adormecer no meio de todo aquele barulho e alvoroço.

Ele pensou por um instante e respondeu: "Acho que foi porque não criei resistência aos sons. Eles eram apenas parte do *puja*."

"Talvez você estivesse apenas cansado depois de tantas noites sem dormir", eu sugeri.

"Não", respondeu ele, "acho que acabei de aprender que a minha sensibilidade ao som é uma espécie de história que eu conto para mim mesmo, uma ideia que ficou presa na minha cabeça, talvez quando eu era criança."

"Então, o que você vai fazer hoje à noite?", perguntei.

Ele sorriu. "Talvez possa ouvir os latidos dos cães como um tipo de *puja*."

No dia seguinte, ele veio para a sala e anunciou com orgulho que tinha dormido como um bebê. E disse: "Acho que posso ter perdido meu apego à ideia de que sou muito sensível aos sons."

Eu gosto dessa história porque ela demonstra um princípio importante. Somos perturbados pelas sensações na mesma medida em que nos opomos a elas. Esse jovem, depois de alguma prática, descobriu que os sons que ouvimos são como a música de um *puja* universal: a celebração da nossa capacidade de ouvir.

Passo Quatro: Atenção à Experiência Física
Se está lendo este livro, é provável que você viva em um corpo físico. Em algum nível, tendemos a considerar o corpo como uma limitação. Não seria bom se pudéssemos apenas flutuar livremente, sem as limitações das necessidades e demandas físicas, sem as exigências da ignorância, desejo ou aversão? Mas a nossa condição de possuir um corpo físico é uma bênção disfarçada, um solo fértil através do qual podemos descobrir as possibilidades da consciência plena.

Uma maneira de ter acesso a essas possibilidades é dando atenção às sensações físicas, um processo que pode ser acessado pela observação da respiração. Tudo que você tem a fazer é focar com leveza no simples ato de inspirar e expirar: pode trazer sua atenção para a passagem do ar pelas narinas, ou para a sensação da entrada e da saída de ar dos pulmões.

Focar na respiração é especialmente útil quando você se sente estressado ou distraído. O simples ato de voltar a atenção para sua respiração produz um estado de calma e consciência, que lhe permite dar um passo atrás, seja quais forem os problemas que esteja enfrentando, e responder a eles com mais calma e objetividade. Se estiver se sentindo sobrecarregado por situações, eventos, excesso de pensamentos ou emoções fortes, basta trazer sua atenção para a simples sensação de respirar. Ninguém perceberá que você está meditando. Provavelmente ninguém nem vai prestar atenção ao fato de que você está respirando.

Há também uma maneira mais formal de usar a sensação física da respiração como foco para acalmar a mente, que descobri ser muito útil logo no início da minha formação, em especial quando o pânico ou a ansiedade ameaçavam tomar conta. Repousando na postura dos sete pontos ou na postura dos dois pontos, apenas conte suas inspirações e expirações. Conte a primeira inspiração e expiração como "um", a próxima inspiração e expiração como "dois", e assim por diante, até chegar a 21. Em seguida, inicie o processo novamente a partir do "um".

O uso da respiração como foco pode ser estendido a outros aspectos da experiência física. Muitas pessoas que encontrei ao longo dos últimos anos vivem com dor física constante, as vezes como consequência de um acidente ou de uma doença crônica. É fácil de entender que a dor que elas experimentam dificulta muito a concentração em qualquer coisa *além* da dor. Mas a dor em si pode se tornar um ponto focal que nos conduz a uma consciência mais ampla da dor, como uma expressão da mente.

Eu enxerguei esse potencial enquanto observava meu pai morrer. A dor dizimava seu corpo a ponto de ele não poder esvaziar a bexiga ou o intestino sem assistência. Mas ele tratava cada momento de dor como uma revelação, um foco de consciência através do qual sua mente tornava-se mais relaxada e estável. Mesmo nos seus últimos momentos, ele olhava para o processo de entorpecimento dos braços e membros, a congestão dos pulmões e a cessação do seu batimento cardíaco com um espírito infantil de deslumbramento, como se dissesse: "Estas experiências são nem boas nem más. É apenas o que está acontecendo no momento presente." Mesmo no extremo da morte, todas as suas experiências físicas tornaram-se oportunidades para repousar a mente.

Ele tinha sido agraciado pela sorte, pois tinha muita prática em trabalhar com a sensação física como foco para repousar a mente. Porém, ao observar sua morte, lembrei-me de algumas das primeiras lições, nas quais ele havia me ensinado a trabalhar com a sensação física como base para repousar a mente – em outras palavras, contar com a sensação física e se relacionar com ela, não como uma ameaça ou um inimigo, mas sim como uma oportunidade de desenvolver a consciência da consciência.

Tal como acontece com outras práticas de atenção, é melhor começar sentando-se em uma postura estável e repousar por alguns momentos em *shinay* sem objeto. Em seguida, volte a sua atenção suavemente para a sensação física presente em uma área específica do corpo: pescoço, joelhos, mãos ou testa. As sensações em qualquer dessas áreas podem estar evidentes, mas nossa tendência habitual é evitá-las, resistir a elas ou tratá-la como uma condição que define a nossa experiência. Em vez disso, traga lentamente a sua atenção para essa área do seu corpo.

Talvez você sinta uma espécie de formigamento ou calor, ou talvez um pouco de pressão. Seja qual for a sensação, apenas permita-se percebê-la por uns instantes. Basta notá-la, repousando suavemente a sua atenção na sensação, sem qualificá-la como boa ou ruim, agradável ou desagradável. Ela é o que é. Pouco a pouco, depois de examinar a sua sensação física desse modo, você começará a reconhecer que suas opiniões e julgamentos sobre a sensação são fatores contributivos, interpretações sobrepostas à simples percepção das sensações. A seguir, relaxe sua atenção à sensação física e deixe a sua mente repousar, tal como é. Depois, retorne sua atenção para suas sensações físicas.

Após um tempo repousando sua atenção nas sensações presentes em uma parte do corpo, você pode ampliar o processo, levando suavemente a sua atenção para todo o corpo. Nesse processo, eu às vezes refiro-me às sensações físicas como "prática de escaneamento", porque me lembra a experiência de estar em um aparelho de ressonância magnética funcional, que pode explorar todo o corpo. Neste caso, no entanto, o escâner não é uma máquina externa, mas sim a sua própria mente, a sua própria capacidade de percepção.

Quando comecei a praticar a atenção no plano da sensação física, descobri que ao tentar evitar uma sensação, eu potencializava seu poder de me afetar. Eu estava participando ativamente do que ocorria naquele momento, naquele exato instante. Estava lutando com a minha própria percepção. Minha atenção estava dividida entre resistir a uma sensação dolorosa e ser facilmente derrotado por ela. Com a orientação dos meus professores, comecei a observar simultaneamente esses impulsos conflitantes. Aos poucos – e não de todo fácil – comecei a ver toda a minha mente envolvida em uma espécie de duelo entre evitamento e aceitação. O processo de observar esse duelo tornou-se mais interessante do que escolher um dos lados do conflito. O simples observar tornou-se gradualmente fascinante.

Uma sensação física, que pode ser de frio, calor, fome, sede, peso ou tontura – ou até mesmo uma dor de cabeça, dente, garganta, nos joelhos, na lombar ou um nariz entupido –, tende a apresentar-se vividamente à consciência. Quando a dor e o desconforto são sentidos de forma tão vívida, tornam-se um meio verdadeiramente eficaz para focar-se na mente que está *consciente* da dor: na ausência de dor, não há consciência da *mente que experiencia* a dor.

Isso não quer dizer que devemos pensar que prestar atenção à dor vai fazer a dor ir embora. Se fizermos isso, estaremos aumentando o poder da esperança e do medo: a esperança de que a dor vá embora e o medo de que ela não vá. O melhor método é observar a mente que experiencia a dor, o que nem sempre é fácil. Na verdade, a prática de prestar atenção às sensações dolorosas é complicada. Às vezes, a dor que sentimos pode mudar de lugar em nosso corpo. Outras vezes, ela desaparece por completo, e nesse caso não há nenhum suporte para a meditação. Em alguns casos, a sensação de dor pode se tornar tão intensa a ponto de ser devastadora. Em especial nos dois últimos casos, pare de focar na dor. Mude para algum outro foco, como a visão ou o som. Ou apenas pare de olhar e faça algo totalmente diferente – dê um passeio se você tiver condições, leia um livro ou assista TV.

Se você está sentindo dor crônica ou muito intensa, é importante consultar um médico. Esses sintomas podem indicar um sério problema físico que exige tratamento médico. Prestar atenção à dor não significa que as suas causas físicas vão desaparecer. Se seu médico descobriu um problema físico grave, siga corretamente todas as recomendações dele. Mesmo que prestar atenção às sensações dolorosas possa nos ajudar a lidar com a dor ou com o desconforto dos problemas médicos, ela não é um substituto do tratamento.

Ao tomar os medicamentos prescritos ou recomendados por um médico, você ainda pode sentir dor. Nesse caso, tente trabalhar com a sensação física da dor como um suporte para a meditação. Se a dor que você sente for sintoma de uma condição médica importante, evite focar nos resultados. Se sua motivação implícita for a de livrar-se da dor, você acabará reforçando os hábitos mentais e emocionais associados à esperança e ao medo. A melhor maneira de renunciar à fixação a esses hábitos é fazer um esforço e observar a dor objetivamente, deixando os resultados evoluírem sozinhos.

Passo Cinco: Atenção aos Pensamentos

Lidar com a atividade das percepções sensoriais é uma espécie de preparação para trabalhar com o próprio pássaro inquieto – a multiplicidade de ideias, julgamentos e conceitos que fazem o pássaro pular de galho em galho. Os pensamentos são um pouco mais enganosos do que as flores, os sons ou as sensações físicas. No início, eles se precipitam e caem como água escorrendo por um penhasco. Você não consegue realmente vê-los. Mas, ao prestar atenção a eles, da mesma forma que presta atenção aos sons ou objetos visuais, é possível que note os pensamentos passando. Depois que percebê-los passando, poderá também perceber a mente através da qual todos esses pensamentos aparecem e desaparecem. Como meu pai costumava dizer, "pensar é a atividade natural da mente, uma expressão da capacidade que a mente tem de produzir qualquer coisa".

A prática de prestar atenção aos pensamentos não visa cessá-los, mas apenas observá-los. Assim como na prática de olhar uma rosa ou ouvir um som, ter tempo para observar seus pensamentos não envolve analisá-los. Ao contrário, a ênfase recai sobre o ato de observar, e isso naturalmente acalma e estabiliza a mente que observa. Você pode *usar* seus pensamentos em vez de ser usado *por* eles. Se uma centena de pensamentos passa por sua mente no espaço de um minuto, você tem uma centena de suportes para a meditação. Se o pássaro inquieto pula de galho em galho, isso é maravilhoso. Você pode ver o pássaro se movendo. Cada salto, cada precipitação de voo é um suporte para a meditação.

Não há necessidade de se apegar a um pensamento, focar nele de modo a não deixá-lo ir embora. Segundo um velho ditado budista, "pensamentos vêm e vão como flocos de neve caindo em uma pedra quente". Seja o que for que passe pela mente, apenas observe seu ir e vir, de maneira leve e sem apego, do mesmo modo que você pratica repousar suavemente a sua atenção nas formas, nos sons e nas sensações físicas.

Para a maioria de nós, os pensamentos parecem muito sólidos, muito verdadeiros. Apegamo-nos a eles ou temos medo deles. De um jeito ou de outro, damos-lhes o poder de dominar-nos. Quanto mais acreditamos que são verdadeiros e sólidos, mais poder lhes conferimos. Mas quando começamos a observar os nossos pensamentos, esse poder começa a desaparecer.

Ao observar seus pensamentos, você começará a perceber que eles aparecem e desaparecem muito rapidamente, deixando pequenos intervalos entre si. No início, o intervalo entre um pensamento e outro pode não ser muito grande. Mas, com a prática, os intervalos aumentam um pouco mais e sua mente começa a repousar de modo mais pacífico e aberto na atenção sem objeto. Outras vezes, a simples prática de observar os pensamentos torna-se algo como assistir TV ou ver um filme. Na tela, muitas coisas podem ocorrer, mas você não está *dentro* do filme. Há um pequeno espaço entre você e tudo o que está assistindo. Enquanto pratica observar seus pensamentos, pode sentir esse mesmo espaço entre você e seus pensamentos. Você não está realmente criando esse espaço; ele sempre esteve lá. Você está apenas se permitindo percebê-lo.

Se qualquer uma dessas experiências surgir para você, isso é bom. E não tenha dúvida de que suas experiências vão variar quando estiver praticando. Às vezes você vai observar seus pensamentos bem de perto, vendo-os ir e vir, percebendo os intervalos entre eles. Outras vezes, os observará simplesmente com um pouco mais de distância. A prática – ou método – é muito mais fácil do que as pessoas pensam. Tudo o que você vivenciar, contanto que continue a perceber o que está acontecendo, é prática. Isso é transformar entendimento em experiência.

Quando você tenta controlar ou mudar seus pensamentos, a sua observação deixa de ser meditação e transforma-se em outra coisa. Mas se você tiver alguma consciência dessa tentativa de controlar seus pensamentos, isso também é prática. É com a *sua* mente que você está trabalhando, por isso ninguém pode julgá-lo, ninguém pode dar uma nota para a sua experiência. A prática é pessoal. Não existem duas pessoas com experiências iguais.

Se continuar praticando, descobrirá inevitavelmente que sua própria experiência muda dia a dia, momento a momento. Algumas vezes, verá que seus pensamentos são muito claros e fáceis de observar. Outras vezes, eles se precipitam como água caindo por um penhasco. Em outros momentos ainda, verá que sua mente está entorpecida ou nebulosa. Isso é bom. Você pode observar a apatia ou a agitação. Prestar atenção a seja o que for que a sua experiência apresente, a qualquer momento, é prática, é método. Mesmo esses pensamentos como "Eu não consigo meditar", "Minha mente está muito inquieta", "Estou tão cansado, eu *tenho* que meditar?", podem ser um suporte para a meditação se você puder observá-los.

Sobretudo se você for iniciante em meditação, será muito difícil observar os pensamentos associados a experiências desagradáveis ou a um forte conteúdo emocional. Isso é especialmente verdadeiro se os pensamentos estiverem relacionados a crenças muito antigas, como a de que sempre seremos sós, nunca seremos atraentes, ou que uma figura de autoridade – pai, parceiro ou chefe no trabalho – é um "inimigo" que de alguma forma sempre nos põe para baixo. Particularmente quando os pensamentos são desagradáveis, é melhor evitar o foco no *objeto* desses pensamentos – a discussão, o conteúdo das memórias desagradáveis ou a cadeia de eventos que levou à formação de certos pensamentos. Olhe apenas para os pensamentos propriamente ditos, e não para as causas e condições de onde emergem.

Há uma velha história extraída dos sutras, em que o Buda comparou a inutilidade de olhar para as causas e condições que dão origem a certos pensamentos com um soldado ferido por uma flecha envenenada no campo de batalha. O médico vem retirar a flecha, mas o soldado diz: "Espere, antes de puxar a flecha, preciso saber o nome da pessoa que atirou em mim, a aldeia de onde veio e os nomes de seus pais e avós. Também preciso saber o tipo de madeira de que esta flecha foi feita, a qualidade do material de sua ponta e de que pássaro as penas da flecha foram retiradas." Até que o médico investigasse todas essas questões e voltasse com as respostas, o soldado já estaria morto. Esse é um exemplo do sofrimento autocriado, o tipo de sobreposição intelectual que nos impede de lidar com as situações dolorosas de modo simples e direto.

A moral da história é abrir mão de buscar as razões e os enredos, e apenas olhar diretamente para a experiência. Extraia o veneno da dor imediatamente e só mais tarde faça perguntas. Depois que a flecha for removida, essas perguntas serão irrelevantes.

A melhor maneira de trabalhar com pensamentos é dar um passo atrás e repousar a mente em *shinay* sem objeto, por um minuto. Depois, leve sua atenção para cada pensamento e para as ideias que giram em torno deles. Observe ambos diretamente, por alguns minutos, tal como observaria os contornos ou a cor de uma forma. Em seguida, repouse na consciência da atenção pura, alternando entre a atenção aos pensamentos e o campo mais amplo da atenção sem objeto. Assim, você evita apegar-se com muita força à observação dos pensamentos, e retoma a observação dos pensamentos com mais abertura e frescor.

Comece alinhando seu corpo em uma postura que seja ao mesmo tempo relaxada e alerta. Em seguida, repouse na atenção sem objeto por alguns instantes. Em seguida, comece a observar seus pensamentos. Não tente praticar por muito tempo – só por alguns minutos – alternando entre a atenção sem objeto e a atenção aos seus pensamentos.

Repouse sua mente por um momento na atenção sem objeto...

Observe seus pensamentos, talvez por um minuto...

Em seguida, repouse a mente na atenção sem objeto...

No final do processo, pergunte-se como foi a experiência de observar seus pensamentos. Os pensamentos se precipitaram como água caindo no penhasco? Você conseguiu vê-los com clareza? Estavam vagos e indefinidos? Será que simplesmente desapareceram assim que você tentou olhar para eles? Você percebeu os intervalos entre eles?

Seja qual for a sua vivência, a *intenção* de observar *é* a prática. Seus pensamentos podem se precipitar para um penhasco; podem estar vagos ou indefinidos; ou podem ser um pouco tímidos e nem sequer aparecerem. Mas a sua intenção de observar a variedade da experiência, com o tempo, mudará a sua forma de relacionar-se com os pensamentos.

Passo Seis: Atenção às Emoções

As emoções são muitas vezes intensas e duradouras. Mas essas mesmas qualidades podem oferecer um suporte muito útil para a prática. A intensidade e a persistência podem, em si mesmas, tornar-se um foco para observar a mente. Ao mesmo tempo, essas características também podem dificultar um pouco o trabalho imediato com as emoções. Algumas vezes, uma emoção ou tendência emocional persiste em um nível de consciência tão profundo que não reconhecemos com facilidade o seu efeito condicionante. É por isso que é importante trabalhar com os primeiros passos do treinamento da atenção. Ao fazer isso, você pode desenvolver familiaridade com a estabilização da sua consciência plena a ponto de conseguir observar tudo o que passa por sua cabeça, sem tanto apego ou aversão.

Logo no início da minha formação, meu pai e meus outros professores ensinaram-me que há três categorias básicas de emoção: positiva, negativa e neutra. Cada uma corresponde a três caixas principais com que vemos nós mesmos e nossa experiência: a caixa do "eu gosto", a caixa do "eu não gosto" e a caixa do "eu não sei".

Emoções "positivas", que também poderíamos chamar de "construtivas", tais como compaixão, amizade e lealdade, fortalecem a mente, constroem a nossa confiança e aprimoram a nossa capacidade de ajudar aqueles que precisam de ajuda. Emoções "negativas", como medo, raiva, tristeza, ciúme e inveja, tendem a enfraquecer a mente, minar a confiança e aumentar o medo. Por isso, muitas vezes são chamadas de "destrutivas". Estados mais ou menos neutros, por sua vez, consistem basicamente naqueles tipos de atitudes que temos em relação a um lápis, um pedaço de papel ou um clipe.

O método de observar emoções como suporte para a prática varia de acordo com o tipo de emoção que você está experimentando. Se você estiver sentindo uma emoção positiva, você pode concentrar-se *tanto* no sentimento *quanto* no objeto do sentimento. Por exemplo, se está sentindo amor por uma criança, você pode repousar sua atenção na criança *e* no amor que sente por ele ou ela. Se estiver sentindo compaixão por alguém em apuros, pode focar na pessoa que precisa de ajuda *e* no seu sentimento de compaixão. Dessa forma, o objeto da sua emoção torna-se um suporte para a emoção propriamente dita, enquanto a emoção torna-se um suporte para focar no objeto que a inspira.

Por outro lado, prestar atenção em um objeto de emoção negativa faz com que reforcemos a ideia de que a pessoa, situação ou coisa é a *causa* da emoção negativa. Não importa o quanto você tente cultivar compaixão, confiança ou qualquer outro sentimento positivo, sua mente automaticamente associará o objeto à emoção negativa. "Essa pessoa (situação, ou coisa) é danosa. Lute contra ela. Tente mudar essa situação. Fuja!"

Eu também às vezes observo essa tendência, quando as pessoas falam sobre alguém por quem sentem uma atração romântica. Sentem uma atração muito forte, mas quanto mais tentam ir atrás da pessoa, mais ela tende a se afastar. Assim, a pessoa que se sente atraída começa a sentir que há algo errado ou pouco atraente a seu respeito. Ou sente que a pessoa por quem está atraída é cruel, pouco confiável ou, de algum modo, imperfeita no que tange à sua natureza. Na verdade, não há nada de errado ou de inconveniente com a pessoa que sente atração e a pessoa para quem a atração é dirigida. Ambas estão expressando a capacidade infinita da sua natureza búdica: sentir-se atraído ou não, desejar ou não. Mas nós tendemos a tomar essas expressões de modo pessoal, como uma maneira de definir a nós mesmos e aos nossos relacionamentos.

Um método mais prático para trabalhar as emoções, semelhante ao dos pensamentos, consiste em repousar a sua atenção na própria emoção e não no objeto da emoção. Apenas olhe para a emoção sem analisá-la intelectualmente. Não tente mantê-la nem lutar contra ela. Apenas observe. Quando fizer isso, a emoção não parecerá tão sólida, duradoura ou verdadeira como inicialmente pareceu ser.

Às vezes, porém, o objeto associado a uma emoção perturbadora – uma pessoa, um lugar ou um evento – é muito real, muito presente para ser ignorado. Se for esse o caso, não tente bloqueá-lo a qualquer custo. Repouse sua atenção nas percepções sensoriais relacionadas ao objeto da sua emoção, de acordo com os métodos de atenção discutidos anteriormente. Ao fazê-lo, o objeto da emoção pode tornar-se um poderoso suporte para a meditação, tanto quanto a própria emoção.

Então, vamos começar a usar o método da atenção para observar as emoções. Cuide de manter a prática curta – apenas por um ou dois minutos, alternando entre a atenção sem objeto e atenção às suas emoções.

Comece "domando o cavalo", posicionando seu corpo de uma maneira relaxada e alerta. Em seguida, repouse na atenção sem objeto por alguns instantes. Depois, volte sua atenção para qualquer emoção que estiver sentindo. É claro que você pode sentir mais do que uma emoção ao mesmo tempo, então, deixe sua atenção voltar-se para a que está mais vívida no momento. Certas emoções, como inveja, frustração, raiva ou desejo, podem ser especialmente intensas; portanto, é importante olhar para elas de modo suave. Não tente analisá-las nem descobrir por que ou como surgiram. O ponto principal aqui é se permitir perceber as emoções.

Repouse sua mente por um momento na atenção sem objeto...

Observe seus pensamentos, talvez por um minuto...

Em seguida, repouse a mente na atenção sem objeto...

No final do processo, pergunte-se como foi a experiência de observar suas emoções. Elas ainda persistem? Ou mudaram? Estavam bem claras? Esconderam-se quando você tentou olhar para elas? Você percebeu intervalos entre uma emoção e outra? Elas eram predominantemente construtivas ou destrutivas?

Quando olhamos para nossas emoções dessa maneira, começamos a ver o potencial que todos os tipos de emoções têm em servir de base para o reconhecimento da mente que é consciente das emoções. Às vezes, nos descontrolamos com elas. No caso das emoções positivas ou construtivas, como vamos descobrir, os efeitos benéficos podem ser imensos, não só para nós, mas também para aqueles ao nosso redor. A maioria de nós, no entanto, é dominada por uma certa mistura de emoções construtivas e destrutivas. Essas tendências na maioria das vezes ocorrem em camadas, semelhante às diferentes camadas de pedras nas paredes do Grand Canyon. O benefício de olhar diretamente para cada camada está em reconhecer que cada uma delas é uma expressão da nossa capacidade de *ver*.

O próximo conjunto de práticas oferece um meio de trabalhar com essas camadas para eliminar sua aparente solidez.

8. Insight

Após a atividade intelectual concentrada, a mente intuitiva parece assumir o controle e pode produzir os insights súbitos que clarificam e trazem tanta alegria e prazer.

Fritjof Capra

Muitos praticantes budistas costumavam fazer meditação em sepulcrários – áreas equivalentes a um cemitério a céu aberto, repleto de ossos humanos e cadáveres em decomposição. Lá passavam as noites, que são consideradas as horas mais difusas e assustadoras, onde mesmo sob uma lua cheia a visão não é clara, e não se pode identificar de imediato se o som é do vento farfalhando pelos ossos ou do ganido de um cão. O objetivo dessa prática é confrontar o apego a seus corpos, desejos, esperanças e medos, e desenvolver uma experiência profunda da impermanência e da vacuidade.

Recentemente, ouvi um monge contar que foi a um sepulcrário na Índia e fincou no chão uma *phurba* – faca ritual que representa a estabilidade da consciência plena – diante de um monte de ossos. Sentou-se calmamente olhando para os ossos, meditando sobre a impermanência da vida e a vacuidade de onde surgem todas as experiências. Então, ouviu um barulho nas proximidades, um uivo que o assustou. Começou a partir em retirada; mas como estava escuro, não percebeu que tinha fincado a *phurba* na bainha da sua túnica, ficando preso ao chão. Ele não conseguia correr, nem conseguia se mover e estava apavorado. E pensou: "É agora que eu vou morrer."

No momento seguinte, ele compreendeu: "Eu vim aqui para aprender isso!" Não havia nenhum "meu", nenhum "eu" e nenhum monge – apenas uma pilha de ossos cercada por carne em decomposição, movida por ideias, emoções e sensações físicas. Então, arrancou a *phurba* do chão e voltou para seu monastério com uma experiência de vacuidade mais profunda.

Isso não significa que para compreender a vacuidade e a impermanência você tem que ir a um cemitério, enfiar uma faca na bainha da sua calça, saia ou sapato, e sentir um pavor tão grande que nem é capaz de se mover. Já temos experiência suficiente de terror em nossa vida diária – bem como incerteza, apego e aversão: no trabalho, nos relacionamentos e ao ver crianças sem escola para estudar. A questão é: quem está sentindo terror? Quem sente incerteza? Onde mora o desejo – ou o ciúme, a confusão, a solidão e o desespero? De onde vêm essas diferentes identidades – mãe, criança, empregado, chefe e outros? Quando as sentimos, onde elas existem? Para onde vão quando deixam de existir?

DO CONCEITO À EXPERIÊNCIA

A realização do significado da mente abrange todo o entendimento.

Jamgon Kongtrul Lodro Thaye, *The Outline of Essential Points*,
traduzido por Maria Montenegro

A compreensão é como um mapa. Ela nos mostra para onde devemos ir e nos dá as instruções de como chegar. Um mapa, no entanto, não é a viagem. A compreensão intelectual da vacuidade, que advém de dividirmos as coisas em partes cada vez menores e reconhecer a impermanência e interdependência (descritas anteriormente), é o que poderíamos chamar de "meditação analítica". Em um nível analítico, pode ser óbvio que "eu" não sou o meu pé, nem minha mão e nem meu cérebro. Porém, esse nível de contemplação analítica representa a primeira etapa da viagem.

Ouvi dizer que algumas pessoas, ao ouvirem ensinamentos sobre a vacuidade, instantaneamente reconhecem que as tão cultivadas noções de "eu" e "outro", a caixa do "eu gosto", a caixa do "eu não gosto", a caixa do "eu não sei" e todas as caixas menores dentro delas dissolvem-se de imediato. Eu não sou um desses poucos felizardos. Para mim, isso exigiu esforço e esse esforço ainda continua. Ainda há caixas dentro de caixas a serem descobertas. Atingir alguma estabilidade na experiência da união de clareza e vacuidade é algo que evolui ao longo do tempo.

Ao longo dos anos, no entanto, aprendi que esse processo gradual de desenvolvimento não é um obstáculo, mas uma oportunidade para descobrir níveis mais e mais profundos de consciência plena. Como impor limites ao que é essencialmente ilimitado?

Felizmente, me ensinaram um método de ver através dos conceitos para chegar, mesmo que momentaneamente, a uma experiência direta de vacuidade unificada com clareza. Em sânscrito, esse método é chamado de *vipashyana* e, em tibetano, *lhaktong*. A tradução tradicional desses termos é "insight", embora essas palavras signifiquem algo mais próximo de "visão superior" ou "ver além".

Mas ver além de quê? Todos os nossos conceitos: "eu" e "meu", "eles" e "deles", e as muitas vezes assustadoras e sólidas noções sobre a "realidade".

Vipashyana, ou *lhaktong*, não é meramente um exercício intelectual. É uma prática visceral, um pouco como sentir seu caminhar por uma sala completamente escura a fim de encontrar a porta. A cada passo cego dado, você pergunta-se: "Onde está o eu?", ou "Onde está a raiva?", ou "Quem é a pessoa com quem estou zangado?".

Ao combinar a compreensão da vacuidade com o método da atenção, *vipashyana*, ou *lhaktong*, oferece um método vivencial para eliminar os apegos conceituais ao "eu", "meu", "você", "seu", "eles", "deles", "raiva", "ciúme", e assim por diante. Vemo-nos face a face com a liberdade da consciência que não é limitada por hábitos mentais e emocionais.

Embora estejamos condicionados a identificar-nos com os pensamentos que passam pela nossa consciência, e não com a consciência propriamente dita, a consciência plena que é a nossa verdadeira natureza é infinitamente flexível. Ela é capaz de gerar todo e qualquer tipo de experiência – até mesmo equívocos a seu próprio respeito, como sendo limitada, aprisionada, feia, ansiosa, solitária ou assustada. Quando começamos a identificar-nos com a consciência plena imaculada e atemporal, e não com os pensamentos, sentimentos e sensações que passam por ela, já demos o primeiro passo em direção ao encontro da liberdade da nossa verdadeira natureza.

Uma estudante expressou o seguinte: "Quando estava no processo do meu divórcio, trabalhei duro para estar consciente da dor que eu estava vivenciando. Quebrei a dor em pedacinhos, olhando para os pensamentos que surgiam na minha mente e as sensações que ocorriam no meu corpo. Pensei muito sobre a dor que meu futuro ex-marido devia estar sentindo e a dor que outras pessoas em situação semelhante à nossa provavelmente sentiam, e percebi que não estava sozinha. E a ideia de que podiam passar por isso sem o benefício de olhar para a sua tristeza, ansiedade, ou fosse o que fosse, me fez desejar que pudessem se sentir melhor.

"Trabalhando desse modo com a dor, aos poucos compreendi – não apenas intelectualmente, mas de modo intuitivo e óbvio – que *eu não era* a minha dor. Quem, ou o que quer que *eu* fosse, era um observador dos meus pensamentos, sentimentos e das sensações físicas que muitas vezes os acompanhavam. É claro que, às vezes, eu sentia dor ou solidão, um peso em torno de meu coração ou no estômago, me perguntava se tinha cometido um erro terrível, e desejava poder voltar no tempo. Mas à medida que olhava o que estava passando pela minha mente e pelo meu corpo, percebi que havia alguém – ou algo – maior do que essas experiências. Esse alguém era um "espectador", uma presença de espírito que não era perturbada por meus pensamentos, sentimentos e sensações, mas que apenas observava todos eles sem julgar se eram bons ou maus.

"Então, comecei a olhar para o 'espectador' e não conseguia encontrá-lo! Não era como se não houvesse *nada* lá – ainda havia esse sentido de consciência –, mas eu não conseguia dar um nome a ela. Mesmo 'consciência' parecia não se encaixar. Parecia uma palavra muito pequena. Por alguns segundos, talvez mais, era como se quem estava olhando, o olhar e o que estava sendo olhado, fossem todos eram iguais.

"Eu sei que não estou explicando isso muito bem, mas houve apenas uma sensação de grandeza. É tão difícil de explicar..."

Na verdade, ela explicou muito bem, ou o melhor que podia, uma vez que a experiência da vacuidade não consegue se encaixar perfeitamente em palavras. Uma analogia budista tradicional para essa experiência é a de dar doces para um mudo: alguém que pode sentir a doçura do doce, mas não pode descrevê-lo. Em termos modernos, poderíamos entender essa experiência a partir da "perspectiva inocente" que mencionamos antes, segundo a qual estamos diante de um panorama tão vasto que existe apenas a consciência da visão: por um instante, não há distinção entre "quem está vendo", o que é "visto", e o ato de ver.

Às vezes essa perspectiva inocente acontece por acaso quando acordamos de manhã. Por um ou dois segundos, há uma desorientação, quando não conseguimos vincular nenhum conceito de quem está vendo, o que está sendo visto ou o ato de ver. Durante esses poucos momentos, há simplesmente a consciência plena, a abertura não conceitual que transcende "aqui", "agora", "este" ou "aquele".

Em seguida, os hábitos da perspectiva relativa se apressam e começamos a pensar: "Ah, sim, este sou eu. Esse é o meu marido (ou esposa, parceira, cão ou gato) ao meu lado na cama. Essas são as paredes do quarto, o teto, as janelas e as cortinas. Aquele é o abajur do criado-mudo ao lado da cama. Ali tem uma cômoda..." Ao mesmo tempo, emergem pensamentos e sentimentos *sobre* nós mesmos, sobre o quarto, sobre o dia à nossa frente ou os dias que ficaram para trás, sobre as pessoas que provavelmente encontraremos ou gostaríamos de conhecer, sobre as pessoas que perdemos, e assim por diante. De modo bastante inconsciente, nós nos envolvemos no processo de fazer distinções. Às vezes, lentamente; outras vezes, rapidamente nos apegamos a essas distinções como pontos de referências determinantes que reforçam o nosso modo de navegar pelo nosso mundo interno e externo.

O apego a essas distinções como sendo absolutas ao invés de relativas é provavelmente a descrição mais básica do termo sânscrito *samsara*, que em tibetano é *khorlo*. Os dois termos podem ser entendidos como girar em círculos, com uma roda que gira constantemente na mesma direção. Temos a sensação de movimento e uma sensação de mudança, mas, na verdade, estamos apenas reciclando os mesmos velhos padrões mentais e emocionais em diferentes formas.

A liberação dessa reciclagem mental e emocional é comumente chamada de *nirvana* em sânscrito, e *nyang-day* em tibetano. Os dois termos referem-se à realização, através da experiência direta, da nossa natureza inerentemente livre – a perfeita paz mental livre de conceitos, apego, aversão e outros. No entanto, um engano comum que as pessoas têm dos ensinamentos do Buda é que, a fim de atingir o *nirvana*, nós temos que negar o *samsara* – fugir, livrarmo-nos dele, cair fora dele. O *samsara* é o inimigo! O *samsara* é o patrão!

Samsara não é inimigo nem patrão. Também não é um "lugar", o que também é uma interpretação enganosa muito comum do termo. *Samsara* pode ser mais bem definido como um ponto de vista a que nos apegamos na tentativa de definir a nós mesmos, os outros e o mundo à nossa volta, enquanto percorremos um reino caracterizado por impermanência e interdependência.

Mesmo sendo desconfortável, o *samsara* é pelo menos familiar. *Vipashyana*, ou a prática do insight, pode parecer difícil ou até mesmo desconfortável no início, porque perturba o nosso apego ao que é familiar. Para usar uma analogia muito simples, imagine que sua experiência é como um pedaço de papel que ficou enrolado por longo tempo. Você até tenta abrir o papel em toda a sua extensão, mas é mais provável que ele se enrole novamente. Para ler todo o papel, você teria que pôr um peso nas duas extremidades. Assim, poderia ter a visão completa do papel e não só de algumas das palavras escritas. Há muito mais para ver do que as poucas palavras que nos acostumamos a ler.

Agora imagine que o papel continua desenrolando – um desenrolar sem fim! As palavras não são o papel, nem o ato de ler as palavras que estão no papel. Todos ocorrem simultaneamente: as palavras, o papel e a leitura das palavras no papel.

Essa é apenas uma analogia, mas talvez nos ajude a explicar que tudo que aparece no *samsara*, e até mesmo o nosso apego a esses aparecimentos, só são possíveis porque a base da nossa experiência é *nirvana* – a capacidade de vivenciar qualquer coisa, em conjunto com a nossa capacidade de perceber tudo o que aparece. *Samsara* é uma expressão do *nirvana*, assim como a realidade relativa é uma expressão da realidade absoluta. Precisamos apenas praticar o reconhecimento de que mesmo o nosso apego a certos pontos de referência da realidade relativa só é possível devido à união de vacuidade e clareza.

Tal como acontece com *shinay*, ou a prática de *shamatha*, há certos passos que podemos dar a fim de chegarmos ao insight, a experiência direta de clareza e vacuidade. Não posso dizer que o processo de desenvolvimento de tal experiência direta é simples ou fácil. Na verdade, ela deve ser realizada muito lentamente, pedaço por pedaço, gole a gole. Não há uma maneira rápida e fácil de superar os hábitos mentais e emocionais que se acumularam ao longo da vida. Mas a jornada em si fornece suas próprias recompensas.

Então, agora vamos olhar para o processo.

O "Eu" Vazio

Quem sou eu?

Esta questão nos persegue ao longo de quase todos os momentos da nossa vida diária, muitas vezes em um nível sutil. Por mais que tentemos, não podemos realmente encontrar um "eu", não é? Nossas opiniões mudam e nossos relacionamentos com os outros refletem diferentes aspectos do "eu". Nosso corpo passa por mudanças constantes. Assim, começamos a buscar um "eu" inerente que não pode ser definido pelas circunstâncias. Agimos como se tivéssemos um "eu" para proteger, evitando a dor e buscando conforto e estabilidade. Quando a dor ou o desconforto ocorrem, procuramos nos afastar deles, e quando ocorre algo agradável, tentamos nos apegar a ele. A implicação aqui é que a dor e o prazer, o conforto e o desconforto, e assim por diante, são de alguma forma alheios a esse "eu".

Curiosamente, mesmo que observemos nossas respostas com profundidade, não temos uma imagem muito clara do que esse "eu" realmente é. Onde ele está? Ele tem uma forma definida, cor, ou qualquer outra dimensão física? Você poderia dizer que o "eu" é permanente e não condicionado pela experiência?

Transcender essa experiência do "eu" não envolve especular se o "eu" realmente existe ou não. Tal especulação pode ser interessante em um sentido filosófico, mas não oferece muita ajuda para lidar com a experiência de momento a momento. A prática do insight envolve examinar a nós mesmos em termos de nossa confiança em um "eu", que exista independentemente das circunstâncias, como sendo um ponto de referência experiencial válido.

A fim de iniciar esse exame, é essencial adotar uma postura física relaxada e alerta. Em seguida, repouse sua mente usando a prática da atenção sem objeto descrita anteriormente. Depois, procure pelo "eu" – aquele que está observando a passagem dos pensamentos, emoções, sensações, e assim por diante.

No início, esse processo pode envolver algum tipo de análise.

A minha mão é "eu"?

Meu pé é "eu"?

O "eu" é o desconforto que posso estar sentindo com as pernas cruzadas?

O "eu" são os pensamentos que ocorrem ou as emoções que sinto?

Algum desses é o "eu"?

Depois, podemos deixar esse processo analítico e procurar o "eu".

Onde está o "eu"?

O que é o "eu"?

Não faça essa investigação por um tempo longo demais. A tentação de chegar a um conceito ou uma posição filosófica é muito forte. O objetivo do exercício é simplesmente permitir-se descobrir dentro de sua própria experiência uma sensação de liberação da ideia do "eu" como sendo algo permanente, singular e independente. Vacuidade, como foi discutido antes, não é uma decisão que tomamos acerca da natureza da realidade absoluta ou uma consciência alcançada através de análise ou de argumentação filosófica. É uma experiência que, uma vez saboreada, pode mudar sua vida, abrindo novas dimensões e possibilidades. Esse é o ponto da prática do insight.

O "Outro" Vazio

Unir *shamatha,* ou *shinay,* com uma compreensão da vacuidade não significa negar a realidade relativa. A realidade relativa é a estrutura através da qual operamos no mundo, e negar essa estrutura – como no caso do sujeito que simplesmente parou de dizer "eu" – é o caminho para a loucura. Mas há um terceiro nível de experiência que eu chamo de "falsa realidade relativa", em que ideias, sentimentos e percepções estão intimamente ligados à percepção que temos de nós mesmos, das outras pessoas, das sensações e das situações. A falsa realidade relativa é a principal fonte de sofrimento autocriado. Ela surge do apego a ideias, sentimentos e percepções acerca de nós e dos outros, como sendo características essenciais.

Depois de desenvolver certa experiência em olhar para a vacuidade do "eu" – ou do "espectador", como disse a minha aluna – podemos começar a investigar a vacuidade daquilo ou daquele para quem olhamos, o objeto de consciência. Talvez esse processo seja melhor realizado se examinarmos nossa experiência com a intenção de reconhecer que a divisão de cada momento da consciência entre o espectador, ou "observador", e aquilo que o espectador, ou observador, percebe, é uma invenção essencialmente conceitual.

O Buda muitas vezes discutiu essa divisão da percepção referindo-se aos sonhos. No sonho, você tem uma percepção do "eu" e uma percepção do "outro". Obviamente, os exemplos dados pelo Buda eram relevantes às condições das pessoas do tempo em que ele viveu: ser atacado por leões ou tigres, por exemplo. Eu desconfio que essa não seja uma preocupação para nós hoje em dia, embora tenha ouvido relatos de sonhos de muitas pessoas sendo perseguidas por monstros, ou estando perdidas em uma casa enorme ou pelos campos.

Um exemplo mais contemporâneo pode ser um sonho em que alguém lhe dá um relógio lindo e valioso: talvez um Rolex, pois ouvi dizer que é um relógio muito caro. No sonho, você pode se emocionar por ganhar um Rolex, sem ter que pagar um único "dólar onírico" por ele. Pode até tentar exibi-lo, coçando o pulso do braço em que está usando o relógio, enquanto conversa com alguém no sonho, só para mostrá-lo.

Mas, a seguir, um ladrão se aproxima, corta seu pulso e rouba o Rolex. A dor que resultaria dessa ação seria muito real no sonho, e sua tristeza por ter perdido o relógio poderia ser muito grande. Você não tem um "seguro" para substituir o relógio e está sangrando. Você pode acordar desse sonho banhado de suor ou em lágrimas, porque tudo parecia tão intenso, tão real.

Mas o Rolex era apenas um sonho, não era? E a alegria, a dor e o sofrimento que você sentiu eram todos parte do sonho. No contexto do sonho, eles *pareciam* reais. Quando você acordou, você não tinha um Rolex, não havia nenhum ladrão e a sua mão ou pulso não tinham sido cortados. Rolex, ladrão, ferimentos, e assim por diante, ocorreram como expressões da vacuidade e da clareza inerentes à sua mente.

De forma semelhante, o que quer que vivenciemos na realidade relativa pode ser comparado às experiências que temos em um sonho: tão vívidas, tão reais, mas em última análise, reflexos da união de vacuidade e clareza.

Podemos "acordar", por assim dizer, dentro do sonho da realidade relativa e reconhecer que tudo o que vivenciamos é a união de vacuidade e clareza. A prática do insight nos oferece a oportunidade de reconhecer, em um nível vivencial, o quão profundamente nossas percepções condicionam a nossa experiência. Em outras palavras, aquele que percebe e o percebido são em grande parte uma invenção da mente.

Para aplicar a prática do insight em relação ao "eu", comece adotando uma postura física relaxada e alerta. Tire alguns momentos para repousar na atenção sem objeto. Em seguida, repouse sua atenção levemente em um objeto: uma forma visual, um som ou uma sensação física. Bom, não é? Muito relaxante.

Mas onde é que a forma visual, o som ou a sensação física estão realmente ocorrendo? Em algum lugar dentro do cérebro? Em algum lugar "lá fora" – além do corpo?

Em vez de *analisar* onde ocorrem, apenas olhe para eles (ou ouça, ou sinta) como se fossem reflexos no espelho da mente. O objeto da consciência, a consciência do objeto e aquele que está consciente do objeto – todos ocorrem simultaneamente, como olhar em um espelho comum. Sem o espelho, não haveria nada para ser visto, e sem aquele que vê não haveria nada para ver. Juntos, eles tornam possível o "ver".

A prática do insight oferece uma forma de se relacionar com a experiência que envolve voltar a mente para dentro a fim de olhar a mente que está vivenciando. Esse processo pode ser difícil de entender até que você tente fazer isso. É preciso alguma prática, é claro, e pode ser que o reconhecimento da mente surgindo ao mesmo tempo que a experiência – a sensação de "grandeza" descrita pela aluna no processo de divórcio – dure apenas um ou dois segundos no início. A tentação nesses casos é dizer para si mesmo: "Eu consegui! Realmente compreendi a vacuidade! Agora posso prosseguir com a minha vida em total liberdade."

Essa tentação é particularmente forte quando trabalhamos com pensamentos e emoções, bem como na forma como nos relacionamos com os outros e com as várias situações. Breves lampejos de insight podem cristalizar-se em conceitos que nos levam por caminhos de percepção ou comportamento prejudiciais a nós e aos outros. Há uma velha história acerca de um homem que passou muitos anos em uma caverna meditando sobre a vacuidade. Dentro de sua caverna havia muitos ratos. Certo dia um rato bem grande pulou na pedra que lhe servia de mesa e ele pensou: "Ahá! O rato é a vacuidade." Pegou o sapato e matou o rato, pensando: "O rato é vacuidade, meu sapato é vacuidade e matar o rato é vacuidade." Mas tudo o que fez foi realmente solidificar a ideia de vacuidade em um conceito de que nada existe, de modo que pudesse fazer o que desejasse e sentisse, sem sofrer quaisquer consequências.

Muito lentamente, quando nos voltamos para a mente a fim de observá-la – não importa se estamos procurando o "eu", "outro", pensamentos ou sentimentos – podemos começar a ver a mente propriamente dita. Abrimo-nos à possibilidade de que a mente – a união de vacuidade e clareza – é capaz de refletir sobre qualquer coisa. Não ficamos presos em ver apenas uma coisa. Somos capazes de ver muitas possibilidades.

9. Empatia

Um ser humano é parte de um todo que chamamos de universo.

Albert Einstein,
extraído de carta citada por Howard Eves,
Mathematical Circles Adieu

As pessoas à nossa volta, as situações que enfrentamos e as mensagens de nossos órgãos sensoriais indicam que tanto quem nós somos quanto nosso modo de ser não apenas estão sujeitos a alterações, mas podem ser definidos de muitas maneiras diferentes, que, em si mesmas, também estão sujeitas a alterações. *Eu sou mãe ou pai. Eu sou marido ou esposa. Eu sou um empregado que executa certas tarefas em relação às exigências do meu empregador e das outras pessoas com quem trabalho.*

No entanto, profundamente enraizada em nossas relações habituais conosco mesmos, com as outras pessoas, com as coisas e com as situações, existe uma espécie de separação solitária – uma sensação de ser independente que obscurece nossa conexão com os outros. Essa sutil sensação de diferença ou separação está no cerne de muitos problemas pessoais e interpessoais. A prática da empatia utiliza todas as dificuldades ou crises que enfrentamos como ponto de partida para reconhecer nossa semelhança com os outros. Pouco a pouco, essa prática abre nossa mente para uma profunda experiência de confiança e ausência de medo, enquanto transforma nossos problemas pessoais em uma forte motivação para ajudar os outros.

Há uma velha história, contada em vários sutras, sobre uma mulher que tinha sofrido a morte de um filho. No entanto, ela se recusava a acreditar que o filho estivesse morto, e foi de casa em casa na aldeia pedindo remédios para reanimá-lo. É claro que ninguém podia ajudá-la. Tentavam mostrar-lhe que o menino estava morto, para que pudesse aceitar a situação. Uma pessoa, no entanto, reconhecendo que a mente da mãe estava tomada pela dor, aconselhou-a a procurar o Buda – o mais excelente dos médicos –, que estava em um monastério nas proximidades.

Apertando a criança contra o peito, ela correu até onde o Buda estava para pedir-lhe remédios que pudessem ajudar seu filho. O Buda estava no meio de uma palestra cercado por uma multidão; a mulher foi se esgueirando entre as pessoas e, ao ver a sua aflição, o Buda atendeu seu pedido. "Volte para a sua aldeia", aconselhou ele, "e me traga algumas sementes de mostarda de uma casa onde ninguém nunca tenha morrido."

Ela retornou rapidamente à aldeia e começou a pedir sementes de mostarda a cada um dos vizinhos. Os vizinhos ficavam contentes ao dar as sementes, porém, quando ela perguntava, "Alguém já morreu nessa casa?", eles olhavam para ela com estranheza. Alguns só acenavam com a cabeça; outros diziam que sim; e outros até lhe contavam quando e em que circunstância havia ocorrido a morte de um membro da família.

Assim que terminou sua ronda pela aldeia, a mulher compreendeu por meio dessa experiência, mais eloquente do que qualquer palavra, que ela não era a única pessoa no mundo a ter sofrido uma terrível perda. Mudança, perda e tristeza eram comuns a todos.

Embora ainda estivesse em luto pela morte do filho, ela reconheceu que não estava sozinha e seu coração se abriu. Depois que as cerimônias fúnebres do filho foram concluídas, ela juntou-se ao Buda e a seus discípulos, dedicando sua vida a ajudar os outros a alcançar o mesmo grau de reconhecimento.

O MANUAL DA FELICIDADE

Quando a compaixão se desenvolve, vemos que toda vida é a mesma, e que cada um dos seres deseja ser feliz.

Kalu Rinpoche, *The Dharma that Illuminates All Beings Impartially Like the Sun and the Moon*,
traduzido por Janet Gyatso

É muito fácil pensar que nós somos os únicos que sofrem e que as outras pessoas nasceram com o Manual da Felicidade mencionado antes – o qual, devido a um acaso da natureza, nunca chegamos a receber. Eu acreditei nisso tanto quanto qualquer outra pessoa. Quando jovem, a ansiedade que sentia quase constantemente me levava a acreditar que eu estava isolado, que eu era fraco e estúpido. No entanto, quando comecei a praticar a bondade amorosa/compaixão, aquela sensação de isolamento começou a diminuir. Ao mesmo tempo, gradualmente comecei a me sentir confiante e até mesmo *útil*. Passei a reconhecer que eu não era a única pessoa a se sentir assustada e vulnerável. Com o tempo, compreendi que considerar o bem-estar dos outros seres era essencial para descobrir a minha própria paz de espírito.

Uma vez que tenhamos estabilizado um pouco a mente por meio da prática da atenção pura à nossa experiência, podemos começar a abrir a nossa atenção um pouco mais amplamente. Através daquilo que chamamos, na tradição budista, de prática da bondade amorosa e da compaixão, nós podemos dissolver a ilusão de que existem um "eu" e "outro" independentes. Para usar um termo mais contemporâneo, essa prática pode ser entendida como empatia: a capacidade de se identificar ou compreender a situação em que outras pessoas se encontram.

Muitas pessoas me perguntam por que a prática de empatia é chamada de bondade amorosa e compaixão. Por que não só uma, ou só a outra?

De acordo com o entendimento budista, a empatia tem dois aspectos. *Bondade amorosa* refere-se ao desejo de que todos alcancem a felicidade nesta vida, e ao esforço que fazemos para alcançar esse objetivo. *Compaixão* é a aspiração para aliviar todos os seres da dor e do sofrimento crucial decorrente de não conhecerem sua natureza básica, e o esforço que desenvolvemos para ajudá-los a obter alívio desse sofrimento.

Essas duas preocupações, o desejo de ser feliz e o desejo de livrar-se do sofrimento, são comuns a todos os seres vivos, embora não necessariamente de modo verbal ou consciente, e nem sempre nas complexas condições da consciência humana. O sofrimento e suas causas e condições foram discutidos em detalhes no início deste livro. A felicidade é um termo muito mais amplo que pode, em sua forma mais simples, ser descrito como "florescimento". Significa ter o suficiente para comer, um lugar para viver e levar a vida sem ameaça de danos. Mesmo as formigas, que no meu entender não têm uma estrutura fisiológica que registre a dor, ainda fazem suas tarefas diárias de coletar alimentos, trazê-los para o ninho, além de cumprir outras funções que contribuem para a própria sobrevivência e a sobrevivência de sua colônia.

Para a maioria de nós, como me foi ensinado, o processo de desenvolver bondade amorosa e compaixão acontece em etapas. Começa – como a mulher que perdeu o filho – com o reconhecimento do nosso próprio sofrimento e do nosso desejo de libertação. Aos poucos, estendemos o nosso desejo de felicidade e a aspiração de libertação aos outros. Esse caminho lento e constante, que tem início a partir da consciência das nossas próprias dificuldades, nos leva ao despertar de um potencial muito mais profundo do que poderíamos imaginar, enquanto estamos sentados no nosso carro no meio do engarrafamento, amaldiçoando as condições que causaram o atraso, ou em pé na fila do banco, desejando desesperadamente que ela ande mais rápido.

A fase inicial é comumente chamada de *bondade amorosa/compaixão ordinárias*, e começa com o desenvolvimento de um sentimento de bondade amorosa e da compaixão dirigidas a nós e àqueles que conhecemos. A segunda etapa é muitas vezes chamada de *bondade amorosa/compaixão incomensuráveis*, e é uma extensão da aspiração por felicidade e liberação do sofrimento àqueles que não conhecemos. A terceira fase é conhecida como *bodhicitta*, a mente que desperta para o sofrimento de todos os seres sencientes, e espontaneamente trabalha para aliviar esse sofrimento.

Bondade amorosa/Compaixão Ordinárias: Foco em Nós Mesmos

A bondade amorosa/compaixão ordinárias inclui várias fases. A primeira envolve aprender a desenvolver um sentimento de ternura para consigo além de uma apreciação pelas próprias qualidades positivas. Isso não quer dizer sentir pena de si mesmo. Também não quer dizer repetir infinitamente os cenários de sofrimento ou arrependimentos, pensando que as coisas poderiam ter sido diferentes, se uma ou outra circunstância tivesse sido diferente. Pelo contrário, envolve olhar para a sua experiência do momento presente como um objeto de foco meditativo. Nesse caso, não estamos olhando para o conceito de "eu", mas sim para a experiência de estar vivo neste momento. Se "eu" pudesse alcançar a felicidade e as causas da felicidade, seria muito bom. Talvez o método mais simples seja uma espécie de variação da "prática de escaneamento", que descrevemos em relação à prática de *shamatha*, de prestar atenção às sensações físicas.

Comece "domando seu cavalo". Se estiver praticando formalmente, adote a postura dos sete pontos, da melhor maneira que puder. Senão, apenas mantenha sua coluna ereta, cuidando em deixar o resto do corpo relaxado e equilibrado. "Dome o cavaleiro", permitindo que sua mente relaxe em um estado de atenção sem objeto.

Depois de alguns instantes, faça um rápido "exercício de escaneamento". Desta vez, no entanto, em vez focar nas próprias sensações, gentilmente permita-se reconhecer que você *tem* um corpo, assim como uma mente capaz de escaneá-lo. Permita-se reconhecer como esses fatos básicos da sua existência são realmente maravilhosos! Reconheça a preciosidade de ter um corpo e uma mente capaz de estar consciente desse corpo. A apreciação dessas dádivas planta as sementes de felicidade e de alívio do sofrimento. Que alívio saber que você está vivo e consciente!

Repouse nessa simples apreciação por um momento e então, de maneira suave, introduza o pensamento: "Como seria bom se eu sempre fosse capaz de apreciar este sentimento de vivacidade básica. Como seria bom se eu sempre pudesse desfrutar dessa sensação de bem-estar, e de todas as causas que me levam à satisfação, estando aberto a todas as possibilidades!" É claro que as palavras que escolher usar para fazer essa aspiração podem variar segundo seu temperamento. Em termos budistas tradicionais esses pensamentos são expressos em uma prece ou aspiração: "Que eu possa alcançar a felicidade e as causas da felicidade. Que eu possa estar livre do sofrimento e das causas do sofrimento." Porém, o significado é essencialmente o mesmo. Escolha as palavras que funcionam para você.

Depois é só deixar que sua mente repouse aberta e relaxada.

Não tente manter essa prática por mais do que um ou dois minutos se você estiver praticando de modo formal, ou por mais de alguns segundos se estiver praticando de modo informal. Você pode apreciar a maravilha de estar vivo e consciente enquanto caminha pelo supermercado, fica preso no engarrafamento ou lava a louça. É muito importante praticar em sessões curtas e, em seguida, deixar que sua mente repouse, caso contrário essa preciosidade pode se tornar um conceito, em vez de uma experiência. Ao longo do tempo, à medida que você gradualmente repete o exercício, um reino de possibilidades começa a abrir-se.

Bondade Amorosa/Compaixão Ordinárias: Foco nas Pessoas Próximas a Nós

Depois de haver se familiarizado um pouco com a sua própria experiência de alívio, você pode estender essa possibilidade aos outros. Na verdade, reconhecer o sofrimento dos outros pode transformar a sua própria experiência. Um amigo nepalês mudou-se para Nova York na esperança de encontrar um emprego melhor e ganhar mais dinheiro. No Nepal, ele ocupava uma posição elevada em uma tecelagem de tapetes. Mas ao chegar em Nova York, o melhor emprego que conseguiu encontrar foi em uma oficina mecânica – o que para ele constituía uma humilhante decadência, comparado ao seu antigo cargo no Nepal. Às vezes, ele ficava tão chateado que começava a chorar, até que um dos seus gerentes lhe disse: "O que está fazendo chorando desse jeito? Você não pode fazer isso! O que os nossos clientes vão pensar?"

Um dia, ele notou que havia um novo trabalhador na oficina – um homem que usava um chapelão. Olhando mais de perto, percebeu que o homem do chapéu era o *proprietário* da fábrica de tapetes no Nepal. Ele tinha abandonado o seu negócio e ido para Nova York com a mesma esperança de ganhar mais dinheiro, e acabou na mesma função do meu amigo, como um trabalhador não qualificado, em um emprego que pagava menos do que aquele que tinha deixado no Nepal.

Imediatamente, meu amigo reconheceu que não era a única pessoa que estava vivendo tal revés do destino. Ele não estava sozinho.

Essa é a segunda fase da bondade amorosa/compaixão ordinárias: reconhecer que provavelmente tudo o que está acontecendo dentro da mente de outra pessoa é muito semelhante ao que está acontecendo na sua. Quando nos lembramos disso, pouco a pouco chegamos a perceber que não há razão para se ter medo de nada nem de ninguém. Na maioria das situações, ficamos com medo porque não reconhecemos que a pessoa, ou aquilo que estamos enfrentando, é como nós: uma criatura que só quer florescer.

Os textos budistas clássicos ensinam que devemos focar primeiramente em nossas mães, que demonstraram a bondade máxima por nós, carregando-nos em seu corpo e trazendo-nos para o mundo. A maioria das culturas, tanto oriental quanto ocidental, tradicionalmente estimula o respeito e a afeição para com a mãe e o pai, em retribuição aos sacrifícios que fizeram por nossa causa. Mas esse enfoque tradicional mudou muito ao longo das duas últimas gerações. Muitas pessoas com quem conversei nos últimos anos não necessariamente têm um relacionamento afetivo e carinhoso com seus pais, em especial se os pais foram verbal ou fisicamente abusivos. Nesses casos, não ajuda muito usar a mãe ou o pai como objeto da prática de bondade amorosa/compaixão. Porém, é perfeitamente possível focar em outro objeto: um parente bondoso, um professor que lhe deu apoio, um amigo íntimo, seu cônjuge, seu companheiro(a) ou filho(a). Algumas pessoas optam por usar como foco seus gatos, cães ou outros animais de estimação. O objeto da sua meditação não importa de fato. O importante é repousar sua atenção com leveza em alguém ou algo com o qual você tenha um vínculo de calor ou ternura.

A prática da bondade amorosa/compaixão ordinárias para com os outros difere um pouco da prática da bondade amorosa/compaixão em relação a si mesmo. Comece adotando a postura dos sete pontos ou, pelo menos, a coluna ereta, enquanto permite que o resto do corpo repouse naturalmente.

Agora, repouse por alguns momentos na atenção sem objeto. Relaxe no seu assento, tal como faria depois de finalizar uma tarefa importante, e apenas observe sua mente, todos os pensamentos, sentimentos e sensações que passam por ela.

Depois de repousar por alguns instantes, traga a sua atenção levemente para alguém ou algo em relação a quem você tenha um pouco de ternura, afeição ou preocupação. Não se surpreenda se aparecer a imagem de alguém ou algo que você deliberadamente não escolheu, inclusive de forma mais vívida do que o objeto que escolheu trabalhar. Isso acontece muitas vezes, de modo bem espontâneo. Um dos meus alunos começou a praticar formalmente, com a intenção de focar na sua tia, que tinha sido muito gentil com ele quando criança; mas a imagem que insistia em aparecer era a de um filhotinho de cachorro que ele tivera durante a infância. Esse é só um exemplo da sabedoria natural da mente se afirmando. Ele de fato possuía várias memórias afetuosas associadas ao filhote e, quando enfim se rendeu a essas memórias, em vez de tentar focar na tia, sua prática ficou mais fácil.

Permita que a sensação de carinho ou afeto instale-se em sua mente e, por alguns minutos, alterne entre esses sentimentos e deixe a mente repousar na atenção sem objeto. À medida que alterna entre estes dois estados, permita-se a desejar que o objeto da sua meditação sinta a mesma sensação de abertura e afeto que você sente em relação a ele ou ela. Depois de alguns instantes fazendo essa alternância entre a atenção sem objeto e atenção ao objeto da sua meditação, você pode proceder de duas maneiras. Uma maneira é imaginar o objeto que você escolheu em uma condição muito triste ou dolorosa. Se o objeto que você escolheu já estiver envolvido em profunda dor ou tristeza, traga à mente a condição presente dele ou dela. De qualquer modo, a imagem que você traz à mente produz naturalmente uma sensação de profunda ternura e respeito e um desejo profundo de aliviar a dor.

Outra forma de praticar é repousar a sua atenção levemente sobre qualquer pessoa ou coisa que tenha escolhido, enquanto pergunta-se: "O quanto *eu* quero ser feliz? O quanto *eu* quero evitar a dor ou o sofrimento?" Deixe seus pensamentos sobre essas questões serem os mais específicos possíveis. Por exemplo, se estiver preso a um lugar muito quente, preferiria ir para um lugar mais frio e mais aberto? Se sente algum tipo de dor física, gostaria que a dor fosse embora? Enquanto pensa sobre suas respostas, aos poucos volte sua atenção para o objeto que escolheu e imagine como ele ou ela se sentiria na mesma situação.

Praticar dessa forma não só abre seu coração para os outros seres, mas também dissolve sua própria identificação com qualquer dor ou desconforto que esteja vivendo no momento. Como o meu amigo nepalês descobriu ao ver seu ex-chefe trabalhando na mesma oficina mecânica em Nova York e escondendo o rosto debaixo do chapelão, nós não estamos sozinhos. Pessoas, cachorros e outras criaturas desejam buscar o florescimento e evitar a dor através de seus próprios meios, mas suas motivações básicas são bastante semelhantes.

Bondade Amorosa/Compaixão Ordinária: Foco em Quem ou no Que Não Gostamos

Cultivar bondade amorosa e compaixão para com aqueles que conhecemos e com quem nos preocupamos não é tão difícil, porque mesmo quando sentimos vontade de estrangulá-los por serem estúpidos ou teimosos, a questão é que ainda os amamos. É um pouco mais difícil estender a mesma sensação de calor e interesse às pessoas com as quais estamos tendo problemas pessoais ou profissionais, ou para aqueles por quem, por algum outro motivo, sentimos uma profunda aversão.

Um aluno meu, por exemplo, possuía um medo terrível de aranhas. Tinha medo de ver uma aranha em um canto do quarto, no peitoril da janela, ou pior, em cima da sua banheira. A aranha estava apenas fazendo o que sempre faz, tecendo uma teia, na esperança de atrair uma mosca ou outro inseto (que provavelmente também tinha um pouco de medo de aranha), mas o aluno tentava ansiosamente se livrar dela, esmagando-a com uma vassoura ou sugando-a com o aspirador de pó. Depois de alguns meses praticando olhar para o seu próprio desejo de florescer e o seu o medo da dor e do sofrimento, ele começou a desenvolver uma relação um pouco diferente com as aranhas. Timidamente, começou a ter uma atitude diversa a cada encontro. Em vez de esmagar a aranha ou sugá-la com o aspirador, reuniu coragem para capturá-la em um frasco e soltá-la fora de casa. Por fim, ele mesmo começou a dizer: "Adeus, amiguinha. Encontre o seu alimento, encontre a sua felicidade... só que não aqui na minha casa, ok?"

Sem dúvida, isso não impediu que as aranhas aparecessem nas janelas ou na banheira dele, mas em vez de tratá-las como inimigas, começou a reconhecê-las como criaturas muito semelhantes a ele.

Ora, capturar aranhas em um frasco e soltá-las fora de casa pode não ser um caminho típico para desenvolver o segundo nível ordinário de bondade amorosa/compaixão. Mas é um começo.

Como um exercício, imagine que você perfura suas bochechas com duas agulhas bem pontudas, uma na bochecha esquerda e outra na direita. Será que a dor que você sente na direita é diferente da dor que sente na esquerda? A dor na bochecha direita representa a infelicidade e o sofrimento que você sente. A dor na esquerda representa a dor e infelicidade vivida por algo ou alguém que você não gosta. Uma é menos dolorosa do que a outra? Talvez sim, talvez não. Talvez você tenha se acostumado a essa agulha na bochecha por tanto tempo que nem nota mais que é dolorida. Mas a agulha fincada na bochecha esquerda é uma dor nova – você está muito consciente dela. Você poderia remover a agulha da bochecha direita, trabalhando com a prática da bondade amorosa/compaixão em relação a você mesmo ou em relação àqueles com quem sente um pouco de ternura. Porém, a agulha em sua bochecha esquerda continuará fincada lá até que você realmente comece a estender essa aspiração de felicidade e alívio do sofrimento àqueles que você não gosta. Seu desejo é que eles sofram ou sejam infelizes. Talvez sinta ciúmes ou ressentimento em relação a eles. Mas quem está sentindo a dor deste ressentimento, ciúme ou aversão?

Você.

Há um benefício adicional em dirigir bondade amorosa e compaixão às pessoas de que você não gosta. Vamos supor que essa pessoa está tratando você ou alguém com grosseria. Você poderia relacionar-se com essa pessoa de modo raivoso ou defensivo, ou até mesmo – se o seu estado de espírito for razoavelmente estável – usar o seu bom senso. Mas bondade amorosa/compaixão fornecem um pouco de insight sobre *por que* essa pessoa diria ou faria coisas que magoam as outras pessoas. Essa pessoa está sofrendo, está confusa, buscando desesperadamente uma sensação de conforto e estabilidade.

Por exemplo, um aluno meu começara a trabalhar havia pouco tempo no departamento de marketing de uma grande empresa e foi chamado para uma reunião com uma mulher, a chefe do departamento de contabilidade. A reunião começou muito mal. A mulher tinha muitos argumentos, falava sem parar, e se alguém a interrompia, ou propunha um ponto de vista diferente, seu rosto começava a ficar vermelho e ela reforçava ainda mais o seu ponto de vista.

Acompanhando essa situação de modo relaxado, meu aluno começou a olhar para aquela mulher com bondade amorosa e compaixão, e viu que por detrás da parede de raiva havia uma menina que nunca tinha sido ouvida quando criança. Então, ele começou a assentir com a cabeça, concordando com ela, dizendo que suas observações eram muito inteligentes e suas ideias muito boas. Aos poucos, a mulher começou a relaxar. A raiva foi derretendo e ela foi capaz de ouvir as ideias das outras pessoas e realmente considerá-las. Meu aluno e a mulher não se tornaram bons amigos, mas depois dessa reunião inicial, ele quase sempre era convidado para as reuniões dirigidas por ela e sempre parecia ser capaz de acalmá-la; todas as vezes que tinha que ir para o escritório de contabilidade, havia certo suspiro de alívio de todos os outros membros do departamento. Sua ação era tão relaxante que a mulher passou a tratar as outras pessoas do departamento com um pouco mais de gentileza.

Isso acabou sendo uma situação em que todos "saem ganhando". Sendo ouvida e apreciada por sua inteligência, a mulher sentia-se um pouco aliviada do seu próprio sofrimento. As pessoas que trabalhavam sob sua coordenação passaram a não ser objeto de críticas constantes, de modo que os sentimentos desagradáveis que nutriam em direção a ela também começaram a afrouxar.

E meu aluno passou a confiar mais em si mesmo ao ver que poderia lidar com situações difíceis com a clareza e a sabedoria originadas da bondade amorosa/compaixão.

Bondade amorosa/Compaixão Incomensuráveis

Depois de um pouco de prática, não é tão difícil desenvolver bondade amorosa e compaixão em relação àqueles que conhecemos. Estender a mesma relação de afeto e parentesco para com aqueles que não conhecemos, e em muitos casos nem chegaremos a conhecer, é uma tarefa que exige um pouco mais de esforço. Ao sabermos das tragédias que acorrem no mundo todo, ou mesmo na nossa vizinhança, talvez cresça em nós uma sensação de desamparo e desesperança. Conseguimos nos juntar só a algumas causas e, às vezes, nossa vida profissional e familiar nos impede de trabalhar por elas de um modo mais direto. A prática da bondade amorosa/compaixão incomensuráveis ajuda-nos a aliviar a sensação de desesperança. Ela também promove uma sensação de confiança de que, seja qual for a situação em que nos encontremos, seja com quem for que nos deparemos, teremos uma base para relacionar-nos de forma que não haja tanto medo ou desesperança. Passamos a ver possibilidades que de outro modo estariam ocultas e começamos a desenvolver uma maior valorização das possibilidades que existem dentro de nós.

Uma prática especialmente útil para gerarmos bondade amorosa/compaixão incomensuráveis é conhecida em tibetano como *tonglen*, que pode ser traduzida para o português como "enviar e receber". *Tonglen* é realmente uma prática bastante simples e requer apenas uma simples coordenação entre visualização e respiração.

Como sempre, o primeiro passo é encontrar uma posição de repouso para o corpo e, depois, repousar a mente na atenção sem objeto. Em seguida, traga suavemente a sua atenção para este pensamento: "Assim como eu busco a felicidade e desejo evitar o sofrimento, os outros seres também." Você não precisa visualizar nenhum ser em específico, embora possa começar visualizando uma determinada pessoa se achar que é útil. Porém, ao final, *tonglen* estende-se além de uma determinada pessoa ou coisa que você possa imaginar, para passar a incluir os animais, insetos e todas as criaturas que estão sofrendo ou sofrerão de forma alguma.

O ponto essencial é lembrar que o mundo está cheio de um número infinito de seres, e pensar: *assim como eu desejo a felicidade, todos os seres desejam a felicidade. Assim como eu desejo evitar o sofrimento, todos os seres desejam evitar o sofrimento.* Do mesmo modo que trabalhou com a bondade amorosa/compaixão ordinária, ao deixar esses pensamentos girarem pela sua mente, você de fato começará a ver-se ativamente envolvido em desejar que os outros sejam felizes e liberem-se do sofrimento.

O próximo passo é focar na sua respiração como um método de enviar qualquer felicidade que tenha sentido, ou possa estar sentindo, a todos os seres sencientes, e a seguir, absorver o sofrimento deles. Ao expirar, imagine toda a felicidade e benefícios que você conquistou durante a sua vida, saindo completamente de dentro de você na forma de luz clara. Esta luz estende-se a todos os seres e dissolve-se dentro deles, satisfazendo todas as necessidades e eliminando o sofrimento que vivenciam. Ao inspirar, imagine que o sofrimento de todos os seres sencientes é uma fumaça escura e viscosa que será inalada por suas narinas e se dissolverá no seu coração. Enquanto continua essa prática, imagine que todos os seres estão livres do sofrimento e cheios de felicidade e alegria.

Depois de praticar dessa forma por alguns momentos, deixe que sua mente repouse. Em seguida, repita a prática, alternando períodos de *tonglen* e períodos de repouso da mente.

Se achar que ajuda a sua visualização, sente-se com o corpo bem ereto e repouse as mãos levemente fechadas sobre o topo das coxas. Ao expirar, abra os dedos e deslize as mãos para baixo das coxas em direção aos joelhos, enquanto imagina a luz saindo em direção a todos os seres. Ao inspirar, deslize as mãos para cima, fechando-as em conchas, como se trouxesse a luz escura do sofrimento dos outros e a dissolvesse em si mesmo.

O mundo está cheio de vários tipos diferentes de criaturas e é impossível até mesmo imaginá-las todas, quanto mais oferecer ajuda direta e imediata para cada uma delas. Mas por meio da prática de *tonglen*, você pode abrir a sua mente a essas infinitas criaturas e desejar-lhes todo o bem. O resultado é que, por fim, sua mente se tornará mais clara, mais calma, mais focada e desperta. Você desenvolverá a capacidade de ajudar os outros de infinitas maneiras, direta ou indiretamente.

BODHICITTA

O estágio final é *bodhicitta*, um termo sânscrito traduzido com frequência como a "mente do despertar" ou "mente desperta". É uma palavra composta que combina o termo sânscrito *bodhi* (que vem do verbo raiz *budh*, que se traduz como "tornar-se desperto, tornar-se consciente, perceber ou compreender") e a palavra *citta* (que normalmente é traduzida como "mente" ou às vezes como "espírito" no sentido de "inspiração").

Na tradição budista, reconhecemos dois tipos de *bodhicitta*: absoluta e relativa. *Bodhicitta absoluta* refere-se à mente que, com a realização de todos os níveis de treinamento, tornou-se completamente pura e que, por isso, vê a natureza da realidade diretamente, sem questionar ou vacilar. A semente da natureza búdica, latente em todos os seres sencientes, cresceu e tornou-se uma árvore magnífica. Capaz de ver e conhecer todas as coisas, a *bodhicitta absoluta* inclui uma consciência aguçada do sofrimento que todas as criaturas têm de suportar quando são ignorantes acerca da sua própria natureza. Também inclui um desejo de liberar todos os seres desse nível mais profundo de sofrimento. Esse é o estado que o Buda atingiu, bem como aqueles que seguiram seus passos para atingir a iluminação completa.

No entanto, poucos entre nós são capazes de vivenciar imediatamente *a bodhicitta absoluta*. Em sua própria vida, o Buda histórico trabalhou por seis anos para chegar a essa consciência plenamente desperta. Conta a lenda que só conseguiu fazer isso em um período de tempo relativamente curto, porque ele havia vivido muitas e muitas vidas trabalhando para esse objetivo.

A maioria de nós precisa treinar-se no caminho mais gradual da *bodhicitta relativa*. Isso amplia todas as práticas de bondade amorosa/compaixão em termos de cultivar o desejo de que todos os seres sencientes alcancem – não em um sentido intelectual, mas na experiência direta – o florescimento pleno de sua natureza búdica e realizem as ações necessárias para consumar esse objetivo.

O desenvolvimento da *bodhichitta relativa* sempre envolve dois aspectos: aspiração e aplicação. A *bodhicitta da aspiração* envolve cultivar o desejo sincero de elevar todos os seres sencientes a um nível em que reconheçam completamente a sua verdadeira natureza. Começamos pensando: "Desejo alcançar o pleno despertar a fim de ajudar a todos os seres sencientes a alcançarem a mesma condição." A maioria das práticas budistas começa com algum tipo de prece que expressa essa aspiração. É muito útil recitar essa prece em outra língua, ou usando termos que lhes são familiares, uma vez que isso nos ajuda a ampliar o objetivo da nossa prática. Porém, tais preces e aspirações continuarão sendo meras palavras até que realmente dediquemos um tempo para trabalhar com os estados ordinários e incomensuráveis de bondade amorosa/compaixão. Como vimos anteriormente, não há como vivenciarmos a completa felicidade e o fim do nosso sofrimento sem a experiência direta do nosso próprio desejo de felicidade, a felicidade dos outros e a liberação do sofrimento. Trabalhar para a nossa própria liberação é como remover a agulha só de uma bochecha. Enquanto a agulha continuar na outra bochecha, vamos sempre sentir um pouco de desconforto, dor ou medo.

Soa como uma grande empreitada, não é? Já é difícil despertar a nós mesmos, quanto mais conduzir os outros seres ao mesmo despertar! Mas, retomando a história da mulher que perdeu o filho, poderemos começar a entender que na presença de alguém desperto, torna-se possível o despertar das outras pessoas também. Às vezes, esse despertar pode vir na forma de aceitar um conselho, ouvir um ensinamento ou seguir o exemplo de um professor.

A *bodhicitta da aplicação* concentra-se no caminho de alcançar o objetivo de despertar outras pessoas. A aspiração é o desejo de levar pessoas de um "lugar" para outro. A aplicação é o meio pelo qual efetuamos a nossa aspiração.

Há muitas maneiras de praticar a *bodhicitta da aplicação*. Por exemplo, abster-se de roubar, mentir, fofocar, falar ou agir de maneira que intencionalmente cause sofrimento. Além disso, agir com generosidade em relação aos outros, dissolvendo conflitos, falando com suavidade e calma, e não "perdendo as estribeiras", e ficar feliz com as coisas boas que acontecem com as outras pessoas, em vez de ser massacrado pelo ciúme ou pela inveja.

Condutas desse tipo estendem a experiência da bondade amorosa/compaixão na meditação à todos os aspectos da vida diária. Isso cria uma situação em que todos ganham. *Ganhamos* porque nós reconhecemos que não estamos sozinhos ao vivenciar emoções difíceis ou situações problemáticas. À medida que esse reconhecimento aprofunda-se, começamos a sentir uma profunda sensação de confiança em nós mesmos, e somos capazes de responder de modo mais cuidadoso e compassivo aos outros. Aqueles que estão à nossa volta ganham, porque, tendo desenvolvido uma noção intuitiva do sofrimento que vivenciam, começamos a agir em relação a eles de uma maneira mais bondosa e compassiva. E eles, por sua vez, começam a comportar-se mais compassivamente em relação aos outros.

Não há inspiração nem coragem maior do que a intenção de levar todos os seres à perfeita liberdade e ao completo bem-estar de reconhecer a sua verdadeira natureza. Se vamos conseguir realizar esse objetivo não importa. A intenção por si só tem tal poder que, se trabalharmos com ela, nossa mente se tornará mais forte, nossos hábitos mentais e emocionais vão diminuir, e desenvolveremos mais habilidade para ajudar os outros seres. Ao fazer isso, criaremos as causas e condições para o nosso próprio bem-estar.

O entendimento do sofrimento, das causas do sofrimento, do potencial inerente dentro de nós e dos meios para transformar esse entendimento em experiência pode ser considerado o Manual de Felicidade que pensamos ter perdido ao nascer.

Porém, muitas pessoas perguntam: o que fazer para aplicar essas lições de entendimento e experiência à nossa própria situação? O que fazer quando enfrentamos ansiedade, angústia, inveja, raiva ou desespero?

Para responder a essas questões, temos que investigar um pouco mais profundamente e usar a nossa vida como um laboratório de experiências.

Parte Três:
APLICAÇÃO

> A semente contida no fruto de uma manga ou árvore semelhante [é possuída pela] indestrutível propriedade de brotar.
>
> *The Mahayana Uttaratantra Shastra,*
> traduzido por Rosemarie Fuchs

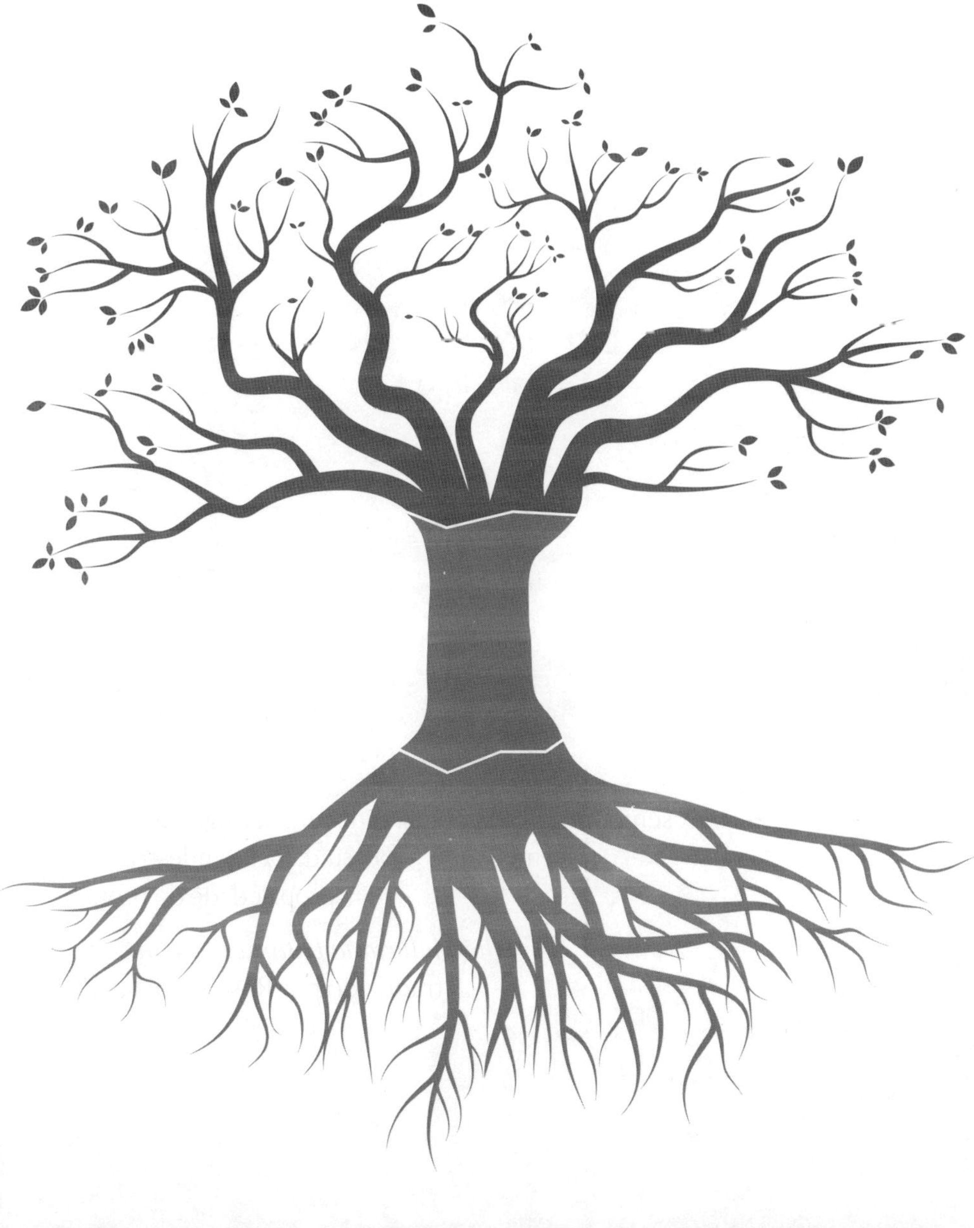

10. A vida no caminho

Tudo pode ser usado como um convite à meditação.

Sogyal Rinpoche,
O livro tibetano do viver e do morrer
Editora Palas Athenas

Para eliminar problemas, precisamos de problemas.

Isso pode soar um pouco estranho, até mesmo radical. Mas, na sua época, o Buda foi um radical que propôs um plano de tratamento para o sofrimento que diferia em muitos aspectos das opções oferecidas por alguns de seus contemporâneos.

Lembro-me quando criança de ouvir falar sobre uma tradição de meditadores eremitas no Tibete – homens e mulheres que passavam meses ou anos em cavernas isoladas nas montanhas, onde praticavam por longos períodos sem distração. Parece bom, não é? Uma vida simples, sem perturbações e uma situação perfeita para desenvolver a paz de espírito, exceto por um pequeno detalhe.

Era calmo demais.

Viver sozinho em uma caverna na montanha não nos apresenta muitas oportunidades para lidar com pensamentos perturbadores, emoções ou outras formas de *dukkha*. Então, de vez em quando, esses meditadores eremitas desciam a montanha, entravam na aldeia ou cidade, e começavam a dizer ou fazer coisas malucas. As pessoas ou os aldeões ficavam com tanta raiva, gritavam e lançavam insultos contra eles, ou até mesmo os agrediam fisicamente. Mas, para os meditadores, o abuso verbal, emocional e físico sofrido tornavam-se o suporte para a meditação. Tornavam-se oportunidades para desenvolver uma maior estabilidade mental e emocional, e para eliminar, de modo cada vez mais profundo, as camadas de percepção equivocadas sobre sua própria natureza, a natureza dos outros, bem como a natureza da experiência.

À medida que sua compreensão aumentava, o reconhecimento da situação básica do sofrimento e de suas causas aprofundava-se, e eles desenvolviam uma consciência mais aguçada da confusão que rege as vidas de tantas pessoas: o sofrimento autocriado baseado na crença da permanência, independência e singularidade. O coração desses meditadores partia-se ao ver o sofrimento das pessoas, desvelando uma experiência profunda e pessoal de bondade amorosa e compaixão. Eles sentavam-se por horas, usando algumas das práticas que descrevemos antes, e dedicavam os benefícios que adquiriam com as práticas às pessoas que os tinham ajudado a crescer, mesmo insultando-os ou espancando-os.

A maioria de nós não é um meditador eremita, e neste sentido, temos realmente muita sorte. Não temos que procurar problemas nem marcar um encontro com eles. Não temos que pagar nem sequer um centavo por pensamentos e emoções perturbadoras. Nossas vidas são cercadas por desafios de todo tipo.

E como lidamos com eles?

Normalmente, nós tentamos negá-los ou eliminá-los, tratando-os como inimigos, ou deixamos que eles nos dominem por completo, tratando-os como "patrões".

Uma terceira opção – o caminho do meio exemplificado pelos meditadores eremitas do passado – é usar nossas experiências como meio de abrir-nos para uma realização mais profunda da nossa capacidade para a sabedoria, a bondade e a compaixão.

Em termos budistas, esta abordagem é frequentemente chamada de "levar a sua vida para o caminho".

Sua vida exatamente como ela é – aqui e agora.

O objetivo radical do plano de tratamento do Buda não é resolver ou eliminar problemas, mas usá-los como base, ou foco, para o reconhecimento do nosso potencial. Cada pensamento, emoção e sensação física é uma oportunidade para voltarmos nossa atenção para dentro e familiarizarmo-nos um pouco mais com a origem.

Muitas pessoas veem a meditação como um exercício, como ir à academia de ginástica. "Eu já consegui meditar! Agora posso continuar seguindo a minha vida." Mas a meditação não é algo separado da sua vida. *É* a sua vida.

Em certo sentido, estamos sempre meditando: focando no turbilhão emocional, nos pensamentos perturbadores, e tirando conclusões a partir das nossas experiências sobre quem e o que somos, e a natureza de nosso meio ambiente. Esse tipo de meditação muitas vezes ocorre espontaneamente, sem a nossa participação consciente.

O compromisso de levar nossa vida para o caminho eleva o processo de meditação inconsciente a um nível consciente. Muitas pessoas, inclusive eu, adotam essa abordagem na esperança de encontrar soluções imediatas para a dor mental e emocional. Sem dúvida, é possível sentir algum tipo de alívio imediato, mas a experiência não costuma durar muito tempo. É comum ver pessoas sentindo-se desapontadas quando a sensação de liberdade dissolve-se, pensando: "Essas coisas budistas não funcionam."

Mas se continuarmos a reservar alguns momentos ao longo do dia para olhar para a nossa experiência, e depois ampliarmos nossas sessões formais de prática, veremos que o plano de tratamento do Buda é muito mais do que uma aspirina psicológica. Ao examinarmos nossos pensamentos, sentimentos e sensações, descobriremos algo muito precioso.

OURO ESCONDIDO

Um tesouro precioso está contido na mente de cada ser.

The Mahayana Uttaratantra Shastra,
traduzido por Rosemarie Fuchs

Há uma velha história sobre um indiano que, ao percorrer um campo lamacento, acidentalmente deixou cair a pepita de ouro que carregava. O campo era um local onde as pessoas da região despejavam lixo e restos de comida, e acabou virando uma espécie de pântano de dejetos. O ouro ficou lá por séculos, coberto por cada vez mais camadas de lama e lixo. Por fim, um deus olhou para baixo e disse a um homem que estava em busca de ouro: "Há uma enorme pepita enterrada debaixo de todo aquele lixo. Desenterre-a, faça algo útil com ela – uma joia ou coisa semelhante – para que esta substância preciosa não venha a ser desperdiçada."

A história, sem dúvida, é uma analogia para o reconhecimento da natureza búdica, que é muitas vezes obscurecida pela "lama" da ignorância, desejo, aversão e os vários tipos de turbulência mental e emocional que surgem a partir desses três venenos básicos.

Os ensinamentos originais do Buda, e os comentários escritos por mestres que vieram depois dele, fornecem uma série de analogias para ajudar as pessoas a compreenderem a natureza búdica, que em si é indescritível. Porém, o exemplo do ouro parece ser o mais fácil para as pessoas entenderem. Assim, quando eu ensino sobre o assunto, uma das primeiras perguntas que faço é: "Qual é a qualidade do ouro?"

As respostas variam.

"Brilhante."

"Imaculado."

"Durável."

"Precioso."

"Raro."

"Caro!"

"Perfeito."

Todas as respostas são muito razoáveis.

Então, faço uma segunda pergunta: "Existe alguma diferença entre a pepita de ouro enterrada há séculos na lama e no lixo, e a pepita que foi desenterrada e removida da lama?"

A resposta invariavelmente é: "Não".

Séculos de lama não podem mudar a natureza do ouro, bem como os distúrbios emocionais ou mentais não podem alterar a nossa natureza essencial. Mas, assim como uma espessa camada de lama pode fazer uma pepita de ouro puro *parecer* um mero fragmento de rocha, nossas percepções errôneas e fixações podem esconder nossa natureza essencial. Tendemos a nos ver, em certo sentido, como pedras cobertas de lama.

Do mesmo modo que os garimpeiros raspam as camadas de lama e sujeira para encontrar nem que seja uma pedrinha de ouro, para ter um vislumbre da "pepita de ouro" da natureza búdica, temos que começar a raspar a "lama" que a encobre.

Para a maioria de nós, esse é um processo lento e gradual. Leva tempo para nos adaptarmos às novas e possivelmente desconfortáveis ideias sobre a nossa própria natureza e a realidade na qual operamos.

Leva tempo também para cultivarmos, através da prática, uma relação mais atenta e menos cheia de julgamentos com as várias formas de sofrimento autocriado que compõem a maior parte da nossa experiência.

Cresci em uma cultura impregnada de filosofia e prática budistas e tive a sorte de me beneficiar dos pacientes esforços de mestres sábios e experientes que receberam seu próprio treinamento em uma linhagem ininterrupta que remonta ao próprio Buda, passada diretamente de mestre para aluno. No entanto, mesmo com tais circunstâncias auspiciosas, foi difícil compreender minha natureza essencial como livre, clara e dotada de qualidades. Eu acreditava que aquilo que meu pai e outros professores diziam era verdade, mas não conseguia ver isso em mim, sobretudo quando a ansiedade e outras emoções poderosas me agarravam com tanta força que mal conseguia respirar.

Por isso, não me surpreendo quando as pessoas perguntam: "Se eu tenho todas essas qualidades maravilhosas, por que eu me sinto tão terrível? Por que fico com tanta raiva? Por que me sinto tão ansioso? Ou sem esperança? Ou deprimido? Por que estou sempre discutindo com meu marido (ou esposa, filho ou amigo)?"

BLOQUEADORES DA NATUREZA BÚDICA

O que renasce são os nossos hábitos.

Sua Santidade o Dalai Lama, *The Path to Tranquility*
compilado e editado por Renuka Singh

Há muitas maneiras de responder a esta pergunta.

Para começar, há uma quantidade enorme de lama seca e velha para ser removida. Lançados a um reino onde tudo muda – segundo por segundo, célula por célula e átomo por átomo – almejamos certeza, estabilidade e satisfação. Os três venenos básicos de ignorância, apego e aversão poderiam ser descritos como um conjunto muito básico de respostas a esses anseios. Concebemos um ponto de vista geral baseado em termos dualistas: eu e outro, sujeito e objeto. Definimos essas diferenças como boas ou ruins, agradáveis ou desagradáveis, e lhes conferimos qualidades de permanência, singularidade e independência.

É claro que o hábito de organizar e interpretar a experiência em termos relativos não acontece da noite para o dia. Não acordamos uma manhã e decidimos, "Ah, eu vou começar a definir meu mundo dualisticamente!"

Como falamos antes, a nossa constituição fisiológica – a relação entre os nossos órgãos dos sentidos, as várias estruturas no nosso cérebro e as respostas automáticas de outros sistemas físicos – nos predispõem a organizar nossas experiências quanto a fazer distinções. Nossa origem cultural e familiar, bem como os eventos que ocorrem na nossa vida pessoal, nesse ínterim, alimentam e reforçam essa predisposição biológica. Gradualmente, desenvolve-se uma espécie de relação cíclica. Assim como a percepção influencia a experiência, a experiência influencia o comportamento; o comportamento reforça a experiência, e a experiência reforça a percepção. Camada sobre camada, a lama vai acumulando-se.

O *Abhidharma* – coleção de textos que explica em detalhes o ensinamento budista sobre a relação entre percepção, experiência e comportamento – lista 84 mil diferentes tipos de aflições mentais e emocionais que surgem das várias combinações e recombinações de hábitos baseados em ignorância, apego e aversão. É muita lama! Poderíamos passar a vida inteira remexendo nas 84 mil combinações para tentar descobrir qual delas se encaixa na nossa situação específica.

Algumas dessas combinações, no entanto, criam laços estreitos. Descobri ao longo dos anos que muitos dos desafios que enfrentamos na vida poderiam ser mais facilmente entendidos se investigássemos, em um nível muito básico, como essas combinações específicas afetam nossos pontos de vista sobre nós, sobre os outros, sobre os nossos relacionamentos e as diversas situações que enfrentamos diariamente. Em especial, o *Mahayana Uttaratantra Shastra*, um dos ensinamentos mais detalhados sobre a natureza búdica, oferece uma lista concisa contendo cinco pontos com hábitos de como organizar a experiência que minam o reconhecimento da nossa natureza essencial e estão na base da turbulência mental e emocional que sofremos.

Em termos psicológicos modernos, esses hábitos são muitas vezes denominados de *distorções* ou *esquemas*, estruturas cognitivas que nos aprisionam em uma visão limitada e limitante de nós mesmos, dos outros e do mundo que nos rodeia. Eu os chamo de "Bloqueadores da Natureza Búdica". São hábitos de organizar e responder à experiência que nos impedem de vivenciar a nossa vida com uma consciência profunda de liberdade, clareza, sabedoria e encantamento, que transcende o modelo psicoterapêutico convencional de simplesmente estar bem, tornar-se bem-ajustado ou normal.

O plano do Buda foi muito além de aprender a ficar "bem". Seu objetivo era o de tornar-nos budas: despertar a nossa capacidade de tratar cada experiência – dor, vergonha, ciúme, frustração, doença e até mesmo a morte – com a perspectiva inocente de quem olha alguma coisa pela primeira vez, como o Grand Canyon, o Parque Nacional de Yellowstone ou a vista do topo do Taipei 101. Antes que o medo, o julgamento, a ansiedade ou as opiniões intervenham, há um momento de consciência pura e direta que transcende qualquer distinção entre a experiência e aquele que a vivencia.

A descrição dessas combinações, ou Bloqueadores da Natureza Búdica, descritas em sânscrito e em tibetano no *Mahayana Uttaratantra Shastra*, é muito longa. Para uma introdução, acho melhor condensá-las de modo que possam ser mais facilmente entendidas pelo público de hoje.

Em um nível puramente literal, o primeiro Bloqueador da Natureza Búdica é conhecido por "covardia" ou "timidez". Em um nível mais profundo, o termo aponta para uma tendência profundamente enraizada de julgar ou criticar a nós mesmos, exagerando o que percebemos como defeitos, sejam de pensamento, sentimento, caráter ou comportamento. Aos nossos próprios olhos, julgamo-nos incompetentes, insuficientes ou "ruins".

Lembro-me de um incidente que ocorreu durante a minha primeira viagem de ensinamentos na América do Norte quando eu tinha 23 anos. Meu irmão, Tsoknyi Rinpoche, tinha sido chamado para ensinar, mas como outras obrigações o impediram de viajar, fui enviado em seu lugar. Duas semanas depois de iniciada a turnê, uma mulher apresentou-se para uma entrevista individual. Após as apresentações preliminares serem feitas, ela sentou-se e, para colocá-la à vontade, fiz algumas perguntas gerais, se ela estava recebendo bem os ensinamentos, se fazia sentido o que eu estava tentando dizer e se ela tinha alguma dúvida específica.

Após essa conversa inicial, ela ficou em silêncio por um momento. Seu corpo inteiro ficou tenso. Ela fechou os olhos, respirou fundo, expirou e abriu os olhos.

Então, em voz baixa, quase em um sussurro, ela disse: "Eu me odeio."

Olhando retrospectivamente para aquela confissão, percebo quanta coragem ela precisou reunir para dizer essas palavras. Naqueles primeiros dias de ensinamentos na América do Norte, eu tinha muito pouco conhecimento do inglês e sempre precisava ter um tradutor por perto. Assim, aquela mulher não só estava confessando a sua dor mais profunda para mim, mas também para o tradutor sentado na sala.

Embora o tradutor tivesse traduzido corretamente as palavras, eu fiquei um pouco confuso. Entre os 84 mil conflitos mentais e emocionais discutidos no *Abhidharma*, há sem dúvida algum que corresponde ao "ódio a si próprio". Mas o termo em si era novo para mim, então eu me vi na incômoda posição de perguntar o que ela queria dizer.

Ela ficou tensa novamente e, em seguida, começou a chorar.

"Eu não consigo fazer nada direito. Desde que me entendo por gente, as pessoas me dizem que sou desajeitada e estúpida. Minha mãe me repreendia por não arrumar a mesa direito ou lavar os pratos corretamente. Meus professores me diziam que eu nunca conseguiria aprender. Eu tentava fazer tudo certo, tanto na escola quanto em casa. Mas, quanto mais tentava, mais eu me odiava por ser tão desajeitada e estúpida. Eu tenho um trabalho relativamente bom, mas estou sempre com medo de que alguém aponte um erro, e fico tão ansiosa que acabo os cometendo. Eu canto no coro da igreja, e quando as pessoas elogiam a minha voz, só consigo pensar que eu não alcancei a nota correta e que as pessoas só estão dizendo coisas boas porque têm pena de mim.

"Eu me sinto tão indefesa, tão sem esperança. Quero ser outra pessoa. Vejo as outras pessoas à minha volta rindo, saindo para almoçar ou jantar com os amigos, levando a vida à frente, e me pergunto por que não posso ser como elas? O que há de errado comigo?"

Enquanto ouvia, comecei a pensar na minha infância: os pensamentos, os sentimentos e as sensações físicas, muitas vezes de ansiedade e pânico, bem como o sentimento de fracasso que me dominava quando eu não conseguia entender as lições que meu pai e meus primeiros professores me ofereciam. Depois de alguns dias relembrando minha própria experiência, comecei a ter um vislumbre da sensação de odiar a si próprio. Eu não posso dizer que consegui criar exatamente os mesmos pensamentos e emoções de autocrítica que assombravam aquela mulher. *Dukkha* é uma condição universal, mas a forma particular como ele se manifesta varia de indivíduo para indivíduo. O processo de examinar a angústia daquela mulher me desafiou a considerar o que para mim parecia uma nova linguagem de descontentamento: palavras, termos e experiências específicas da vida de pessoas que vivem em culturas diferentes.

A fim de ajudar as pessoas a entenderem e aplicarem os princípios e práticas que foram transmitidos a mim por meus professores, eu precisava absorver essa nova linguagem. Tive que traduzir as lições que aprendi de uma maneira que fosse relevante para os problemas enfrentados pelas pessoas que viviam nesse novo mundo de expressão pessoal e cultural no qual eu havia entrado.

O ódio contra si próprio é, talvez, um exemplo extremo do primeiro Bloqueador da Natureza Búdica, a tendência a nos menosprezarmos. Ao longo dos anos, tenho ouvido muitas pessoas expressarem sentimentos semelhantes, mesmo usando termos diferentes e, às vezes, menos graves. Alguns deles me eram familiares: culpa, vergonha ou raiva de si mesmo por não conseguir atingir uma meta, dizer ou fazer coisas "no calor do momento".

Muitas pessoas que conheci falaram também de sentimentos de baixa autoestima: a dúvida constante sobre a sua capacidade de atingir um objetivo, e o hábito de se por para baixo ou ver muito pouca possibilidade de sucesso em qualquer atividade em que estejam comprometidos. Eu também ouvi as pessoas falarem da ansiedade a respeito do seu desempenho, sentindo que o trabalho que estão fazendo não é bom o suficiente. Elas empenham-se de modo cada vez mais árduo, tornando-se perfeccionistas ou *workaholics*. O mesmo tipo de tendência pode ser vista no comportamento individual, em que as pessoas aferram-se rigidamente ao que devem ou não devem fazer em situações sociais. Algumas "congelam" quando são confrontadas com situações em que pessoas conhecidas ou queridas sentem dor física, emocional ou mental. Não sabem o que fazer e são assoladas por aquilo que uma mulher descreveu como "uma sensação avassaladora de horror".

Falta de esperança, desamparo, desespero e outros sentimentos dolorosos estão também intimamente ligados à doença física. Por exemplo, a depressão é um distúrbio fisiológico muito diferente da sensação de abatimento ou tristeza. Compreendi a partir de minhas discussões com especialistas nas áreas da neurociência e psicologia que os ciclos dolorosos de autocrítica reforçam a potência da doença física, que, por sua vez, aumenta os pensamentos destrutivos e os sentimentos que o acompanham. O vício, seja ao álcool, às drogas, à comida, aos jogos de azar ou outros comportamentos autodestrutivos, é outra doença que, de acordo com a maioria dos médicos e psicólogos com quem conversei, tem também raízes biológicas. Álcool ou drogas, por exemplo, tendem a proporcionar uma sensação artificial de estabilidade e confiança para as pessoas que não têm confiança em si mesmas ou na sua capacidade de conectar-se com outras.

Um vendaval de respostas mentais, emocionais e físicas também emerge quando confrontados com outras formas de sofrimento natural: os diversos tipos de doenças, acidentes, envelhecimento e, por fim, a morte.

Dos cinco Bloqueadores da Natureza Búdica, o autojulgamento é talvez o mais fácil de identificar. Pensamentos e sentimentos de inadequação, culpa, vergonha e outros, "moram" próximo à superfície da consciência. Porém, é um pouco mais difícil reconhecer nossa atitude crítica em relação aos outros, e essa é a essência do segundo Bloqueador. Muitas vezes traduzido como "desprezo pelos seres inferiores", esse segundo obstáculo representa o extremo oposto do que poderíamos chamar de a dimensão do julgamento: uma visão crítica dos outros. Uma interpretação limitada desse ponto de vista é que todas as pessoas são menos importantes, menos competentes ou menos merecedoras do que nós. Mais amplamente falando, trata-se de uma tendência a culpar os outros pelos desafios que vivenciamos: *alguém* está sempre em nosso caminho, e esse alguém é errado, mau, teimoso, ignorante ou manipulador. Embora o autojulgamento represente, em certo sentido, uma incapacidade de sentir empatia por nós mesmos, o extremo oposto do espectro reflete uma incapacidade de ver algo de bom nos outros ou ouvir o que eles têm a dizer.

Às vezes tais julgamentos são óbvios. Por exemplo, quando duas pessoas apaixonam-se, há um período inicial de ver o parceiro como totalmente perfeito, a realização plena dos seus sonhos. Mas depois de alguns meses, as "imperfeições" aparecem. Começam as discussões. A decepção e a insatisfação crescem. Cada parceiro é tomado por uma forte tendência de definir o outro como "o malvado", a fonte de irritação e dor. Essa tendência pode se tornar especialmente dolorosa quando trata-se de um casamento ou o casal vive junto por muitos anos, compartilhando a mesma casa e vários acordos financeiros.

Os mesmos tipos de julgamentos também podem surgir em situações profissionais. Recentemente, um aluno expressou a queixa de que alguém com quem estava trabalhando sempre o colocava para baixo, dizendo coisas desagradáveis sobre ele e minando a posição que ele ocupava na empresa em que trabalhavam. Ele ficou com raiva e começou a ver o colega de trabalho como um inimigo, alguém que queria destruí-lo. Culpava o companheiro por quaisquer problemas que estava tendo no trabalho, vendo-o como "cruel", "vingativo" e "deliberadamente destrutivo".

Às vezes, porém, os nossos julgamentos a respeito dos outros podem ser expressos em formas mais sutis. Por exemplo, um dos meus alunos contou recentemente uma história sobre uma mulher que estava de luto pela morte de um familiar que lhe era muito querido. Ela recebeu um telefonema de pêsames de um amigo, cujo irmão tinha morrido a pouco e, enquanto conversava com ele, começou a falar abertamente sobre a própria dor. Durante o conversa, ela começou a ouvir um barulho de teclas ao fundo e percebeu que o amigo estava respondendo a e-mails enquanto falava com ela. Ela sentiu, conforme descreveu, "um chute no estômago". O amigo não estava realmente ouvindo. Seus interesses dominaram a capacidade de estar totalmente presente com a tristeza da amiga, e ele nem sequer teve consciência do efeito devastador que esta desconexão teve sobre ela, ou até mesmo sobre ele próprio: ele não só privou a amiga da compaixão que ela precisava no momento, mas também se isolou.

Assim como o primeiro e o segundo Bloqueadores da Natureza Búdica representam os extremos do julgamento, o terceiro e o quarto representam pontos de vista contrários sobre a natureza da experiência, perspectivas que poderiam manter as duas primeiras distorções no seu lugar.

O terceiro poderia ser traduzido de várias formas: "ver o falso como verdadeiro", "considerar o que é inautêntico como autêntico", ou, mais livremente, "ver o irreal como real". Basicamente, todos esses termos significam uma adesão à crença de que as qualidades que vemos em nós, nos outros ou em determinadas situações são realmente existentes, de modo permanente ou inerente. Em termos budistas, essa tendência é conhecida por *eternalismo* – tendência a ver certos aspectos da experiência como sendo absolutos e duradouros, e não como uma associação de combinações temporárias de causas e condições. Talvez um meio mais simples de descrever essa perspectiva é "ficar preso". Nós somos o que somos, os outros são como são, as situações são como são e é assim que as coisas são.

O quarto, "ver o verdadeiro como falso", apresenta a perspectiva inversa: a negação, ou talvez mais fortemente, uma rejeição total da natureza búdica. A ideia de uma natureza fundamentalmente pura, clara e livre soa muito boa, mas no fundo do coração, acreditamos que é praticamente uma fantasia – uma ideia inventada pelos místicos. Uma descrição do terceiro bloqueador pode ser a de "ver a lama como um revestimento permanente e impenetrável", enquanto que o quarto bloqueador pode ser descrito como "ver que *só* existe lama". Essa perspectiva é muitas vezes chamada de *niilismo*: um desespero básico que não pode admitir, dentro de si ou dos outros, a possibilidade de liberdade, sabedoria, habilidades ou potencial. Em termos mais coloquiais, podemos chamar isso de um "ponto cego" básico.

O quinto e último Bloqueador da Natureza Búdica, que pode ser considerado o fundamento dos outros, é tradicionalmente interpretado por auto-obsessão. Em termos contemporâneos, podemos entendê-lo como o "mito de mim" – um desejo desesperado de dar estabilidade ao "eu" e "meu". A *minha* situação, a *minha* opinião – seja ela autojulgamento, julgamento dos outros, ficar preso ou cego – pelo menos expressa um ponto estável em um reino sempre mutante de experiências. Nós nos apegamos às nossas opiniões, às nossas histórias, aos nossos mitos pessoais, com o mesmo desespero com que nos agarramos às barras de segurança de um carrinho de montanha-russa.

TRABALHANDO RELAÇÕES

> *A sombra de um pássaro voando bem alto no céu pode estar temporariamente invisível, mas ela ainda está lá e vai sempre aparecer quando ele se aproximar do solo.*
>
> **The Treasury of Precious Qualities,**
> **traduzido pelo Grupo de Tradução Padmakara**

Nenhuma das situações que vivemos é causada exclusivamente por um ou outro desses Bloqueadores da Natureza Búdica. Eles trabalham juntos, como um grupo de ditadores que formam uma aliança para assegurar o controle sobre as fronteiras – não as geográficas, mas as mentais e emocionais. Um pode desempenhar um papel mais dominante do que outro, mas cada um deles contribui de diferentes maneiras para o modo como pensamos, sentimos e agimos.

Por exemplo, alguns anos atrás durante uma das minhas viagens de ensinamentos, conheci um casal em que ambos tinham empregos bem-remunerados, uma casa confortável, dois carros, dois televisores e aparelhos de som. Ao longo dos anos, eles tinham alcançado um nível de vida bastante contrastante com as condições que vejo existir em outras partes do mundo.

Mas, num fim de semana enquanto viajávamos pelo campo, eles passaram por um bairro de casas bem grandes, com hectares de jardins e incríveis gramados. Começaram então a imaginar: "Por que não mudamos para uma casa maior? Por que não vivemos em um bairro mais rico? Não seríamos mais felizes?"

A ideia parecia bastante lógica naquele momento, e assim eles compraram um casarão em um bairro abastado.

Logo depois que se mudaram, começaram a ver que seus vizinhos tinham carros muito caros. Toda vez que os vizinhos saíam de casa, usavam roupas novas e de grife. Os amigos dos seus vizinhos também vestiam roupas caras e dirigiram carros caros. Assim, o casal comprou carros caros e novos, e roupas caras e novas. Porém, não importava o quanto gastassem, sempre *sentiam* que estavam competindo com os vizinhos.

A pressão de manter um padrão de vida alto, por fim, começou a causar problemas no relacionamento do casal. Eles tiveram que trabalhar mais horas para cobrir as despesas. Discutiam muito sobre dinheiro: como deveria ser ganho, investido e gasto. Finalmente, o estresse tornou-se tão grande que ambos perderam seus empregos e acabaram irritados e frustrados um com o outro, discutindo asperamente sobre cada pequena coisa.

"O que devemos fazer?" imploraram em nossa entrevista particular. Dei-lhes uma lição de casa.

"Qual é a origem de sua dificuldade?", perguntei. "É a sua casa? Seus carros? Suas roupas? Seus vizinhos? Tire uns dois dias para olhar para sua situação e, em seguida, voltem e me contem o que descobriram."

Eles já haviam recebido alguma instrução sobre como olhar para pensamentos e emoções, sem julgamento, e os estimulei a ver a situação sob essa ótica: não culpar a si mesmos nem aos outros, mas apenas observar os pensamentos e emoções que passavam por sua consciência.

Quando voltaram, descobrimos que o problema não eram os carros, a casa, as roupas nem os vizinhos.

"Eu olhava para aquelas casas, aquelas pessoas e seus carros e sentia que queria mais do que o que eu tinha", disse o marido.

"Eu os invejava", acrescentou a esposa. "Mas eles nunca nos convidaram para suas festas. Nem nunca nos acolheram na vizinhança. Comecei então a pensar: 'Eles não são pessoas muito agradáveis, são arrogantes. Bem, eu vou mostrar a eles quem é quem!'"

"E por isso, compramos mais coisas", o marido continuou, "carros maiores, roupas caras." Ele deu de ombros. "Porém, isso parece não ter causado nenhuma impressão."

"Todas aquelas coisas...", a esposa suspirou, "ficamos felizes com elas por um tempo, mas..."

"E quando vocês começaram a brigar um com o outro?", perguntei.

"Ih, a coisa ia e vinha", suspirou a mulher. "'Eu tinha razão sobre isso.' 'Não, eu tinha razão! Você estava errada.' 'Não, você é que estava errado...' E isso continuou por meses."

À medida que foram apresentando suas observações, seus ombros se soltaram e a tensão em seus rostos, pernas e braços foi relaxando. Eles já tinham começado a ver a experiência presente como uma acumulação de pensamentos e sentimentos que se juntaram ao longo dos anos. Mas o que me surpreendeu foi a interação entre os Bloqueadores da Natureza Búdica. Estes foram os julgamentos que atuaram sobre eles mesmos e sobre os outros – profundas crenças de permanência, singularidade e independência; uma cegueira acerca do seu potencial interno; e o apego a uma perspectiva específica com base em como "eu" vejo as coisas como corretas e adequadas.

Então, eu perguntei: "O que vocês vão fazer agora?"

Eles olharam um para o outro.

"Agora não estamos em posição de tomar qualquer grande decisão", disse a mulher. "Acho que vai levar um tempo para podermos olhar para a nossa maneira de olhar as coisas."

"Olhar para a nossa maneira de olhar" é a essência do compromisso de levar a vida para o caminho. Certamente, todos nós vamos viver mudanças e desafios em nossas vidas. Mas se olharmos para a forma como olhamos para elas, algo muito maravilhoso começa a acontecer. As camadas de lama que obscurecem nosso potencial transformam-se em solo fértil, no qual as sementes de sabedoria, bondade e compaixão começam a crescer, criar raízes e brotar. Os Bloqueadores da Natureza Búdica tornam-se as Descobertas da Natureza Búdica.

Como?

Ao aplicar o entendimento da nossa situação básica em conjunto com as práticas de atenção, insight e empatia.

11. Tornando pessoal

Quando está frente a frente com uma dificuldade, você está diante de uma revelação.

William Thompson, Lord Kelvin, *Baltimore Lectures*

Na maior parte das vezes dou ensinamentos em grupo. Assim, para explicar como trabalhar com pensamentos e emoções a partir dos três métodos descritos na Parte Dois, tendo a usar exemplos simples e que a maioria das pessoas consegue compreender, tais como raiva, medo ou, às vezes, baseado em minha própria experiência, a ansiedade. Quase invariavelmente, no entanto, alguém pergunta: "Tudo bem, eu entendo como trabalhar com a raiva e o medo, mas como faço para trabalhar com a inveja?", outra pessoa pode pedir uma explicação sobre como trabalhar com a depressão, solidão ou baixa autoestima.

Na verdade, os mesmos métodos podem ser utilizados para trabalhar com qualquer estado emocional ou mental. Não se trata de ter um método especialmente adequado para a raiva, outro para a tristeza, outro para a ansiedade, e assim por diante. Se esse fosse o caso, precisaríamos de 84 mil métodos diferentes para trabalhar com cada conflito mental ou emocional possível!

Mesmo porque muitos métodos podem não ser suficientes, uma vez que as experiências não são exatamente as mesmas para cada pessoa. Para algumas, um determinado estado domina suas vidas por longos períodos. Sentimentos de depressão, isolamento, culpa ou medo do fracasso estão vividamente presentes e são aparentemente inevitáveis. Para outras, os pensamentos e as emoções são mais variados. O ciúme, a tristeza ou a raiva permanecem por um tempo e se alternam com períodos de relaxamento e alegria.

Outros podem não ter total clareza sobre o que estão sentindo. Um aluno me confessou recentemente: "Por muito tempo, parecia que eu estava apenas me movendo pelo meu dia a dia envolto em uma espécie de névoa ou nuvem. Eu funcionava – indo trabalhar, fazendo compras, pagando contas – mas realmente não me sentia envolvido em qualquer coisa que estivesse fazendo. Não havia nem altos nem baixos. Internamente, eu me sentia mais ou menos inexpressivo, fazendo coisas porque era o que eu deveria fazer."

Outro tipo de nevoeiro que pode nos envolver acontece quando nos deparamos com uma situação inesperada e intensamente desagradável. Por exemplo, uma mulher de Taiwan que conheci um tempo atrás contou-me sobre um choque terrível que tinha sofrido anos antes, quando o marido anunciou que iria para a China em uma viagem de negócios. Poucos dias depois da sua partida, ela decidiu tirar umas férias e foi para um resort no sul de Taiwan. Quando entrou em um restaurante, ela viu o marido com outra mulher. "Fiquei atordoada", disse ela. "Por alguns instantes, eu não sabia o que pensar ou sentir.

E então, de repente, muitos sentimentos brotaram. Eu fiquei furiosa, ofendida e muito enciumada, me senti traída e idiota. Senti vontade de ir até eles e confrontá-los, desejei simplesmente desaparecer. Levaram meses para que eu conseguisse digerir todos esses sentimentos, e acho que ainda não terminei. Às vezes, eles vêm à tona e eu revivo aquele instante em que me senti completamente atordoada."

Ao ouvir as pessoas descreverem suas situações ou pedir métodos para lidar com determinadas emoções, percebi que seria mais útil apresentar as três práticas – atenção, insight e empatia – num processo passo a passo que pode ser aplicado a qualquer estado mental ou emocional. Os passos são simples e consistentes em cada uma das três práticas.

Muitos são os benefícios ao adotar-se esse passo a passo. O primeiro envolve um método prático de aliviar as condições imediatas da dor mental e emocional. O segundo chama atenção para a influência das crenças profundas – Bloqueadores da Natureza Búdica – que retêm no seu lugar certos padrões mentais e emocionais. O terceiro e mais importante benefício envolve reconhecer que os Bloqueadores da Natureza Búdica são criações da mente. À medida que começamos a reconhecer o poder que a mente tem de influenciar a nossa experiência, podemos começar a trabalhar com esse poder e descobrir dentro de nós mesmos uma liberdade nunca antes imaginada. Falando de um modo simples, quando reservamos um tempo para olhar para a nossa maneira de ver as coisas, a maneira com que vemos as coisas muda.

Ao longo das próximas páginas, examinaremos esses passos em detalhes. Por enquanto, eles podem ser resumidos da seguinte maneira: O Exercício Principal, Tente Algo Diferente, Dê um Passo Atrás e Faça uma Pausa.

Vamos começar analisando como aplicar esses passos no contexto de *shamatha*, a mais básica das três práticas e a mais importante para quem quiser avançar no caminho da meditação.

O OBJETIVO DA ATENÇÃO

A autoconsciência... é um modo neutro que mantém a autorreflexão mesmo em meio às emoções turbulentas.

Daniel Goleman, *Inteligência emocional*

Normalmente, nossa mente é como bandeiras ao vento, tremulando de acordo com a maneira que o vento sopra. Mesmo que eu não queira me sentir raivoso, enciumado, solitário ou deprimido, sou levado por esses sentimentos e pelos pensamentos e sensações físicas que os acompanham. Não estamos livres; não conseguimos ver outras opções, outras possibilidades.

O objetivo da prática de atenção, ou *shamatha*, é desenvolver a percepção da consciência plena. A consciência plena é a base, ou o que poderíamos chamar de "suporte" da mente. É constante e imutável, como o mastro ao qual a bandeira da consciência comum está atada. Quando reconhecemos e nos fundamentamos na percepção da consciência plena, o "vento" da emoção ainda pode soprar, porém, em vez de sermos levados por ele, voltamos nossa atenção para dentro, observando as mudanças e as transformações, com a intenção de nos familiarizarmos com esse aspecto da consciência que reconhece: *Oh, é isso que eu estou sentindo, é isso que estou pensando*. Ao fazermos isso, abre-se um pouco de espaço dentro de nós. Com a prática, esse espaço – que é a clareza natural da mente – começa a se expandir e se estabilizar. Podemos começar a encarar nossos pensamentos e emoções sem necessariamente sermos afetados por eles de modo tão intenso ou vívido quanto estamos acostumados. Ainda podemos sentir nossos sentimentos, pensar nossos pensamentos, mas lentamente nossa identidade muda: deixamos de ser uma pessoa que se define como solitária, envergonhada, medrosa ou abatida pela baixa autoestima, e nos transformamos em uma pessoa que pode ver a solidão, a vergonha e a baixa autoestima como movimentos da mente.

Sobretudo no começo, é comum surgir a preocupação: *estou consciente da consciência plena e, ao mesmo tempo, consciente dos pensamentos e emoções?* Na verdade, não há necessidade de se preocupar. Depois de receber as instruções, você sabe que o objetivo da prática é apenas desenvolver consciência plena. Depois de reconhecer esse objetivo, a percepção da consciência plena começa a aumentar e a estabilizar-se naturalmente.

O processo não é diferente de ir à academia de ginástica. Você tem um objetivo – perder peso, desenvolver os músculos, promover sua saúde ou algum outro motivo. Para alcançá-lo, você levanta pesos, corre na esteira e faz aulas. Pouco a pouco, começará a ver os frutos dessas atividades; e ao vê-los, se sentirá inspirado a continuar.

No caso da prática da atenção, o importante é saber que o objetivo é estabelecer e desenvolver a estabilidade da consciência plena, o que lhe permitirá encarar os pensamentos, emoções e até mesmo a dor física, sem hesitação. Tendo isso em mente, vamos passar à aplicação dos passos.

Passo Um: Exercício Principal

O principal exercício da prática da atenção pode ser dividido em três etapas. A primeira envolve simplesmente olhar para um pensamento ou emoção, que em termos budistas é chamado de *consciência comum* – trazer sua atenção para os pensamentos ou sentimentos sem qualquer propósito ou intenção. Basta observar e identificar o que você está pensando ou sentindo. *Estou com raiva. Estou triste. Estou solitário.*

Nós já praticamos a atenção comum a cada momento do dia. Olhamos para um copo, por exemplo, e simplesmente reconhecemos que *é um copo*. Muito pouco julgamento está envolvido nessa etapa. Não pensamos se *é um copo bom ou ruim, se é um copo atraente, pequeno ou grande.* Apenas reconhecemos *o copo.* Aplicar a consciência comum aos pensamentos e emoções envolve o mesmo reconhecimento simples: *Ah, eu estou com raiva. Estou com ciúmes. Eu me sinto frustrado. Eu poderia ter feito melhor. Eu disse (ou fiz) alguma coisa.*

Às vezes, como já mencionamos, os pensamentos e as emoções não são muito claros. Em tais casos, podemos olhar para as mensagens que recebemos do nosso corpo físico. Se não conseguimos ficar parados ou sentimos uma tensão física, podemos simplesmente olhar para essas sensações. Sensações físicas podem refletir uma série de estados emocionais ou mentais – raiva, frustração, inveja, tristeza, ou uma mistura de pensamentos e sentimentos perturbadores. O ponto importante é apenas olhar para o que está acontecendo e reconhecer o que você está sentindo, tal como se apresenta, em vez de resistir ou sucumbir ao que acontece.

A segunda etapa envolve a *consciência plena meditativa* – tratar os pensamentos e as emoções como objetos de foco, através do qual podemos estabilizar a consciência plena. Para usar um exemplo, um aluno certa vez me confidenciou que sofria do que chamou de "complexo de agradar as pessoas". No trabalho, estava sempre tentando fazer mais, trabalhar mais horas para concluir os projetos profissionais, e isso consequentemente roubava o tempo que ele desejava passar com sua esposa e o restante da família. O conflito tornou-se intenso. Ele acordava várias vezes durante a noite, suando, com o coração disparado. Sentia que não conseguia agradar seus gerentes, os colegas de trabalho, nem a família, e, ao mesmo tempo, quanto mais tentava agradar a todos, menos bem-sucedido se sentia. Julgava-se um fracasso e também julgava as outras pessoas como exigentes, lavrando em pedra esses julgamentos sobre si mesmo e os outros. Ele havia sucumbido ao primeiro, segundo e terceiro Bloqueadores da Natureza Búdica, trancando-os no quinto. Tinha definido a si mesmo como um fracasso, incapaz de agradar todas as pessoas o tempo todo.

Como esse homem tinha alguma experiência com a prática de focar em objetos, sons e sensações físicas, eu o aconselhei a aplicar o mesmo método de consciência plena meditativa durante os momentos em que acordava à noite. Eu disse a ele: "Observe os pensamentos, sentimentos e sensações físicas. Inicialmente, o complexo da necessidade de agradar pode parecer uma coisa gigante. Mas se você olhar para ele, ele vai deixar de parecer essa coisa gigante demais. Você começará a ver que ele tem muitas partes. É composto de pensamentos do tipo *Eu deveria ter feito A, B, ou C. Por que eu não fiz X, Y ou Z?* Ele também abrange emoções como medo, raiva, ressentimento e sensações físicas, incluindo mal-estar no estômago, batimento cardíaco acelerado e sudorese. Também podem ocorrer imagens das pessoas ficando decepcionadas ou gritando com você. Ao olhar com atenção meditativa, o complexo torna-se semelhante a uma bolha – dentro da qual há muitas bolhas menores."

Para tudo o que você está sentindo – pânico, ansiedade, solidão ou necessidade de agradar – a abordagem básica é tentar olhar para qualquer uma das bolhas menores, com o mesmo tipo de atenção usada para focar em um objeto físico ou um som, conforme foi descrito na Parte Dois. Ao fazer isso, você provavelmente vai perceber que os pensamentos, as emoções e as sensações físicas mudam e se transformam. Por um tempo, o medo pode ser mais persistente, ou talvez a frequência cardíaca acelerada, ou mesmo as imagens das reações das pessoas. Depois de alguns momentos – cerca de cinco minutos ou algo assim – uma ou outra dessas reações, a bolha dentro da bolha, chama sua atenção. Traga o foco para ela com atenção meditativa. Ao fazer isso, sua atenção aos poucos perderá a identificação de ser tragada pela bolha emocional e passará a ver a bolha.

A terceira fase do exercício envolve um pouco de análise: uma "sintonia" intuitiva para determinar o efeito da prática. Como me ensinaram, há três resultados possíveis da aplicação da consciência plena meditativa a uma questão emocional.

A primeira é que o problema dissipa-se por completo. Alguns dos meus alunos me dizem: "Você me deu este exercício, mas ele não funciona para mim."

"O que você quer dizer?", pergunto.

"Esses pensamentos, essas emoções, desaparecem muito rapidamente", respondem. "Eles se tornam vagos ou pouco claros. Não ficam no lugar tempo suficiente para serem vistos."

E eu digo a eles: "Isso é ótimo! Este é o ponto da prática da atenção."

Muitos me olham com surpresa, até que eu lhes explique que o que aconteceu quando olharam para pensamentos, emoções ou sensações físicas e os viram desaparecer, é que eles chegaram a um estado de *shamatha* sem objeto – um ponto onde a pessoa está simplesmente consciente de estar consciente. Esse estado sem objeto talvez não dure muito. Algum outro pensamento, emoção ou sensação física pode surgir. Estimulo-os a acessar esse estado sem objeto com a seguinte atitude: "Puxa, tenho outra oportunidade de desenvolver a percepção da consciência plena." Estimulo-os a identificarem-se com o "espectador".

A segunda possibilidade é que os pensamentos, sentimentos ou sensações físicas se intensifiquem. Isso também é um bom sinal – uma indicação de que as perspectivas profundamente enraizadas estão começando a "se soltar". Usando uma analogia, vamos supor que você tenha colocado um pouco de água em um prato com restos ressecados de comida. Inicialmente, o prato pode parecer mais lambuzado à medida que os resíduos espalham-se. Na verdade, porém, o prato não está mais lambuzado; é a crosta de comida que está se dissolvendo.

Em termos da prática de meditação, quando os pensamentos ou sentimentos intensificam-se, pode haver certa relutância em deixar que se expressem. Não há nada de errado em deixar uma emoção se expressar. Talvez você queira bater na almofada de meditação ou dizer em voz alta algo do tipo: "Como eu pude fazer isso?" ou "Por que esta pessoa disse isso?". Uma aluna que tinha sentido raiva de alguém finalmente percebeu que a raiva que sentia realmente era, de certo modo, motivada pela mágoa que a pessoa em questão tinha cometido, e começou a chorar. Expressar pensamentos e emoções pode ser um

Tornando pessoal

grande alívio. O ponto importante é manter sua consciência plena enquanto você expressa seus pensamentos ou sentimentos.

A terceira possibilidade é que as emoções talvez permaneçam no mesmo nível – nem diminuam, nem se intensifiquem. Isso também é ótimo! Por quê? Porque nós podemos usar uma emoção – e os pensamentos e as sensações físicas que a acompanham – como um poderoso suporte para a prática da atenção. Muitas vezes, deixamos que as nossas emoções nos usem. Ao aplicar a prática da atenção, usamos nossas emoções como foco para desenvolver a consciência plena, uma oportunidade de olhar para o "espectador". Assim como precisamos de som para olhar o som, de forma para olhar a forma, precisamos de emoções para olhar as emoções. Na verdade, emoções intensas podem ser nossas melhores amigas em termos da estabilização da mente, dando ao pássaro inquieto um galho para repousar.

Passo Dois: Tente algo Diferente

No início, pode ser difícil examinar imediatamente as emoções fortes ou os vieses que se desenvolveram no decorrer de longos períodos. As emoções podem camuflar a percepção, o comportamento, até mesmo as sensações físicas. Podem parecer tão sólidas, tão intensas, que não conseguimos enfrentá-las. Como um aluno meu comentou recentemente, "Trabalhar com emoções fortes – as muito antigas, como a baixa autoestima que define sua vida – é como tentar escalar o Monte Everest sem antes ter aprendido a escalar um pequeno monte."

Assim, tendo em mente que o objetivo da prática *shamatha* é desenvolver a estabilidade da consciência plena, eu ofereço às pessoas o conselho que me foi dado por meus professores. Em vez de tentar resolver emoções muito fortes e antigas, concentre-se em algo menor e mais manejável. Por exemplo, há alguns anos, uma mulher que sofria de terríveis sentimentos de solidão me pediu para ensinar-lhe uma técnica de meditação para lidar com a questão. Quando perguntei a ela sobre sua experiência de meditação, ela me disse que tinha estudado por muitos anos sob a orientação de vários professores. Eu pensei, *não tem problema ensiná-la a usar a emoção como suporte para a meditação.*

Ensinei-lhe a técnica de atenção descrita na Parte Dois, e ela foi embora com um sorriso no rosto. Algumas semanas depois, porém, ela voltou e disse: "Tentei o meu melhor, mas não consigo olhar para este sentimento de solidão. Sempre que tento, sinto-me dominada."

Aconselhei que retomasse o exercício básico da prática da atenção, voltando o foco da meditação para a forma e o som. Ela me deu uma resposta que eu não esperava: "Eu não sei como meditar com a forma e o som." Embora tivesse afirmado que participara de diversos ensinamentos, ela não tinha realmente recebido muita instrução de meditação, ou talvez estivesse "desligada" durante os ensinamentos dos princípios básicos.

Dei-lhe instruções básicas de como prestar atenção meditativa à forma e ao som. Depois que praticamos esses métodos por um tempo, me arrisquei a ensinar-lhe como focar em emoções menores – a irritação que sentia ao ficar em pé na fila do supermercado, ou a frustração de estar diante de uma pilha de pratos sujos na pia da cozinha. "Tente isso por um tempo," eu a aconselhei. "Assim, talvez desenvolva força para olhar para essa emoção maior de solidão que está incomodando você."

Poucos meses depois, ela me escreveu: "Depois de praticar dessa maneira, agora sou capaz de começar a olhar para a minha solidão e fazer amizade com ela."

Qual seria um método para trabalhar com emoções menores ou diferentes, que ao mesmo tempo seja um passo para lidar com questões emocionais maiores?

Um método é gerar, por meios artificiais, outra emoção, algo mais simples, menor e não tão intenso. Por exemplo, se você estiver trabalhando com a solidão, tente trabalhar com a raiva. Imagine uma situação em que você está tendo uma discussão com um colega de trabalho que bagunçou os seus arquivos, ou alguém que passa na sua frente na fila do supermercado. Quando começar a sentir aquela raiva, use-a para focar sua consciência. Foque no sentimento da raiva, as palavras que passam pela sua mente, as sensações físicas ou a imagem da pessoa que passou na sua frente. Praticando dessa forma, você pode desenvolver a experiência de como lidar com as emoções.

Quando tiver desenvolvido alguma habilidade para lidar com as emoções artificialmente geradas, você pode começar a olhar para as experiências passadas, e deliberadamente rememorar situações em que tenha sentido raiva, inveja, vergonha ou frustração. Tenha em mente que o sentido da prática de "tentar algo diferente" é desenvolver estabilidade da consciência plena – descobrir o espectador, em vez de ser dominado por aquilo que é visto.

Ao trabalhar com emoções artificiais ou menores, construímos a força para trabalhar atentamente com as emoções maiores e mais antigas, tais como a solidão, a baixa autoestima ou a necessidade doentia de agradar. De certa forma, essa abordagem é como começar um treinamento físico. Quando você vai para uma academia, não começa levantando pesos pesados. Começa levantando pesos que são possíveis. Pouco a pouco, à medida que a sua força aumenta, você consegue levantar pesos mais pesados. Voltar sua atenção para os estados emocionais funciona da mesma maneira. Mesmo que haja benefícios em acessar diretamente as questões emocionais antigas e doloridas, às vezes temos que construir nossos músculos emocionais de modo mais gradual, lembrando que o objetivo da prática da atenção é desenvolver a estabilidade da consciência plena.

Outra forma de "Tentar algo Diferente" envolve usar os sintomas físicos da emoção como objetos de foco. Por exemplo, uma mulher assistindo a um seminário confessou que vinha sofrendo de depressão grave por anos. Ela estava tomando a medicação prescrita pelo médico, mas não conseguia fugir da sensação de que seu corpo estava cheio de chumbo ardente.

"Onde você sente esse chumbo ardente?", perguntei.

"No corpo todo", ela respondeu. "É esmagadora."

"Tudo bem", disse a ela. "Em vez de olhar a dor generalizada, focalize apenas em uma pequena parte do seu corpo. Talvez no seu pé. Talvez apenas no dedão do pé. Escolha um pequeno local para voltar a sua atenção. Olhe para pequenas partes do seu corpo, uma de cada vez, em vez de tentar trabalhar com o corpo inteiro de uma vez só. Lembre-se de que o objetivo da prática *shamatha* é desenvolver a estabilidade da consciência plena. Uma vez que tenha atingido a estabilidade, focando no seu pé ou no dedo do pé, você poderá começar a estender essa consciência para áreas maiores."

Aplicar a atenção a emoções menores – ou simplesmente focar na forma, no som ou nas sensações físicas – desenvolve a sua capacidade de olhar para estados emocionais muito antigos que são avassaladores. Depois que começar a fortalecer seus "músculos da atenção", você poderá começar a voltar sua atenção para questões emocionais mais complexas. Ao fazer isso, poderá se confrontar diretamente com o Bloqueador da Natureza Búdica do autojulgamento e o Bloqueador de julgar os outros como "inimigos". Poderá desvendar a crença de que está aprisionado, ou que tem um ponto cego que inibe a consciência plena do seu potencial. É quase certo que você confrontará o "mito do eu", a tendência a se identificar com sua solidão, sua baixa autoestima, seu perfeccionismo e isolamento.

É importante lembrar que tais confrontos não são embates, mas oportunidades para desvelar o poder da mente. A mesma mente que pode criar esses tipos de julgamentos severos é capaz de desfazê-los pelo poder da consciência plena e da atenção.

Passo Três: Dê um passo para trás

Às vezes, uma emoção é tão persistente, ou tão forte, que parece impossível de ser olhada. Algo parece retê-la em seu lugar. Outro método bastante útil para lidar com emoções especialmente fortes, hábitos mentais ou emocionais que vêm se desenvolvendo há muito tempo, é dar um passo para trás e olhar para o que está por trás da emoção – o que poderíamos chamar de suporte ou "fomentador" da emoção. Por exemplo, houve momentos em que eu tentava olhar diretamente para o pânico que sentia quando criança, mas simplesmente não conseguia. Não conseguia sentar quieto, meu coração disparava e eu suava muito com o aumento da temperatura do corpo. Por fim, pedi ajuda ao meu professor, Saljay Rinpoche.

"Você não quer sentir pânico?", ele perguntou.

"Claro que não!", respondi. "Eu quero me livrar dele agora!"

Ele refletiu sobre a minha resposta por alguns instantes e, em seguida, assentindo com a cabeça, respondeu: "Ah, agora entendi. O que está incomodando é o *medo* do pânico. Às vezes, o medo do pânico é mais forte do que o pânico em si."

Não tinha me ocorrido dar um passo atrás e olhar para o que poderia estar sustentando o meu pânico. Eu estava muito envolvido nos sintomas para ver o quanto eu tinha um medo profundo dessa emoção arrasadora. Mas segui o conselho de Saljay Rinpoche, olhei para o medo subjacente ao pânico e comecei a achar que o pânico se tornou mais manejável.

Ao longo dos anos, descobri que este método é muito eficaz no aconselhamento de outras pessoas. Se uma emoção ou um estado de perturbação mental for muito doloroso de olhar diretamente, busque a condição subjacente que o sustenta. Você pode se surpreender com o que vai descobrir.

Assim como eu, você poderá encontrar o medo da emoção. Poderá encontrar algum outro tipo de resistência, como a falta de confiança até em tentar trabalhar com as emoções. Talvez encontre pequenos eventos, gatilhos que disparam ou reforçam uma resposta emocional mais ampla. Fadiga, por exemplo, às vezes, pode ser um sinal de um episódio depressivo. Uma discussão com um colega de trabalho, cônjuge ou membro da família, muitas vezes pode desencadear pensamentos de inutilidade ou isolamento, reforçando um sentimento de baixa autoestima.

Quando trabalhamos com os sentimentos que estão por trás dos sentimentos, começamos a trabalhar mais diretamente com os Bloqueadores da Natureza Búdica – especialmente o terceiro, a crença arraigada de que não podemos mudar; o quarto, que nega a possibilidade de nosso potencial; e o quinto, por meio do qual identificamos nossas dificuldades emocionais.

Passo Quatro: Faça uma pausa
Uma parte importante de qualquer prática envolve o aprendizado sobre quando parar de praticar. Parar de praticar traz mais espaço, e isso lhe permite aceitar os altos e baixos, as eventuais turbulências na experiência que podem ter sido geradas pela prática. Se não se der uma oportunidade de parar, você pode ser levado pela turbulência – e um sentimento de culpa porque não está "fazendo a coisa certa" ou não entendeu o exercício. Você pode se perguntar: *Como, apesar de ter instruções tão claras, elas parecem não funcionar? Deve ser minha culpa.*

Em geral, quando nos envolvemos com a prática da atenção, vamos encontrar dois pontos extremos a partir dos quais saberemos que é hora de parar. Um desses extremos é quando a prática começa a deteriorar-se. Talvez você perca o foco, ou sinta-se chateado com o exercício. Talvez o método se torne difícil de entender, pouco claro. Mesmo quando você dá um passo para trás, olha os gatilhos e os reforçadores da ansiedade, solidão e algo do gênero, ou mesmo quando tenta algo diferente, sua prática não funciona. Você pode pensar: *Estou muito cansado de praticar. Eu não consigo ver o benefício de continuar.*

Conheci uma jovem que teve recentemente uma experiência desse tipo. Ela tentava meditar sobre a sua perpétua ansiedade. Por um tempo, sua prática parecia ir bem e ela estava feliz com isso. Depois, começou a não funcionar. A ansiedade se intensificou e sua capacidade de concentrar-se diminuiu. Um dia, ela participou de um grupo de meditação que eu estava conduzindo. No início da sessão, ela parecia bem; mas, no final, estava chorando e mudando de posição em sua almofada de meditação. Terminada a meditação, ela solicitou uma entrevista individual comigo.

"Seus métodos funcionam para mim", ela começou, "mas, ao longo dos últimos dias, tenho me sentido pouco clara, confusa, cansada, entediada e, no final da meditação, me senti entrando em colapso. Cansei desta prática. Acho que não consigo entendê-la. Estou pensando em aderir a um grupo de apoio em que me deixam chorar até cansar."

Após sua fala, expliquei que às vezes é necessário parar de praticar por um tempo e fazer outra coisa. Dar um passeio. Ler um livro. Assistir TV ou ouvir música. Ela foi para o quarto naquela noite, dormiu e, pela manhã, se sentiu um pouco melhor. Ela quis tentar fazer o exercício de novo, sabendo que poderia parar quanto tivesse necessidade. Não tinha que continuar como se estivesse em uma corrida ou em algum tipo de competição.

A ideia de parar a meditação quando o foco torna-se muito intenso, ou sua mente torna-se entorpecida ou confusa, é na verdade uma parte importante e em geral ignorada da prática. Muitas vezes fazemos uma analogia com o "canal seco" ou "reservatório vazio", extraída da atividade de irrigação utilizada pelos agricultores tibetanos, que plantavam os campos ao redor de um reservatório de água natural, um pequeno lago, e cavavam canais que levavam a água até as plantações. Às vezes, mesmo que cavassem bem os canais, não escorria muita água, porque o reservatório estava vazio.

Da mesma forma, quando você pratica, mesmo que tenha instruções claras e entenda a importância do esforço e da intenção, pode sentir fadiga, irritação, apatia ou falta de esperança, porque seus "reservatórios" mental, emocional e físico estão vazios. A causa provável é que você vem aplicando muito esforço, muita ansiedade, e não construindo um reservatório suficientemente abundante de força interior. As instruções que recebi de meu pai e de outros professores sobre praticar por períodos curtos devem ser enfatizadas, muitas e muitas vezes. Ao lidar com os estados emocionais intensos e muito antigos, precisamos encher nossos reservatórios. Mesmo o Buda não tornou-se o Buda da noite para o dia!

O segundo extremo no qual é importante de fazer uma pausa, acontece quando a experiência da prática é considerada absolutamente fantástica. É possível que chegue um ponto em que você sinta uma sensação extremamente leve e confortável no corpo, ou um estado intenso de felicidade e alegria. Você pode sentir uma sensação de infinita clareza – uma experiência mental semelhante a um sol brilhante, reluzindo em um céu azul sem nuvens. Tudo parece tão fresco e exato. Ou, talvez, os pensamentos, sentimentos e sensações cessem e a sua mente torna-se completamente imóvel. Aí, nesse ponto, você para.

Às vezes, as pessoas dizem: "Não é justo! Estou tendo uma experiência tão maravilhosa. Por que eu deveria parar?"

Simpatizo com essa frustração, pois também já tive tais experiências maravilhosas. Senti um anseio profundo, um enorme desejo de mantê-las. Mas meus professores me explicaram que, se eu as mantivesse, acabaria me decepcionando. Como a natureza da experiência é impermanente, mais cedo ou mais tarde, a felicidade, a clareza, a quietude e outras sensações parecidas desapareceriam, e aí eu me sentiria realmente horrível. Acabaria sentindo como se tivesse feito algo errado, como se as práticas não funcionassem. Embora o objetivo real seja o de desenvolver uma estabilidade da consciência plena que permite olhar com serenidade para qualquer experiência, existe também o perigo de nos apegarmos às experiências de bem-aventurança, clareza ou quietude que resultam da prática da atenção.

Explicaram ainda que fazer uma pausa em um ponto alto da prática promove o cultivo da vontade de continuar praticando, incentivando-nos a estabilizar a consciência plena e a "construir nossos reservatórios."

Por mais estranho que possa parecer, parar é um aspecto tão importante da prática quanto começar.

QUEBRANDO EM PARTES

A pureza primordial da base transcende completamente palavras, conceitos e formulações.

Jamgon Kongtrul, *Myriads Worlds*,
traduzido e editado pelo
International Committee of Kunkhyab Chöling

Uma mulher que participou de uma série de ensinamentos que ofereci em uma das minhas recentes visitas à América do Norte confessou-me em uma entrevista individual que, embora tivesse realizado muitas coisas na vida, sentia um profundo desejo de ter uma relação duradoura. Esse desejo era tão intenso que ela nem sequer conseguia olhar para ele na meditação.

Quando perguntei-lhe que tipo de pensamentos ela possuía quando sentia esse desejo de ter um relacionamento, ela ficou em silêncio por alguns instantes e, em seguida, respondeu: "Acho que é o pensamento de que não mereço ser amada." Depois de outra pausa, acrescentou, em um tom mais baixo: "E talvez a ideia de que as outras pessoas vão pensar que eu sou um fracasso, porque nunca tive um relacionamento duradouro."

Dando continuidade a essa linha de questionamento, descobrimos uma variedade de pensamentos e sentimentos – incluindo memórias de infância (sua mãe dizendo que ela era feia) e adolescência (não sendo convidada para bailes e festas). Havia, de fato, toda uma história por trás do seu desejo de ter um relacionamento. E quando esse enredo foi dividido em diversas partes, o peso desse anseio começou a ser removido. Ele não desapareceu de imediato, é claro, mas, naqueles instantes, ficou mais leve de carregar. Não era mais aquela pedra esmagadora, enorme, sólida e lamacenta que ela vinha originalmente transportando. Na verdade, era mais um punhado de pedras aglutinadas a ponto de parecer uma pedra enorme.

Sem esforço, ela espontaneamente começou a aplicar método e sabedoria à sua tristeza. Esse é um ponto crítico. Enquanto considerava cada aspecto da sua situação, ela estava *meditando*, reconhecendo em um nível direto os pensamentos e sentimentos que se prolongaram durante boa parte da sua vida. À medida que ela os reconheceu, alguns dos julgamentos que mantinha sobre esses pensamentos e sentimentos começaram a emergir, e ela foi capaz de quebrá-los em partes cada vez menores. No decorrer da discussão, pelo menos momentaneamente, ela teve uma mudança de perspectiva. Não era alguém aprisionada dentro do espelho da sua solidão e desejos. Ela era o espelho.

Quase no final da conversa, ela disse com voz entrecortada: "Acabei de ter um pensamento. Talvez minha mãe se sentisse da mesma maneira. Talvez ela se sentisse feia e antipática. Não me lembro de alguma vez vê-la feliz ou sorrindo. Não me lembro de ter visto meus pais rindo juntos, nem se abraçando, se beijando. E as outras crianças com quem cresci, as mais populares, as que eram convidadas para os bailes e as festas..."

A voz dela sumiu por um instante.

"Será que a vida delas era tão incrível assim naquela época?", ela perguntou. Ela mordiscou o lábio e disse: "Será que são felizes hoje? Será que se sentem sós?"

Foi extraordinário assistir o desenrolar desse processo. Admitir a sua dor secreta permitiu a ela expandir sua consciência de uma forma que pudesse simplesmente olhar para a dor, com menos julgamentos do que quando a mantinha oculta. Por sua vez, a consciência a ajudou a quebrar a dor em partes menores, para que não parecesse tão fixa; e o soltar da fixação gerou a oportunidade para que sua compaixão, capacidade e confiança inatas começassem a florescer. E, pelo menos naqueles poucos momentos, sua mitologia do "mim" – de ser unicamente focada em sua própria perspectiva – derreteu. Ela não se sentia solitária, mal-amada e indigna de ser amada; começou a sentir uma conexão com os outros que transcendeu o desejo, o ciúme e o medo. Fez amizade com a sua dor, e com isso chegou ao insight e à empatia. Ela havia vislumbrado seu potencial, abraçado a mudança em sua perspectiva e, por um momento ao menos, sentiu-se livre. Foi uma delícia ver o sorriso em seu rosto após essa realização espontânea!

Este é o sentido da prática do insight: o reconhecimento de que todos os fenômenos são interdependentes, impermanentes e compostos de muitas partes diferentes. Como foi discutido na Parte Um, depois de uma análise, não podemos apontar uma coisa e dizer que ela é sólida, singular ou imutável. Quanto mais profundamente examinarmos nossos pensamentos, sentimentos e emoções, maior será a oportunidade de reconhecermos a sua natureza vazia. Até os estados emocionais intensos, ou muito antigos, são como bolhas. Eles parecem ter uma forma, mas são vazios por dentro. No fim, eles explodem e podemos ver o espaço infinito, livre de conflitos e colisões. É um despertar alegre, que, embora não consigamos colocar em palavras, é totalmente claro, uma experiência de consciência plena atemporal.

Como é que vamos abordar esse despertar? Dando alguns passos, como fizemos ao abordar a prática da atenção.

Passo Um: O Exercício Principal

Como o exercício principal da prática da atenção, a meditação do insight pode ser dividida em três fases. A primeira envolve olhar para um pensamento ou emoção com consciência comum, apenas identificar pensamentos ou sentimentos, sem qualquer propósito ou intenção específica.

A segunda fase envolve uma abordagem um pouco diferente. A ideia principal é reconhecer a natureza da emoção, o que é uma consciência plena inseparável da vacuidade. Como fazemos isso?

Comece considerando o aspecto impermanente da emoção. Quando identificamos uma emoção – ódio contra si mesmo, solidão, sensação de embaraço em situações sociais ou um julgamento contra outra pessoa – temos a tendência a vê-la como um sólido e enorme problema. Uma sensação de permanência envolve e infunde o sentimento. *Eu sempre vou me sentir desse jeito. Eu sou um perdedor. Essa pessoa é realmente má.* O Bloqueador da Natureza Búdica número três desempenha um papel proeminente aqui, reforçando um sentido de durabilidade. Mas quando examinamos cuidadosamente tais sentimentos, descobrimos que eles não são estáveis nem de forma alguma duradouros. Em um minuto ou menos, os pensamentos associados a eles mudam, a intensidade oscila. As sensações do corpo – temperatura corporal, batimentos cardíacos, peso nos membros, fadiga ou agitação – estão propensas a mudanças. Podemos ficar surpresos com tantas mudanças diferentes na mente e no corpo. Com base no processo da prática da atenção, o ponto essencial aqui é observar e permitir-nos perceber as mudanças.

No início, é possível observar as mudanças nos pensamentos, sentimentos, e assim por diante, por apenas um ou dois minutos. Está tudo bem! Como meus professores me aconselharam, é importante resistir ao impulso de fazer esforço para chegar a um resultado. O mais importante no reconhecimento da impermanência é simplesmente perceber que os pensamentos, sentimentos e mudanças físicas não são estáticos.

Depois de olhar brevemente para a natureza impermanente das emoções, considere seu aspecto de singularidade. Como foi mencionado antes, temos a tendência a vivenciar as emoções como sólidas, uma coisa enorme, inerentemente existente. Mas se atentarmos para uma emoção tal como a raiva, veremos que ela é uma combinação de palavras ou pensamentos (*Estou com raiva. Eu odeio essa pessoa. Isso foi uma coisa horrível de se dizer.*), sensações físicas (dor, sensação de aperto no peito ou no estômago) e a imagem da causa ou do objeto da raiva. Se separarmos todos esses elementos, onde está a raiva? É possível sentir raiva sem palavras, pensamentos, sensações físicas, imagens da causa ou do objeto da raiva?

Ou, usando uma abordagem diferente, vamos supor que olhamos para o objeto da raiva, por exemplo, alguém que tenha dito algo que não gostamos. Podemos perguntar: *O que está me causando raiva? A pessoa que disse as palavras? As próprias palavras?* Podemos pensar: *Estou enraivecido com uma determinada pessoa por causa do que ela disse.* Mas se usarmos um momento para quebrar a nossa reação de raiva, teremos a oportunidade de reconsiderar e olhar uma segunda vez. *As palavras desagradáveis saíram da boca dessa pessoa; será que eu deveria ter raiva dessa boca? Essa boca é controlada pelos músculos e pelo cérebro. Será que eu deveria ter raiva dos músculos e do cérebro? Mas o cérebro não é motivado pelas emoções ou intenções dessa pessoa? Não deveria ter raiva delas?* Examinando desse modo a singularidade, não conseguiremos encontrar nenhum objeto para sentir raiva. O objeto da raiva não tem uma natureza própria. Em vez disso, descobrimos que as emoções e seus objetos surgem de forma interdependente.

Cheguei sozinho a essa conclusão durante minha infância, quando um homem veio visitar meu pai. Ele tinha tido uma discussão com alguém e acabaram se batendo com varas. O homem estava muito chateado e pediu um conselho a meu pai, que disse: "Se foi a vara que te bateu, por que você está com raiva do outro homem?"

"Porque ele tinha o controle da vara", respondeu o rapaz.

"Mas ele estava sendo controlado pelas emoções dele", disse meu pai. "Nesse caso, você deveria realmente ter raiva é dessas emoções. E quem sabe o que poderia ter contribuído para essa explosão emocional que ele teve? Talvez ele tenha apanhado do pai. Talvez algo tenha acontecido naquele dia para que ele ficasse tão irritado. Como você pode ter raiva dele? Talvez o pai desse homem bata nele quando está com raiva. Quem saberia dizer o que o tornou tão irado a ponto de bater no filho?"

O homem reconsiderou por uns instantes, e vi que ele começou a relaxar um pouco, chegando até mesmo a sorrir.

"Eu nunca pensei sobre isso dessa forma", disse ele.

"A maioria de nós não pensa assim", respondeu meu pai. "Temos que olhar para além das aparências superficiais, e isso requer prática." Ele sorriu. "E a prática leva tempo. Só porque nós conversamos hoje, suas ideias, suas emoções, não vão mudar da noite para o dia. Seja paciente. Seja gentil consigo mesmo. Você não consegue desenvolver sabedoria da noite para o dia."

As palavras do meu pai ficaram comigo, e eu as considero quando ensino e aconselho os outros. O principal exercício da prática do insight consiste em examinar a impermanência e a interdependência das nossas próprias respostas emocionais e dos objetos das nossas emoções – pessoas, lugares e situações. Mesmo quebrando em partes a solidão, o desamor, o desconforto social, o julgamento dos outros, e assim por diante, começamos a ver que nem mesmo as partes existem inerentemente.

Esse é o objetivo da prática do insight: quebrar a ilusão de permanência, singularidade e independência. Se olharmos para esta emoção profundamente, por fim chegaremos à conclusão de que não podemos encontrar nenhum fator permanente, singular ou independente. A emoção, ou seu objeto, pode dissipar-se com a prática. E o mais importante é que, quando abordamos nossos pensamentos e sentimentos com insight, podemos descobrir a natureza da emoção – uma infinita clareza, uma liberdade não reconhecida antes. Ser capaz de escolher nossas reações, afrouxar a separação entre a experiência e aquele que experiencia – que grande descoberta!

Uma analogia tradicional do budismo tibetano compara essa experiência a um viajante com um chapéu de abas largas, caminhando por um morro íngreme cercado de árvores. Ao chegar ao topo do morro, ele remove o chapéu e deita no chão para descansar. Ele gosta da sensação do vento soprando na sua cabeça, deleita-se por ser capaz de ver a

Tornando pessoal 241

quilômetros de distância e olhar para o imenso céu aberto. Sente-se feliz por ter conseguido chegar ao topo do morro. O chapéu representa o agregado dos conceitos a que nos apegamos quando pensamos que as emoções são sólidas, permanentes e existem independentemente. A caminhada morro acima representa o processo de olhar para a natureza das emoções. A remoção do chapéu representa não só o alívio de abandonar os conceitos, mas também a consciência ilimitada que surge em consequência disso.

No entanto, é apropriado fazer aqui uma advertência. É possível que a sensação de liberdade e consciência plena que você alcança através da prática do insight dure apenas alguns segundos, um pequeno intervalo no fluxo mais ou menos contínuo da consciência conceitual. Não se preocupe. Embora esse intervalo possa ser pequeno no início, ele realmente representa um vislumbre do estado natural da mente – a união de vacuidade e clareza. Com a prática, esse intervalo aumentará mais e mais.

Tal como acontece com a prática da atenção, a terceira fase da meditação do insight envolve um pouco de análise. Quando você olha para os resultados da sua prática, você pode ter, tal como com na prática da atenção, três resultados possíveis.

Em primeiro lugar, quando olha para uma emoção, ela pode dissolver-se em consciência plena ilimitada por um curto período, talvez apenas alguns segundos. Em seguida, a emoção vai voltar, possivelmente de forma mais intensa. Você pode pensar: *Eu ainda estou aqui, estou sentindo a emoção. Qual o sentido de tentar ver essa emoção como vazia?* Isso é normal. Você sempre pode retomar a prática. Não há limite de tempo, nenhuma instrução que proíba você de tentar cinco, seis, sete, ou até mesmo uma centena de vezes por dia. Na verdade, meus professores me aconselharam a continuar tentando, mesmo que por apenas breves períodos, um minuto ou algo assim. Gradualmente, através da repetição, você vai descobrir que uma determinada emoção torna-se cada vez menos sólida, e transforma-se em consciência plena ilimitada. Um dia, quando a emoção surgir, ela fará com que você se lembre da liberdade e da sensação de espaço que você sentiu durante a prática. Ao invés de o puxar para baixo, a experiência de solidão, falta de amor e raiva, por exemplo, irá levantá-lo.

A segunda possibilidade é que, ao aplicar a prática do insight, a emoção torne-se mais intensa. Você pode sentir que não consegue observar essa emoção porque ela é muito forte ou muito real. *Eu falhei. Sinto esta emoção com muita intensidade.* Isso também é bom. É de fato um sinal de aprimoramento da clareza. Não tente se livrar da emoção. Examine todas as diferentes partes – como mudam, como são impermanentes. Pode não ser exatamente uma meditação do insight, mas será uma experiência de atenção mais aprofundada.

A terceira possibilidade é que quando você olhe para a emoção ela permaneça a mesma – nem se intensifica, nem se dissipa. Você pode ver a emoção e a vacuidade ao mesmo tempo. Por exemplo, quando sentir desejo ou ciúmes, e olhar para o desejo ou ciúme, descobrirá um "sabor" persistente – um eco, por assim dizer, como o sentimento que você experimenta em um sonho. Uma metáfora budista tradicional compara essa experiência com o ver uma imagem em uma poça d'água ou em um espelho. Você é capaz de ver sua imagem, mas não confunde a imagem consigo mesmo. De acordo com os meus professores, esse é o melhor resultado, um sinal da liberação da emoção. Embora ainda possamos senti-la, temos uma compreensão clara de sua natureza vazia.

Passo Dois: Tente Algo Diferente

É claro que alguns estados emocionais ou mentais são muito fortes e persistentes, como demonstra o caso da mulher que passou tanto tempo da vida desejando um relacionamento, ou como alguém que, diante do cenário econômico atual, sente uma insegurança generalizada. Às vezes, a raiva contra um dos pais ou outro membro da família, ou talvez contra um colega de trabalho, pode durar anos. Descobri que isso está muito presente entre as pessoas que divorciaram-se ou estão envolvidas em processo de divórcio. Depressão, ansiedade e arrependimento acerca das ações passadas tendem a se estender por longos períodos também. Qualquer um desses estados pode ser difícil de enfrentar de cabeça erguida.

Em vez de tentar lidar com esses "pesos pesados" de imediato, tente trabalhar com algo que é um pouco mais fácil de quebrar. Você pode tentar criar uma sensação artificial de dor física, por exemplo, beliscando a área carnuda entre o polegar e o indicador. Trabalhar com um nível básico de desconforto é muito simples e direto. (Outro benefício, de acordo com especialistas em acupuntura, é que aplicar uma pressão nesse ponto alivia dores de cabeça.) Ou pode tentar trabalhar com sensações de calor ou frio extremos, com base nas memórias das sensações ao lidar com o desconforto do suor, calafrios e o desejo de aliviar tais condições. Outra possibilidade é olhar para o seu desejo por algo, como um dispositivo eletrônico, por exemplo.

Outra abordagem implica em decompor uma grande emoção em partes menores. Uma aluna que sofria crises recorrentes de depressão descreveu um método inovador de praticar o insight. O gatilho que detonava a maioria de seus episódios depressivos era a repetição de uma mensagem que ela ouviu da mãe no início de sua infância: "Você é um caos." Quando a afirmação se repetia na sua mente, ela passou a cortá-la em pedacinhos: "Você é um c-"; "Você é um"; "Você é"; "Você"; "V". Depois de aplicar esse método, ela encontrou a liberdade de questionar o significado de seus pensamentos e sentimentos. *O que é "um caos"? O que é "você é"? O que é "você"? Quem era minha mãe para fazer tal pronunciamento? Quem era "ela" para aceitar a definição de "si mesma" como um caos?*

Você pode achar útil tentar uma abordagem mais analítica para decompor grandes emoções em partes menores. Por exemplo, quando sentir ciúmes, pergunte a si mesmo: *Quem está com ciúmes? É meu pé?*

Minha mão? De onde surge o ciúme? Será que ele perdura? Ou é descontinuado por outros pensamentos ou sentimentos? Quem é essa pessoa da qual sinto ciúmes? Sinto ciúmes da mão, do pé dela? Da boca dessa pessoa? Das palavras que saem da sua boca? Será que posso realmente identificar uma entidade permanente, singular e independente da qual sinto ciúmes?

Um método diferente envolve olhar para as memórias de infância, que muitas vezes são mais fáceis de decompor do que os pensamentos e sentimentos complexos que nos afligem na vida adulta. Como fez um aluno com quem falei recentemente, é possível lembrar-se da experiência de cair de uma árvore e esfolar o joelho. Ele sentiu não só dor física, mas um sentimento de vergonha já que muitos de seus colegas tinham visto a queda. Ele se perguntou: *Qual foi a sensação da dor física? Como foi a sensação de vergonha? Fez meu coração disparar? Fez o sangue subir para o meu rosto? Fez-me querer correr e me esconder?*

O importante de tentar algo diferente em termos de meditação do insight é a *prática*. Comece com algo pequeno e use um foco que seja um pouco mais fácil. Ao fazer isso você constrói a sua força – ou, retomando a antiga metáfora tibetana, enche seu reservatório – para que possa trabalhar com questões mais amplas ou mais persistentes.

Passo Três: Dê um Passo Atrás

Muitas pessoas resistem à prática do insight. Umas acham que é difícil quebrar as emoções em partes menores. Outras acham a prática muito árida ou analítica. Outras ainda apenas sentem muito medo de olhar para a fonte subjacente às suas emoções. Por exemplo, um aluno contou-me sobre um conflito que estava tendo com a mãe. Toda vez que ela precisava encher o tanque de gasolina do seu carro, pedia-lhe ajuda. Na superfície, o conflito parecia girar em torno do desamparo da mãe, mas quando ele finalmente a confrontou, juntos descobriram que a questão subjacente era uma combinação de ciúmes e dor. A mãe sentia ciúmes do tempo que ele dedicava ao seu colega de quarto, pois estava vivendo um sentimento de perda depois que o filho saíra de casa para viver por conta própria.

Como esse exemplo demonstra, um dos fatores mais fortes da resistência à prática do insight é o medo da mudança, o medo de perder a sua identidade – um reflexo da influência do Bloqueador da Natureza Búdica de número cinco, a tendência a se identificar, por exemplo, como alguém indefeso, solitário, ansioso ou medroso. A mãe no exemplo que acabamos de mencionar tinha medo de perder seu relacionamento com o filho. Outras pessoas me disseram: "Eu preciso da minha raiva para fazer as coisas." Uma aluna contou-me recentemente que teve um relacionamento com um compositor em que tinham discussões frequentes; ele rompeu diversas vezes o relacionamento com ela, e, em seguida, fez esforços para reparar a perda. O relacionamento deles era uma fonte constante de dor e drama, amor e perda. Por fim, ela perguntou ao parceiro: "Será que não podemos simplesmente ter um relacionamento comum, sem todos esses altos e baixos? Claro, podemos ter divergências, mas elas têm que ser tão dramáticas? Será que toda chateação tem de ser uma questão de vida ou morte?" Ele olhou para ela por um momento como se ela fosse um alienígena de outro planeta. "Eu preciso de drama emocional para ser criativo," ele respondeu. "Preciso dos altos e baixos de um relacionamento para escrever minhas letras."

Felizmente ela não precisava desse drama para atender suas necessidades ou obrigações profissionais e, após essa discussão, terminou o relacionamento.

Contudo, a história dessa aluna foi especialmente esclarecedora, porque muitas pessoas resistem à prática do insight devido a um mal-entendido a respeito da vacuidade. Mais de uma pessoa me pergunta: "Se eu sou vazio, se todos com quem trabalho são vazios, se todos os meus sentimentos são vazios, como posso funcionar na vida social?" Eles têm medo de que terão que abandonar suas identidades, ou que seus relacionamentos e experiências se tornarão sem sentido.

Perguntas como essas me fazem lembrar alguns incidentes da minha infância. Durante grande parte da minha infância vivi em Nubri, uma aldeia na região do Himalaia, no Nepal, onde as tempestades de inverno podem ser muito severas. Durante uma tempestade muito forte, o vento norte soprava tão vigorosamente contra as paredes da nossa casa que fiquei apavorado, pensando que a casa fosse desabar. Corri para um dos pilares na sala principal e o agarrei com todas as minhas forças. (A casa não desabou, é claro, mas duvido que meus insignificantes esforços tenham desempenhado qualquer papel nisso!)

Depois comparo essa experiência a um incidente que ocorreu cerca de dois anos mais tarde, quando fiz a minha primeira viagem de ônibus. No inverno, eu viajei com minha mãe de Nubri – que na época era uma aldeia isolada, sem as conveniências modernas como água corrente, eletricidade e estradas pavimentadas – para Katmandu, onde o clima era mais quente e poderíamos passar o inverno em relativo calor e conforto. Caminhamos por dez dias em meio a um ambiente natural límpido e ainda pouco desenvolvido, dormindo à noite em cavernas ou pelos campos, e cozinhando as refeições com os suprimentos que carregávamos nas costas. Então chegamos a um lugar chamado Gorka. Lá, pela primeira vez, eu vi caminhões e ônibus.

Minha primeira impressão foi de que eram animais gigantes. Os faróis pareciam olhos. E eles rosnavam enquanto se moviam. Suas buzinas rugiam como tigres furiosos. Quando nos aproximamos de um ônibus, minha mãe disse: "Temos que entrar nele."

De jeito nenhum, eu pensei. Mas minha mãe era inflexível e puxou-me para dentro do ônibus. No primeiro dia da viagem, fiquei apavorado. Eu estava sentado dentro da barriga de uma besta! As estradas eram terríveis, cheias de buracos e solavancos, e cada vez que passávamos por um buraco, eu tinha certeza de que a besta iria tombar. Depois de algumas horas, senti tonturas e vomitei. Finalmente fizemos uma parada, e nos alojamos em um hotel. Naquela noite, tive febre e novamente vieram as tonturas. Lembro-me de olhar para o ventilador de teto, que não estava ligado, e imaginar ter visto as pás girando. Aos poucos, toda a sala começou a girar.

No dia seguinte, eu me senti um pouco melhor e minha mãe me disse enfaticamente: "Temos que ir." Quando subimos a bordo do ônibus, minha mãe nos colocou no banco da frente. Comecei a dizer para mim mesmo, quase como em um mantra, que aquilo era só um cavalo, não um animal selvagem. Lentamente, a minha experiência de andar de ônibus começou a mudar. Eu conhecia os cavalos e já tinha montado neles antes. Abri a janela e senti a brisa soprando no meu rosto. Olhei para fora e comecei a apreciar a paisagem de árvores e gramas verdejantes, enquanto viajávamos pelo sul do Nepal. Parecia que era verão, essa era a sensação.

Ao olhar o meu medo e mudar a minha percepção, eu fiz as pazes com o ato de andar de ônibus. Mais importante ainda, essa experiência foi um dos meus primeiros exercícios da prática do insight que, em essência, é um processo de desapego das noções preconcebidas, abraçar a mudança e romper o "ponto cego" para descobrir recursos internos que eu nunca sonhara serem possíveis.

Passo Quatro: Faça uma Pausa

Mesmo que tente fazer todas as etapas descritas aqui, você pode sentir que sua prática se tornou indefinida. Pode sentir-se cansado, frustrado ou entediado. Pode perder o entusiasmo de tirar até mesmo um ou dois minutos do seu dia para praticar.

Usando uma analogia, no início, as pessoas que praticam corrida conseguem correr apenas por cinco ou dez minutos. Mesmo durante os treinos curtos, precisam fazer uma pequena pausa; e se quiserem continuar por mais tempo, não conseguem, porque seus corpos ainda não estão acostumados ao esforço. Elas precisam parar, mesmo que desejem muito continuar. Podem tentar no dia seguinte e no próximo, aumentando gradualmente o treino. Por fim, conseguem continuar por muitos quilômetros e podem até mesmo correr uma maratona! Do mesmo modo, é importante fazer uma pausa quando você se envolve com a prática do insight, especialmente se ficar entediado ou desinteressado, se a prática parecer muito árida ou analítica, ou se as emoções que você está investigando se intensificarem.

Tal como acontece com a prática da atenção, também é imperativo parar se os sentimentos se dissiparem, ou se você atingir uma experiência realmente profunda de vacuidade, na qual a percepção dualista se dissolve. Quando ouvem isso, muitas pessoas perguntam: "Por que parar quando a prática parece estar funcionando tão bem?"

Eu fiz a mesma pergunta aos meus professores e ofereço a resposta que recebi. É tão fácil se apegar à sensação de liberdade, que podemos nos sentir tentados a fabricá-la. Abandonar os sentimentos de liberação ou de alívio é o exercício último da prática do insight. Estamos nos desprendendo do desprendimento.

ESTENDENDO A EMPATIA

> *Imensa compaixão brota espontaneamente em direção a todos os seres sencientes que sofrem como prisioneiros de suas ilusões.*
>
> Kalu Rinpoche, *Luminous Mind: The Way of the Buddha*, traduzido por Maria Montenegro

Alguns meses atrás, uma aluna quebrou a pélvis depois de cair de um cavalo. Enquanto estava se recuperando, seu namorado terminou o relacionamento. Por telefonemas e e-mails, ele criticou-a por "fazer papel de vítima" e tentar ganhar a simpatia das pessoas. Disse a ela que o acidente era resultado de um "carma ruim" porque ela não possuía um bom relacionamento com a família. Durante todo o processo, ela recusou-se a falar com os outros sobre a reação dele, para não transformar o ex-namorado em uma "pessoa ruim" aos olhos dos amigos e familiares, nem reforçar esse julgamento em sua própria mente.

Por uma estranha coincidência, três meses após o término do namoro, o ex-namorado caiu de uma árvore e quebrou vários ossos das costas.

Minha aluna poderia ter reagido negativamente quando ele ligou para pedir que devolvesse alguns aparelhos que havia emprestado a ela para aliviar sua dor física. Em vez disso, fez um pacote de cuidados, e junto com os aparelhos solicitados, enviou-lhe remédios homeopáticos que a tinham ajudado a suportar a dor. Como conhecia a dor emocional de ter sido criticada quando passou por uma intensa dor física, optou por adotar o que algumas pessoas chamam de um "caminho superior". Em vez de perguntar se ele estava fazendo papel de vítima, ou se o acidente era resultado de um carma ruim, ela reconheceu a dor emocional que havia sentido e optou por ir além, enviando o pacote de cuidados.

Em vez de brigar com o ex-namorado, respondeu com empatia e sentiu muita serenidade ao estender a ele não só a oportunidade de paz, mas também a oportunidade de apreciar a possibilidade de reconhecer o que ele fizera ao julgá-la. Se tivesse reagido com raiva e retribuído as acusações, ele provavelmente teria se fechado, tornando-se ainda mais amargo ou endurecido na sua crítica. Quando escolheu se expandir, enviando o pacote de cuidados em vez de retaliar, ela não só sentiu uma abertura no coração, como também ofereceu ao ex-namorado a oportunidade de abrir o dele, isto é, reconhecer que atacar alguém com dor não é certamente o melhor método para estabelecer e promover relacionamentos saudáveis.

Passo Um: Exercício Principal

Tal como acontece com o exercício principal da prática da atenção e do insight, a meditação da empatia pode ser dividida em várias etapas. Enquanto a prática da atenção e a prática do insight podem ser condensadas em três etapas, a empatia tem uma qualidade diferente.

É um processo de transformação. Em vez de três etapas, estender empatia inclui uma quarta etapa, como veremos.

A primeira etapa é semelhante à da prática da atenção e do insight, isto é, trata-se simplesmente de voltar sua percepção para o que você está sentindo. A segunda etapa envolve o reconhecimento de que outras pessoas sofrem de emoções muito fortes ou conflitos emocionais, a compreensão de que, com efeito, "eu não sou o único que sofre". Ao entender o sofrimento de outras pessoas dessa maneira, você começa a sentir que você e os outros são iguais. Assim como quer se liberar do sofrimento, os outros também querem; assim como deseja alcançar a felicidade, os outros também desejam. Você deve lembrar da analogia descrita na Parte Dois, quando imaginamos ter duas agulhas pontiagudas fincadas nas bochechas, uma de cada lado. A dor na face direita representa a infelicidade e sofrimento que você mesmo sente. A dor na face esquerda representa a dor e infelicidade que os outros sentem. A dor em ambas as bochechas é a mesma.

A terceira etapa da prática principal envolve a prática de *tonglen*, que foi descrita em detalhes na Parte Dois. Resumindo brevemente essa técnica, comece levando sua atenção para seu próprio sofrimento, reconheça que os outros sofrem e, em seguida, use sua imaginação para trazer para si todo o sofrimento, as emoções e situações dolorosas vividas por incontáveis seres sencientes. Depois, imagine que envia às outras pessoas todas as suas boas qualidades, todas as suas experiências de felicidade momentânea. Alguns textos aconselham imaginar o sofrimento como uma espessa nuvem negra, e a felicidade e as qualidades positivas como um raio de luz brilhante. Para ajudar a lembrar-se disso, coordene a sua respiração com o processo de tomar para si e enviar para o outro, inspirando enquanto recebe o sofrimento dos outros seres sencientes e expirando enquanto imagina enviar a eles suas qualidades positivas. Muitos dos meus alunos relataram que essa coordenação do processo de visualização com a respiração produz um efeito calmante.

A prática de *tonglen* tem muitos benefícios. O primeiro, claro, é o reconhecimento de que você não está sozinho, o que ajuda a aliviar o sofrimento pessoal baseado no autojulgamento. Em segundo lugar, reconhecer o sofrimento dos outros ajuda a dissolver os julgamentos contra eles, alguns dos quais podem ser bem antigos. À medida que você reconhece a sua própria dor e certas palavras, imagens e comportamentos que surgem em consequência dela, você começa a reconhecer que algumas ações dos outros, que podem parecer prejudiciais ou desatenciosas, são decorrentes de uma fonte semelhante de infelicidade. Estender suas qualidades positivas aos outros, no entanto, ajuda a minar a influência do Bloqueador da Natureza Búdica de número quatro – o ponto cego – gradualmente, trazendo para a consciência plena o fato de que você tem qualidades positivas e capacidades muito mais amplas do que antes imaginou ter.

O mais importante é que, ao aplicar esse método específico de gerar empatia, você aos poucos começará a desenvolver um sentimento de que o seu sofrimento pessoal é significativo ou tem um propósito. Quando começa a ver sua emoção como uma representação das emoções de todos os seres sencientes, você está aprofundando o seu compromisso de conectar-se e ajudar todos os outros seres sencientes a se libertarem das emoções perturbadoras ou destrutivas.

A quarta etapa da prática principal é um pouco diferente do processo analítico associado à prática da atenção e do insight. Aqui, nós estamos olhando para o poder transformador da empatia. Em vez de fugir da emoção, tentando suprimi-la ou deixá-la tomar conta de você, deixe que ela surja. À medida que a emoção ocorre, ela se torna parte da bondade amorosa e da compaixão e, então, torna-se produtiva. Com a prática, você descobrirá uma mudança de perspectiva natural em relação às emoções perturbadoras. Elas não são coisas ruins, nem prejudiciais; na verdade, essas emoções desagradáveis são muito úteis à sua busca de desenvolver mais consciência do sofrimento dos outros. E, utilizando-as como um foco da prática de *tonglen*, você acaba ajudando os outros.

Passo Dois: Tente Algo Diferente
Como mencionamos na discussão da prática da atenção e do insight, pode não ser fácil trabalhar diretamente com emoções intensas ou padrões muitos antigos. Se encontrar um problema semelhante quando trabalhar com a empatia, tente trabalhar com uma emoção menor, ou talvez apenas um aspecto de um padrão emocional intenso ou muito antigo. As emoções intensas ou os padrões emocionais arraigados estão bem guardados dentro de nós – como oceanos que parecem não ter fundo nem fim. Antes de tentar nadar no oceano, é mais eficiente começar a construir a sua força, praticando em uma piscina ou um lago.

Por exemplo, se você sofre de baixa autoestima, solidão, ansiedade ou depressão, não tente resolver todas as condições de uma só vez. Concentre-se em um aspecto, talvez em sua reação a algo dito por alguém que desencadeou um sentimento de autojulgamento, ou um sentimento de desesperança ou cansaço que pressagia o início de um episódio depressivo.

Você pode começar usando uma emoção menor, como a frustração ou a irritação que sente em relação a alguém que entra na sua frente no caixa do supermercado ou na fila do banco. Outra opção pode ser a de trabalhar com bondade amorosa e compaixão. Um homem que sofria de persistente ansiedade escolheu esse caminho. Quando teve um ataque de ansiedade, focou-se em sua avó, que era uma pessoa muito ansiosa. Ao identificar-se com ela, sua própria ansiedade diminuiu e, gradualmente, ele foi capaz de estender a empatia em direção a uma esfera mais ampla de pessoas. Lembrar-se de uma emoção passada – como o medo ou raiva, ou mesmo a dor e o constrangimento de cair de uma árvore – também pode ajudá-lo a construir forças para lidar com as emoções maiores. Ao construir a sua força a partir dessas pequenas coisas, você pode começar a trabalhar com questões maiores em relação às formas com que julga si mesmo e os outros.

Passo Três: Dê um Passo Atrás

Normalmente, quando consideramos a prática da empatia, pensamos que temos que colocar de lado as emoções negativas, o ego etc. Mas, usando a prática de *tonglen*, descobrimos que as emoções negativas têm um lado ou aspecto totalmente diferente. Por exemplo, uma mulher me disse durante uma entrevista que tinha um gênio ruim e me pediu um método para controlá-lo. Comecei a ensinar-lhe *shamatha* – desenvolver consciência do seu temperamento. Ela me interrompeu, dizendo: "Eu já tentei, isso não funciona para mim, eu preciso de algo diferente." Então, eu lhe ensinei a meditação *tonglen* e, a princípio, ela ficou surpresa. "Que boa ideia!", exclamou. Mas depois de pensar nisso por alguns momentos, disse: "Não acho que vai funcionar porque a compaixão é o oposto do meu temperamento. Eu realmente tenho dificuldade até mesmo de conceber a compaixão." Aconselhei-a a apenas experimentar. "Volte amanhã, e me diga o que aconteceu."

Na manhã seguinte, ela voltou radiante. "Eu me surpreendi. Normalmente, quando tento meditar sobre compaixão, fico brigando com o meu temperamento. Estou tentando resistir a ele ou reprimi-lo. Mas com esta técnica, eu só deixei o meu mau humor lá. Não tentei mudá-lo; eu mudei a maneira de vê-lo."

A reação dessa aluna me inspirou a buscar entender por que tantas pessoas resistem tanto a estender a empatia. O primeiro problema é resultado de um entendimento equivocado da intenção existente por trás do método – de usar a técnica para livrar-se da emoção. Você pode pensar assim: *eu tenho um problema com julgar ou culpar os outros. Agora, vou praticar para que eu possa me libertar desse padrão, aqui e agora.* Mas isso não acontece. Ele não vai embora. Você pensa: *Ai, não, eu estou empacado! Odeio essa prática. Isso não funciona.*

Tais reações são exemplos clássicos do envolvimento da esperança e do medo – a esperança de que a emoção desapareça e o medo de que não adianta aplicar nenhum esforço, pois seu estado emocional não vai mudar. Como meu professor, Saljay Rinpoche, aconselhou-me no início quando eu estava lidando com o pânico, você precisa dar um passo atrás e ver a esperança e o medo como focos da prática da empatia. Todos têm a esperança de encontrar alívio do sofrimento e o medo de que nada do que fizermos poderá aliviá-lo.

O segundo tipo de resistência vem de olhar para a própria emoção. Solidão, baixa autoestima, os julgamentos que temos contra os outros, e assim por diante, podem parecer muito grandes ou tão profundamente arraigados que são difíceis de serem diretamente confrontados. Se for este o caso, dê um passo atrás e tente trabalhar com emoções menores. Trabalhe com os gatilhos, os fomentadores ou talvez com as memórias de infância. Olhe para a esperança e o medo.

Passo Quatro: Faça uma Pausa

Tal como acontece com as práticas de atenção e insight, é possível que você fique entediado ou cansado. *Oh, não,* você poderia pensar, *eu tenho que tentar novamente.* Talvez o propósito da prática se torne obscuro e seu entusiasmo diminua. Esses são sinais claros de que devemos parar. Não há necessidade de se sentir culpado. Lembre-se: você está construindo seus músculos mentais e emocionais, e isso leva tempo.

Conforme aconselhei em práticas anteriores, também é importante parar quando a sua prática parece ir bem. Quando você sente que a bondade amorosa e a compaixão se desenvolveram a níveis fantásticos – quando sente que *A partir de hoje, servirei a todos os seres sencientes para sempre; estou realmente transformado; posso doar toda a minha bondade* – é hora de parar.

Por quê?

Talvez um exemplo extraído da história do budismo possa fornecer uma explicação. Durante o século XIX, Patrul Rinpoche, grande mestre do budismo tibetano, tornou-se professor depois de passar grande parte de sua vida em meditação profunda e receber instruções de alguns dos mais importantes professores e sábios de sua época.

Depois de receber os ensinamentos básicos sobre bondade amorosa e compaixão, um de seus alunos anunciou com empolgação: "Agora eu entendo a bondade amorosa e a compaixão! A partir de hoje, sinto-me totalmente liberto do medo e da raiva. Mesmo se alguém me bater, eu não vou ficar chateado!"

Patrul Rinpoche calmamente aconselhou-o: "É muito cedo para chegar a essa conclusão. Acalme-se. Apenas pratique."

Mas o aluno não concordou e começou a proclamar sua transformação para quem quisesse ouvir.

Certa manhã, ele começou a meditar ao lado de uma *stupa* – monumento espiritual que representa a mente iluminada do Buda. Ele estava de frente para o leste, na direção do sol nascente, e colocou seu manto exterior sobre a cabeça enquanto meditava com os olhos semicerrados. Ao mesmo tempo, Patrul Rinpoche dava voltas em torno da *stupa*, pois andar ao redor de uma *stupa* é um ato devocional. Como era seu costume, Rinpoche não vestia roupas cerimoniais suntuosas, mas sim roupas esgarçadas, cheias de buracos e feitas de tecido barato. Depois de dar sua primeira volta em torno da *stupa*, ele parou na frente do aluno e lhe perguntou: "Senhor, o que está fazendo aqui?"

Não reconhecendo seu professor nesses trajes tão miseráveis, o aluno respondeu laconicamente: "Estou meditando na bondade amorosa e compaixão."

"Ah, que bom", disse Patrul Rinpoche.

Depois de dar outra volta em torno da *stupa*, Patrul Rinpoche novamente confrontou seu aluno, perguntando o que ele estava fazendo.

O aluno – ainda sem reconhecer seu professor – respondeu um pouco mais secamente: "Estou *meditando* na bondade amorosa e compaixão."

"Isso é muito bom", Patrul Rinpoche respondeu.

Depois de mais uma volta, parou diante do aluno e fez a mesma pergunta. Dessa vez, o aluno gritou com raiva: "Eu disse que estou meditando na bondade amorosa e compaixão, o que há de errado com você? Você não tem ouvidos!" Naquele momento, enquanto tremia de raiva, seu manto escorregou da cabeça, o aluno abriu os olhos e reconheceu seu mestre.

Patrul Rinpoche estava diante dele, sorrindo. "Era essa a sua compaixão?", perguntou suavemente.

Naquele instante, o aluno perdeu todo o seu orgulho.

A moral da história é que, mesmo se tivermos apenas uma pequena compreensão intelectual da empatia e alcançarmos algum resultado com a prática, ainda precisamos de tempo para incrementar a nossa capacidade de desenvolver bondade amorosa e compaixão. E isso requer saber quando fazer uma pausa e praticar por períodos muito curtos, talvez um ou dois minutos, várias vezes ao dia, até que nossos "músculos emocionais da compaixão" desenvolvam-se.

CONCLUINDO

> *Na meditação, como em todas as artes, deve haver um equilíbrio delicado...*
>
> **Sogyal Rinpoche, O *livro tibetano do viver e do morrer*, Editora Palas Athena**

Há alguns anos, durante uma longa estadia na região de Nova York, conheci um homem que queria aprender sobre meditação. Seu melhor amigo tinha morrido, e por causa disso, ele estava sentindo muita tristeza, depressão e medo constante de morrer. Ao longo de algumas semanas, em uma série de entrevistas individuais, ensinei-lhe a usar a forma e outros suportes sensoriais para a meditação, e dei-lhe uma lição de casa especial para aprimorar os aspectos sensoriais da meditação. Mais tarde, durante um ensinamento público, ele aprendeu a usar pensamentos e emoções como suportes para a meditação. Pouco depois desse evento, ele solicitou outra entrevista.

"Não consigo observar pensamentos e emoções", confessou. "É muito assustador, como ver um tsunami chegando até mim."

Conhecia pouco sobre o seu passado, e achei bastante interessante a imagem que ele escolheu para descrever as emoções.

Então lhe perguntei: "Diga-me, qual é mesmo a sua principal ocupação na vida?"

"Sou um surfista profissional", disse ele.

"Sim, agora eu me lembro", respondi. "Então, o que você acha das ondas grandes?"

"Oh, eu gosto de ondas grandes!", ele exclamou.

Acenei afirmativamente com a cabeça. "Então, me conte como você aprendeu a surfar. Você sempre gostou de surfar?"

O homem explicou que ele foi estimulado a surfar por alguns amigos que eram surfistas ardorosos. Demorou um pouco para convencer-se, porque mesmo as pequenas ondas pareciam-lhe ameaçadoras, como "tsunamis" – a mesma palavra que ele usou para descrever as emoções.

"Mas com a ajuda dos meus amigos, consegui afastar o medo e agora eu amo as ondas. Eu consigo brincar com elas. Uso as ondas como diversão. Até mesmo as grandes parecem ser um desafio, uma maneira de expandir e aperfeiçoar a minha habilidade. Na verdade, ganho a minha vida hoje em dia surfando, participando de competições e ganhando prêmios. Eu acho que poderia dizer", acrescentou animadamente, "que as ondas são a minha vida!"

Esperei um momento até que ele terminou de contar a sua história, apreciando o sorriso que tinha se aberto quando falou sobre sua profissão. Então, eu lhe disse: "Seus pensamentos e emoções são como ondas. Surfar é como observar pensamentos e emoções. Então, se você sabe como usar as ondas, também tem uma compreensão preliminar de como controlar seus pensamentos e emoções."

Eu também lhe dei uma lição de casa. Ele tinha que começar pequeno, trabalhando lentamente com seus pensamentos e emoções, assim como tinha feito com as ondas quando começou a surfar. "As práticas são como seus amigos", eu disse. "O objetivo da prática é incentivá-lo, ajudá-lo a enfrentar as ondas dos pensamentos e das emoções como se fossem brinquedos. Você não pode impedir as ondas de se erguerem, não é? Mas pode aprender a surfá-las."

Não vi mais aquele homem por um ano, mas quando o encontrei novamente, ele tinha um largo sorriso no rosto.

"Lembra quando eu lhe disse que as ondas eram a minha vida?", perguntou ele. "Sim, certamente", respondi.

"Bem, agora os pensamentos e as emoções são a minha vida! Você estava certo! É como surfar."

"Que método você usa?", perguntei.

"Todos", disse ele. "Às vezes, eu mudo de método, assim como mudo o meu modo de surfar: algumas vezes uso diferentes tamanhos de pranchas, outras vezes faço manobras diferentes, como uma batida, em que quase saio da onda e depois viro rápido e volto."

Como não sou um surfista profissional, não entendi qualquer um dos termos que ele mencionou. Mas fui capaz de compreender um ponto-chave de sua explicação: a importância de mudar de métodos.

Como meus professores me mostraram desde o início, é imperativo mudar seu foco de vez em quando – tanto em termos de método quanto de objeto ou suporte – a fim de manter o frescor da sua prática. Se permanecer com um objeto ou método por muito tempo, você pode ficar entediado, confuso, exausto. Muitas pessoas perderam seu entusiasmo pela prática porque ficaram muito tempo presas a um método que parecia funcionar para elas.

Um homem que encontrei há algum tempo vinha há muitos anos trabalhando exclusivamente com o foco na respiração como seu exercício calmante e um meio de confrontar-se com a impermanência. "O primeiro ano foi ótimo", ele me disse. "Mas, depois de muitos anos, não sinto o mesmo efeito. Não sinto como se estivesse progredindo ou me aprofundando, crescendo. Quando estava muito ocupado e surgia um monte de pensamentos, a meditação com a respiração costumava funcionar muito bem para me acalmar, mas agora ela não ajuda em nada."

Enquanto conversávamos, entendi que haviam lhe ensinado apenas uma técnica. Então, informei-lhe que ele poderia sentir algum alívio se tentasse outros métodos. Ao longo de alguns dias, eu lhe ensinei os passos básicos das práticas de atenção, insight e bondade amorosa/compaixão. Recomendei ainda que mudasse periodicamente seus métodos. Cada vez que nos encontramos, ele me agradece por abrir seus olhos para o fato de que há uma série de possíveis maneiras de trabalhar com a mente.

"Não me agradeça", eu lhe digo. "Agradeça àqueles que vieram antes. Os meus professores, os mestres dos professores e os mestres budistas das eras passadas entenderam que as emoções surgem e são mantidas pelos Bloqueadores da Natureza Búdica, que são, essencialmente, hábitos de percepção que ganham vida quando nascemos e tornam-se mais fortes e mais profundamente enraizados à medida em que crescemos. Essas cinco perspectivas nos trancam num certo tipo de identidade, uma forma de relacionar-nos com nós mesmos e com os outros, que na melhor das hipóteses é perturbadora ou, na pior, destrutiva. Quando trabalhamos com métodos diferentes, começamos a entender sua influência. E ao entender sua influência, começamos a reconhecer o poder e o potencial da nossa própria mente. Essa é a verdadeira base da prática budista: o entendimento da capacidade que a mente tem de criar a sua própria percepção da realidade em que operamos."

12. Alegre sabedoria

Teremos sucesso se perseverarmos; e encontraremos alegria na superação dos obstáculos.

Helen Keller

    Dentro daquilo que percebemos como sendo nossas fraquezas e imperfeições encontra-se a chave para compreendermos nossa verdadeira força. Ao enfrentarmos nossas emoções perturbadoras e os problemas que ocorrem em nossas vidas, descobrimos uma experiência de bem-estar que se estende tanto para dentro quanto para fora de nós. Se eu não tivesse enfrentado o pânico e a ansiedade que senti durante a maior parte da minha juventude, não estaria na posição em que me encontro hoje. Nunca teria encontrado a coragem ou a força para pegar um avião, viajar pelo mundo todo e sentar diante de uma plateia de estranhos transmitindo a sabedoria que aprendi não só por meio da minha própria experiência, mas por meio da experiência de grandes e verdadeiros mestres que foram meus guias e professores.

Todos nós somos budas. Apenas não reconhecemos que somos. Estamos confinados de muitas maneiras a uma visão limitada de nós mesmos e do mundo à nossa volta, devido ao condicionamento cultural, à nossa educação familiar, às nossas vivências e à nossa predisposição biológica básica para fazer distinções e avaliar a experiência do presente, assim como às esperanças e aos medos do futuro, a partir de um armazém neuronal de memórias.

Ao comprometer-se a tomar consciência de sua natureza búdica, inevitavelmente você começará a notar mudanças em sua experiência diária. O que costumava incomodar você, gradualmente perderá o poder de lhe perturbar. Você se tornará uma pessoa mais intuitiva e sábia, mais relaxada e mais sincera. Você começará a reconhecer os obstáculos como oportunidades para um maior crescimento. E à medida em que a sensação ilusória de limitação e vulnerabilidade paulatinamente desaparece, você irá descobrir no fundo do seu coração a verdadeira grandeza de quem e o quê você é.

E o melhor de tudo é que à medida em que começamos a ver o nosso próprio potencial, também começamos a reconhecer esse potencial em todos que estão à nossa volta. A natureza búdica não é uma qualidade especial disponível para uns poucos privilegiados. O traço característico do reconhecimento da nossa natureza búdica é a percepção do quanto ela é realmente comum – nossa capacidade de ver que todos os seres vivos compartilham dessa natureza, ainda que nem todos a reconheçam em si mesmos. Então, em vez de fechar o nosso coração para as pessoas que nos agridem ou agem de uma forma prejudicial, descobrimos que ficamos mais abertos. Reconhecemos que elas não são "idiotas", mas sim pessoas que, como nós, querem ser felizes e viver em paz. Apenas estão agindo de tal maneira porque não reconhecem sua verdadeira natureza e estão oprimidas por sensações de vulnerabilidade e medo.

Nossa prática pode começar com a simples aspiração de fazer melhor, relacionando-nos com todas as nossas atividades com um sentido maior de consciência e insight, abrindo mais profundamente o nosso coração para as outras pessoas. A motivação é o fator mais importante para determinar se a nossa experiência será condicionada pelo sofrimento ou pela paz. Na verdade, a sabedoria e a compaixão evoluem na mesma velocidade. Quanto mais atento nos tornarmos e examinarmos as coisas com mais profundidade, descobriremos que será mais fácil ser compassivo. E quanto mais abrirmos nosso coração aos outros, nos tornaremos mais sábios e atentos em todas as nossas atividades.

A qualquer momento, podemos optar por seguir a cadeia de pensamentos, emoções e sensações que reforçam nossa percepção de que somos vulneráveis e limitados, ou podemos lembrar que nossa verdadeira natureza é pura, incondicionada e incapaz de ser danificada. Podemos permanecer no sono da ignorância ou lembrarmo-nos de que estamos e sempre estivemos despertos. De qualquer forma, ainda estaremos expressando a natureza ilimitada do nosso verdadeiro ser. Ignorância, vulnerabilidade, medo, raiva e desejo são expressões do potencial infinito da nossa natureza búdica. Não há nada de intrinsecamente errado ou certo em fazer tais escolhas. O fruto da prática budista é simplesmente o reconhecimento de que essas e outras aflições mentais nada mais são do que escolhas que estão disponíveis, porque a nossa verdadeira natureza tem um alcance infinito.

Escolhemos a ignorância porque *podemos*. Escolhemos consciência plena porque *podemos*. *Samsara* e *nirvana* são apenas diferentes pontos de vista baseados em escolhas que fazemos ao examinar e compreender nossa experiência. Não há nada de mágico acerca do *nirvana* e nada de ruim ou errado com o *samsara*. Se estivermos decididos a pensar que somos limitados, medrosos, vulneráveis ou marcados pela experiência do passado, saibam que *escolhemos* pensar isso. A oportunidade de nos experimentarmos de forma diferente está sempre disponível.

Em essência, o caminho budista oferece uma escolha entre familiaridade e praticidade. Há, sem dúvida, certo conforto e estabilidade na manutenção de padrões familiares de pensamento e comportamento. Sair dessa zona de conforto e familiaridade envolve necessariamente partir para um campo de experiências desconhecidas que, de fato, podem parecer assustadoras – um reino intermediário desconfortável, como aquele que vivenciei no retiro. Não sabemos se vamos voltar ao que era familiar e assustador, ou se vamos avançar na direção do que pode parecer assustador simplesmente por ser desconhecido.

Em certo sentido, a incerteza em torno da escolha de reconhecermos o nosso potencial é semelhante ao que vários dos meus alunos me contaram sobre o término de um relacionamento abusivo: existe certa relutância ou sensação de fracasso associada ao fato de libertarmo-nos do relacionamento.

A principal diferença entre terminar um relacionamento abusivo e entrar no caminho da prática budista é que quando entramos no caminho da prática budista estamos terminando um relacionamento abusivo *conosco*. Quando escolhemos reconhecer o nosso verdadeiro potencial, pouco a pouco começamos a nos depreciar com menor frequência, nossa opinião a nosso respeito torna-se mais positiva e saudável, enquanto aumenta nossa sensação de confiança e de pura alegria em estar vivo. Ao mesmo tempo, começamos a reconhecer que todos à nossa volta têm o mesmo potencial, quer saibam disso ou não. Em vez de vê-los como ameaças ou adversários, compreenderemos que é possível reconhecer e sentir empatia pelo medo e pela infelicidade que todos vivenciam. Respondemos espontaneamente a todos eles, de maneira a enfatizarmos soluções e não problemas.

Em última análise, a alegre sabedoria resume-se a escolher entre o desconforto de nos conscientizarmos das nossas aflições mentais e o desconforto de sermos governado por elas. Não posso prometer que sempre será agradável a prática de apenas repousar na percepção de seus pensamentos, sentimentos e sensações e reconhecê-los como criações interativas de sua mente e de seu corpo. Na verdade, posso praticamente garantir que olhar para si mesmo dessa forma será, por vezes, extremamente desagradável.

Mas o mesmo pode ser dito quando começamos algo novo, como frequentar uma academia de ginástica, iniciar um trabalho ou começar uma dieta. Os primeiros meses são sempre difíceis. É difícil aprender todas as habilidades que precisamos para ter perfeito domínio de um trabalho; é difícil encontrar motivação para fazer exercícios físicos; e é difícil comer comidas saudáveis todos os dias. Mas, depois de um tempo, as dificuldades desaparecem; começamos a sentir uma sensação de prazer ou de realização, e toda a noção que temos de nós mesmos começa a mudar.

A meditação funciona da mesma maneira. Nos primeiros dias podemos sentir-nos muito bem, mas depois de uma semana ou duas, a prática torna-se uma provação. Não conseguimos encontrar tempo para meditar, sentar é desconfortável, não conseguimos concentrar-nos ou simplesmente ficamos cansados. Chegamos ao limite, como um maratonista que tenta adicionar mais quinhentos metros ao seu treino. O corpo diz: "Eu não aguento", enquanto a mente diz: "Eu deveria." Nenhuma dessas vozes é particularmente agradável; na verdade, as duas são um pouco exigentes.

O budismo é muitas vezes chamado de "Caminho do Meio", pois oferece uma terceira opção. Se você apenas não consegue focar em um som ou na chama de uma vela por um segundo a mais, então, por favor, pare. Caso contrário, a meditação torna-se uma tarefa árdua. Você vai acabar pensando: "Ai, não, são 7h15. Eu tenho que sentar e cultivar consciência plena." Ninguém nunca vai progredir dessa maneira. Por outro lado, se você sente que pode continuar por mais um minuto ou dois,

Alegre sabedoria

então vá em frente. Você poderá ficar surpreso com o que vai aprender. Poderá descobrir um determinado pensamento ou sentimento por trás daquela resistência que não queria reconhecer. Ou pode descobrir que de fato consegue repousar a mente mais do que pensou que poderia. Essa descoberta por si só pode gerar mais confiança em si mesmo.

Mas o melhor de tudo é que não importa por quanto tempo praticamos ou quais métodos usamos: em última análise, todas as técnicas de meditação budista geram compaixão. Sempre que nos voltamos para nossa mente, não fazemos outra coisa a não ser reconhecer nossa semelhança com aqueles ao nosso redor. Quando vemos nosso próprio desejo de ser feliz, não podemos deixar de ver o mesmo desejo nas outras pessoas. E quando olhamos claramente para o nosso próprio medo, raiva ou aversão, não podemos deixar de ver que todos à nossa volta sentem o mesmo medo, a mesma raiva, a mesma aversão.

Isto é sabedoria: não o aprendizado a partir de livros, mas o despertar do coração, o reconhecimento da nossa conexão com os outros – e o caminho para a alegria.

GLOSSÁRIO

Amígdala: Um pequeno grupo de neurônios em forma de amêndoa que determina o conteúdo emocional da experiência.

Apego: Formações mentais e emocionais fixas sobre a forma como as coisas são ou deveriam ser. *Ver também* Dzinpa.

Atenção Plena: A prática de gentilmente receber os pensamentos, as emoções e as sensações. *Ver também* Atenção Pura, Drenpa.

Atenção Pura: Uma consciência suave e leve do momento presente.

Aversão: Tendência a evitar ou eliminar experiências consideradas desagradáveis.

Bindu – em sânscrito (em tibetano: tigle): Gotas ou pontos de energia vital propelidas através dos canais. *Ver também* Nadi, Prana.

Bodhicitta – em sânscrito: a "mente do despertar" ou "mente desperta", uma palavra composta que combina dois termos sânscritos, *bodhi* – que vem da raiz do verbo *budh*, traduzido como "tornar-se desperto, vir a tornar-se consciente, observar ou entender"; e a palavra *citta* – normalmente traduzida como "mente" ou às vezes "espírito" no sentido de inspiração. *Ver também* Bodhicitta Absoluta, Bodhicitta da Aspiração.

Bodhicitta Absoluta: A mente que tornou-se completamente pura através da realização de todos os níveis de treinamento e que, consequentemente, vê a natureza da realidade diretamente, sem questionar ou vacilar.

Bodhicitta da Aplicação: O caminho de prática que visa despertar outras pessoas para o seu pleno potencial. *Ver também* Bodhicitta, Bodhicitta Absoluta, Bodhicitta de Aspiração.

Bodhicitta da Aspiração: Cultivar o desejo sincero de elevar todos os seres sencientes ao nível em que reconhecem completamente a sua verdadeira natureza. *Ver também* Bodhicitta, Bodhicitta Absoluta, Bodhicitta da Aplicação.

Bondade-amorosa: O desejo de que todos alcancem a felicidade nesta vida, e o esforço que fazemos para alcançar esse objetivo.

Buda – em sânscrito: Aquele que despertou para seu pleno potencial. Como um título formal, geralmente refere-se a Siddartha Gautama.

Capacidade: O poder de levar a nós e aos outros para além de uma condição de sofrimento.

Clareza: A consciência plena fundamental que nos permite reconhecer e distinguir entre os fenômenos. Trata-se também de uma característica básica da natureza búdica, inseparável da vacuidade.

Compaixão: A aspiração de aliviar todos os seres da dor e do sofrimento fundamental que decorre de não conhecerem a sua natureza básica, e o esforço necessário para a liberação dessa dor fundamental.

Consciência: A capacidade de reconhecer e registrar, no sentido "catalogar", a experiência. *Ver também* Consciência Pura, Consciência Condicionada.

Consciência Comum: O processo de simplesmente observar fenômenos sem qualquer propósito expresso ou intenção.

Consciência Condicionada: Uma perspectiva influenciada pelos hábitos mentais e emocionais decorrentes da ignorância, desejo, aversão e apego. *Ver também* Três Venenos, Tanha, Trishna, Dzinpa.

Consciência plena meditativa: Abordar pensamentos e emoções como objetos de foco por meio do qual podemos alcançar um estado de estabilidade mental.

Consciência pura: Não é afetada por causas e condições, ou pelos efeitos dos três venenos. *Ver também* Clareza, Consciência Condicionada, Sabedoria Infinita.

Córtex visual: Área do cérebro que traduz mensagens visuais recebidas pelo nervo óptico.

Desejo: Anseio de adquirir ou manter o que nós determinamos como agradável.

Drenpa – em tibetano: Tornar-se consciente. *Ver também* Atenção Pura, Atenção Plena.

Dukkha – em pali/sânscrito: Um termo geral para o sofrimento, tanto extremo quanto sutil.

Dzinpa – em tibetano: Apego ou fixação. *Ver também* Apego.

Estímulo: Objeto de percepção.

Gom – em tibetano: Termo comum para a meditação; literalmente, "familiarizar-se com".

Hipocampo: Uma estrutura neuronal do cérebro envolvida na formação de aspectos verbais e espaciais da memória.

Ignorância: Confundir as distinções de "eu", "outros", "sujeito", "objeto", "bom", "ruim" e outras distinções relativas, como sendo independentes e inerentemente existentes. *Ver também* Aversão, Desejo e Três Venenos.

Iluminação: Despertar para a luz ou potencial latente dentro de nós. *Ver também* Natureza Búdica.

Impermanência: A mudança constante decorrente da interação incessante de múltiplas causas e condições. *Ver também* Impermanência constante e total e Impermanência sutil.

Impermanência constante e total: Os tipos de mudanças que resultam de causas e condições facilmente observáveis. *Ver também* Impermanência, Impermanência Sutil.

Impermanência sutil: Mudanças que ocorrem em um nível frequentemente abaixo da consciência ou percepção.

Khorlo: Palavra tibetana equivalente ao termo sânscrito *samsara*. Muitas vezes interpretado literalmente como girar em torno de uma roda.

Kshatriya: Termo sânscrito que refere-se à classe dos "guerreiros" no sistema de castas indiano.

Lhaktong – em tibetano: Literalmente, "visão superior" ou "ver além". Técnica de meditação que visa desenvolver uma visão sobre a natureza da realidade. *Ver também* Vipashyana.

Mala – em sânscrito: Um conjunto de contas utilizadas para contar as repetições de mantras.

Mantra – em sânscrito: Uma combinação especial de sílabas antigas que formam uma espécie de oração ou invocação.

Nadi – em sânscrito (tibetano: *tsa*): canais através dos quais a energia do corpo se move. *Ver também* Prana, Bindu.

Natureza búdica: O coração ou essência de todos os seres vivos; um potencial ilimitado de sabedoria, capacidade, benevolência e compaixão.

Nervo ótico: Grupo de células nervosas que envia mensagens do sistema visual para o córtex visual.

Neurônios: células sistema nervoso e sensitivo.

Nirvana – em sânscrito: Realização, através da experiência direta, de nossa natureza inerentemente livre. *Ver também* Nyang-day.

Nyang-day – em tibetano, sinônimo do termo sânscrito *nirvana*: Muitas vezes traduzido como um completo estado de êxtase, livre do sofrimento. *Ver também* Nirvana.

Phurba – em tibetano: Faca ritual que representa a estabilidade da consciência plena.

Prana – em sânscrito (tibetano: *lung*): A energia que mantém as coisas em movimento por todo o corpo. *Ver também* Bindu, Nadi.

Puja: Ritual religioso de devoção.

Quatro Grandes Rios de Sofrimento: Nascimento, velhice doença e morte.

Quatro Nobres Verdades: Nome aplicado ao primeiro conjunto de ensinamentos dados pelo Buda depois que ele alcançou a iluminação e que formam a base de todas as tradições budistas. *Ver também* Três Giros da Roda do Dharma.

Samsara - em sânscrito (tibetano: khorlo): Literalmente, roda. Em termos budistas, a roda do sofrimento; girando sempre na mesma direção, esperando um resultado diferente.

Shamatha – em sânscrito: Significa permanecer na calma; um método de meditação para a estabilizar a mente. *Ver também* Shinay.

Shinay – em tibetano: Significa literalmente permanecer em paz ou tranquilidade. Técnica de meditação que visa permitir que a mente repouse. *Ver também* Shamatha.

Sistema límbico: Uma camada do cérebro responsável principalmente pela distinção entre prazer e dor, determinando respostas emocionais e fornecendo uma base para o aprendizado e a memória.

Sofrimento autocriado: Construções mentais e emocionais que desenvolvemos em resposta ao sofrimento natural.

Sofrimento da mudança: O desconforto vivenciado a partir do apego a uma experiência agradável.

Sofrimento do sofrimento: A experiência imediata e direta de qualquer tipo de dor ou desconforto.

Sofrimento natural: A dor e o desconforto que não podemos evitar na vida: nascimento, velhice, doença e morte, bem como as calamidades naturais e os acontecimentos inesperados, como a perda de um amigo ou ente querido. *Ver também* Quatro Grandes Rios de Sofrimento e Sofrimento Autocriado.

Sofrimento penetrante: Desconforto persistente, muitas vezes inconsciente vivenciado a todo momento pelas flutuações da experiência.

Stupa – em sânscrito: Monumento religioso budista que representa a mente iluminada do Buda e que muitas vezes contém relíquias de grandes mestres budistas.

Sutras – em sânscrito: Refere-se a conversas que ocorreram entre o entre o Buda e seus alunos.

Tálamo: Estrutura neuronal localizada próxima ao centro do cérebro, onde muitas das mensagens dos sentidos são classificadas antes de serem enviadas para outras áreas do cérebro.

Tanha – em páli: Desejo, a causa do sofrimento. *Ver também* Trishna e Dzinpa.

Três Giros da Roda do Dharma: Conjunto progressivo de insights sobre a natureza da experiência que o Buda proferiu em diferentes etapas do seus ensinamentos.

Três Venenos: Hábitos relacionados com a nossa experiência através da ignorância, desejo e aversão que nublam ou "envenenam" a consciência.

Trishna: Termo sânscrito que significa anseio, sede, a causa do sofrimento.

Vacuidade: Tradução aproximada do sânscrito *shunyata*, e *tongpa--nyi*, em tibetano. Um espaço infinitamente aberto ou pano de fundo que permite a coisa aparecer, mudar, desaparecer ou reaparecer.

Vipashyana – em sânscrito: Literalmente, "visão superior" ou "ver além". A técnica de meditação que visa desenvolver uma visão sobre a natureza da realidade. *Ver também* Lhaktong.

BIBLIOGRAFIA

Bennett-Goleman, Tara. Emotional Alchemy: How the Mind Can Heal the Heart. New York: Harmony Books, 2001.

Dhammapada, The. Traduzido por Eknath Easwaran. Tomales, CA: Nilgiri Press, 1985.

Gampopa. The Jewel Ornament of Liberation. Traduzido por Khenpo Konchog Gyaltsen Rinpoche. Editado por Ani K. Trinlay Chodron. Ithaca: Snow Lion Publications, 1998.

Goleman, Daniel. Inteligência emocional. Rio de Janeiro: Objetiva, 1996.

Goleman, Daniel. Destructive Emotions: How Can We Overcome Them?. New York: Bantam Dell, 2003.

Jamgon Kongtrul. The Torch of Certainty. Traduzido por Judith Hanson. Boston and London: Shambhala Publications, Inc., 1977.

Kalu Rinpoche. The Dharma that Illuminates All Beings Impartially Like the Light of the Sun and the Moon. Editado pelo Kagyu Thubten Choling Translation Committee. Albany: State University Press, 1986.

Khenpo Tstiltim Cyamtso. The Sun of Wisdom: Teachings on the Noble Nagarjuna's Fundamental Wisdom of the Middle Way. Traduzido e editado por Ari Goldfield. Boston and London: Shambhala Publications, Inc., 2003.

Patrul Rinpoche. Palavras do meu professor perfeito. Traduzido pelo Grupo de Tradução Padmakara. Porto Alegre: Editora Makara, 2008.

The Ninth Gyalwang Karmapa. Mahamudra: The Ocean of Definitive Meaning. Traduzido por Elizabeth M. Callahan. Seattle: Nitartha International, 2001.

The Twelfth Tai Situpa. Awakening the Sleeping Buddha. Editado por Lea Terhune. Boston and London: Shambhala Publications, Inc., 1996.

TulkuUrgyen Rinpoche. As It Is. Vol 1. Traduzido por Erik Pema Kunsang. Compilado por Marcia Binder Schmidt. Editado por Kerry Morgan. Hong Kong: RanjungYeshe Publications, 1999.

Venerable Dr. Rewata Dhamma. The First Discourse of the Buddha: Turning the Wheel of Dharma. Boston: Wisdom Publications, 1997.

Agradecimentos

Cada livro é uma tapeçaria de influência e suporte. Na tradição budista, dependemos daqueles que receberam e levaram ao coração as lições ensinadas pelo Buda há mais de 2.500 anos. Em primeiro lugar, tenho uma dívida enorme com os professores que investiram tanto tempo e esforço passando para mim essas lições e tanto contribuíram para meu próprio treinamento, a partir do qual este livro se desenvolveu: H.E. Tai Situ Rinpoche, H.H. Dilgo Khyentse Rinpoche, Saljay Rinpoche, Nyoshul Khen Rinpoche, meu pai Tulku Urgyen Rinpoche, Khenchen Thrangu Rinpoche, Khenchen Kunga Wangchuk Rinpoche, Khenpo Tenzin Losang, Khenpo Tsultrim Namdak, Khenpo Gyaltsen Tashi, Drupon Lama Tsultrim, e meu avô Tashi Dorje.

Por sua ajuda incansável na prestação de informações e clarificação para as questões científicas e psicológicas, gostaria também de agradecer ao dr. Richard Davidson e dr. Antoine Lutz, Daniel Goleman, Tara Bennett-Goleman e Alex Campbell.

Este manuscrito não teria chegado a existir sem a ajuda da minha agente, Emma Sweeney; minha editora, Shaye Areheart; meu editor, John Glusman, e sua assistente, Anne Berry; a gerente de marketing da Harmony Books, Kira Walton; e todas as dedicadas pessoas da Harmony Books que contribuíram, cada uma à sua maneira, com uma qualidade especial de insight e sabedoria.

Gostaria de fazer um agradecimento muito especial a Tim e Glenna Olmsted, Josh Baran, Lama Yeshe Gyamtso, Cortland Dahl e Ani Chudrun, que ofereceram tanto tempo, esforço e apoio. Gostaria de agradecer a coautoria a Eric Swanson, que trabalhou com grande paciência, apesar das minhas constantes mudanças no manuscrito. Sem ele, este livro nunca teria existido.

De forma muito significativa, preciso agradecer às pessoas que vem frequentando meus ensinamentos públicos e conversado comigo em entrevistas individuais. Elas fizeram as perguntas mais difíceis e me obrigaram a considerar os ensinamentos que recebi de novas e extraordinárias maneiras.

Que muitos seres sejam beneficiados.

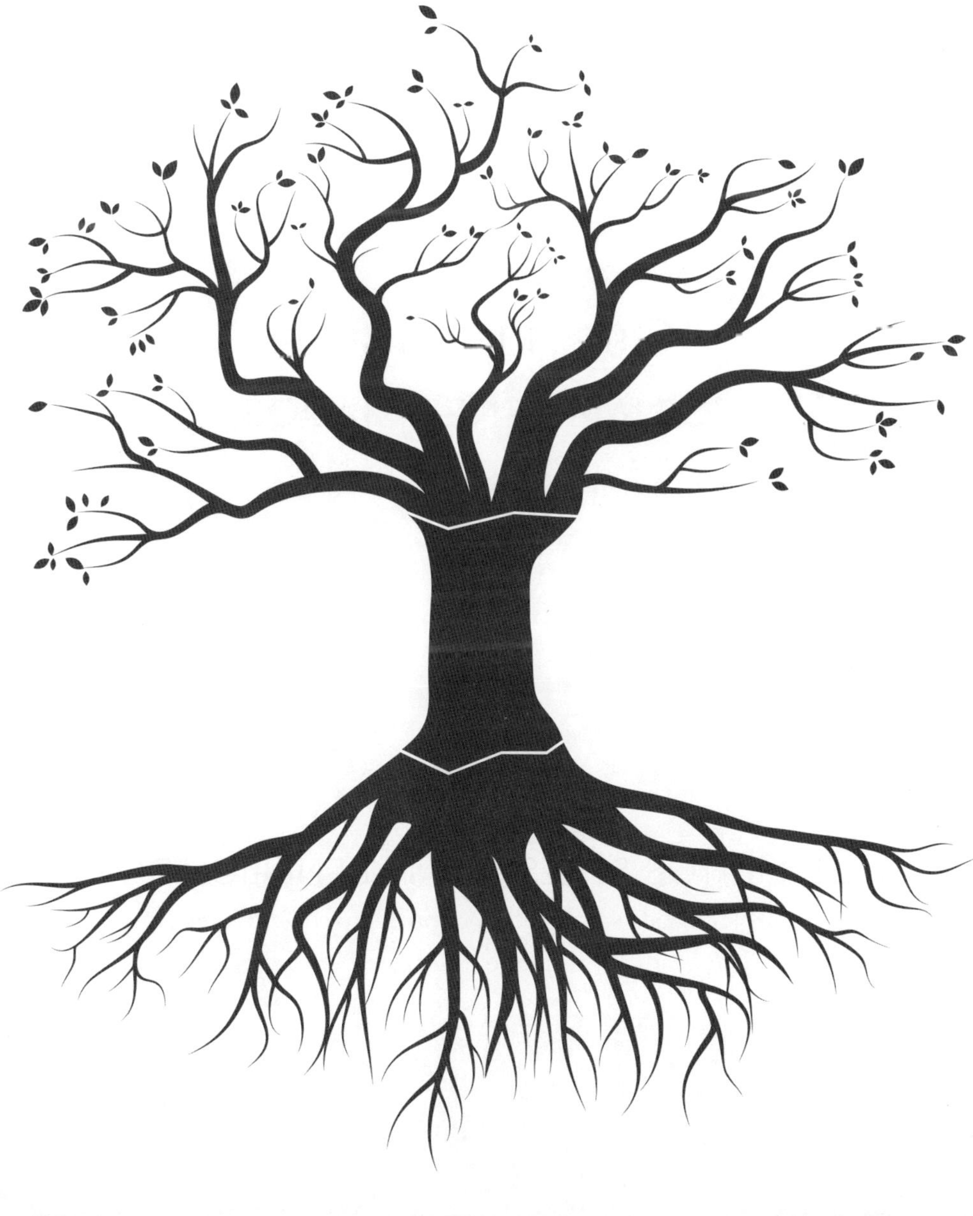

O selo eureciclo faz a compensação ambiental das embalagens usadas pela Editora Lúcida Letra.

Que muitos seres sejam beneficiados.

Impresso na gráfica Vozes sobre papel Avena 80g.
Foi utilizada a tipografia Warnock Pro e Neutra Text.
Junho de 2019.